U0562739

英国国家档案馆藏鸦片战争史稿

黄若泽 庄驰原 吴慧敏 译

王宏志 审订

Draft Official History of the China War

1840—1842

上海书店出版社
SHANGHAI BOOKSTORE PUBLISHING HOUSE

图书在版编目(CIP)数据

英国国家档案馆藏鸦片战争史稿/黄若泽,庄驰原,吴慧敏译. —上海:上海书店出版社,2022.11
ISBN 978-7-5458-2144-4

Ⅰ.①英… Ⅱ.①黄… ②庄… ③吴… Ⅲ.①鸦片战争(1840-1842)—史料 Ⅳ.①K253.06

中国版本图书馆 CIP 数据核字(2022)第 171822 号

责任编辑 邓小娇 王 郡
封面设计 郦书径

英国国家档案馆藏鸦片战争史稿
黄若泽 庄驰原 吴慧敏 译
王宏志 审订

出　　版 上海书店出版社
(201101 上海市闵行区号景路 159 弄 C 座)
发　　行 上海人民出版社发行中心
印　　刷 上海雅昌艺术印刷有限公司
开　　本 890×1240 1/32
印　　张 13.5
字　　数 220,000
版　　次 2022 年 11 月第 1 版
印　　次 2022 年 11 月第 1 次印刷
ISBN 978-7-5458-2144-4/K.454
定　　价 98.00 元

出版说明

《英国国家档案馆藏鸦片战争史稿》(*Draft Official History of the China War, 1840—1842*),英国陆军部于20世纪初编纂,稿成后递藏英国国防部档案馆,现藏英国国家档案馆(The National Archives, UK,编号WO 30/146)。

全书略述了战前中英关系,详述了英军在第一次鸦片战争期间的军队调配、战役进程及英军伤亡数字。附录详细披露了当时英方海陆军队在战争中的分布、各次行动中返还兵力及伤亡、英方参战军官名录和武装细目等。其中还记述了清军在吴淞保卫战中仿制英舰英炮的使用和效率、清军镇江保卫战中奋战到底的气概;特别是广州人民自发组成"义兵"给予侵略军以随时随地的袭击等等,多能弥补以往史料的疏简不足,甚至填补稀缺。

书中所依史料,多有英国陆军部、海军部和印度事务部内部所藏的文档,未见公开。就其史料价值而言,洵属鸦片战争研究及中国近代史之重要参考。

当然,这是一本侵略者站在侵略者立场编写的战史,其中较为明显的表现就是几乎只字不提鸦片战争因鸦片走私而起,却花了一定篇幅负面描述清朝政府的对外交往并认为这才是导致战争不能避免的原因,这类化果为因、颠倒黑白的历史话术是我们绝不可认同的。鉴于本书所具有的独特史料价值，本社引进出版本书；前事不忘，后事之师，也鉴于本书在立场和某些观点上的片面性和错误，本社冀望读者在阅读和使用本书时注意鉴别。

上海书店出版社

2022 年 9 月

前　言

王宏志

本《英国国家档案馆藏鸦片战争史稿》(以下简称《史稿》),原名为《官方中国战争史稿(1840～1842)》(*Draft Official History of the China War, 1840～1842*),327 页,现藏于英国国家档案馆(The National Archives, UK),编号 WO 30/146。

一

毫无疑问,鸦片战争是中国近代史上一桩影响最大、最深远的历史事件。我们知道,自明末开始,西方国家陆续来华开展贸易,相对而言,英国人来得较晚,他们第一次正式与中国人进行贸易活动,是 1637 年由约翰·威德尔(John Weddell, 1583—1642)所率领的商船队完成的,只是过程毫不顺利,船队在到达澳门又广州后,几经周折,甚至要在武装冲突后才能勉强购买一些货物离开,然后要待到 1676 年,英国人才首次在厦门设置商行,[1]1699 年才开始在广州进行买卖。但长期以来外国人在中国的贸易活动,甚至日常生活也受到各种各样的限制,且时常遭当地官员诸多需索压迫,让积极做海外扩张的英国人深感不满,试图以不同形式来打破这些限制,1757 年的"洪任辉事件"、1793 年的马戛尔尼使团

〔1〕 H. B. Morse, *The Chronicles of the East India Company Trading to China, 1635—1834* (London: Oxford University Press, 1926), vol. 1, p. 45.

访华、1816年的阿美士德使团等，都是英国人为争取改善商贸条件所做的尝试，当这些尝试接连失败后，最终来临的就是一场历时两年的鸦片战争。

1834年，英国东印度公司在华贸易垄断权结束，可说是中英近代交往史上的一个转折点。在这之前，对中国的所有商业活动主要由东印度公司负责，名义上毕竟是一个商业机构，而活动也大抵以商贸为主，但其贸易垄断权结束后，中英交往实际上是提升到了国家层面，英国政府派遣以商务监督身份来华的律劳卑(William John Napier, 1786—1834)，代表的是英国政府和国家，从英国政府的角度看，中英的交往属于外交的范围。这在中英交往的历史上具有很不寻常的意义，国家的荣誉和利益，以及国家代表的尊严，成为不少争议的核心，让一切问题变得更复杂、更敏感。此外，大批散商来华贸易，大量输入鸦片，产生更多政治、社会和经济上的矛盾，最终导致鸦片战争的爆发，清廷在战败后被迫签署近代中国第一条不平等条约《南京条约》，割地赔款，开放五个通商口岸，中国大门从此大开。

作为这样重要的历史事件，与鸦片战争相关的讨论及研究数目繁多。中文方面，在硝烟还没有完全散去的时候，魏源(1794—1857)便写了《道光洋艘征抚记》，[1]值得注意的是，它在1888年即被英国汉学家庄延龄(Edward Harper Parker, 1849—1926)翻译成英文，以*Chinese Account of the Opium War*(《中国人笔下的鸦片战争》)[2]之名出版，这比阿瑟·韦利(Arthur Waley,

---

[1] 魏源：《道光洋艘征抚记》，载《魏源集》(北京：中华书局，1976年)上册，页168—206。该记曾以不同题名刊行，包括《夷艘入寇记》等。《中国近代史资料丛刊·鸦片战争》在第1册序言中记为魏源《道光洋艘征抚记》，中国史学会(主编)：《中国近代史资料丛刊·鸦片战争》(上海：神州国光社，1954年)，第1册，页1。但第6册所收录的则是北京大学图书馆馆藏抄本《夷艘入寇记》。同上，第6册，页105—136。

[2] E. H. Parker, *Chinese Account of the Opium War* (Shanghai: Kelly & Walsh, 1888).

1899—1966)在1958年从1954年出版六册的《中国近代史资料丛刊·鸦片战争》中辑录翻译改写的 *The Opium War Through Chinese Eye*(《中国人眼中的鸦片战争》)早了六十年。[1] 魏源以外,较为人熟知的还有梁廷枏(1796—1861)《夷氛纪闻》和夏燮(1800—1875)《中西纪事》对鸦片战争的记录。此外还有不少时人的私家著述,也是对鸦片战争的见闻纪录,《中国近代史资料丛刊·鸦片战争》第三册就收有不少这样的作品,[2]虽然有些只是摘录部分的内容。不过,这些都不能算是今天严谨学术定义下的鸦片战争研究。

就笔者所见,武堉干(1898—1990)在1929年出版的《鸦片战争史》,很可能是最早以"鸦片战争史"为名的中文著作。[3] 该书为王云五(1888—1979)主办商务印书馆所编"万有文库"第一集一千种,全书149页,共分四章,并有附录及参考书目,是一本很正式的历史专著。论文方面,蒋廷黻(1895—1965)在1931年所发表的《琦善与鸦片战争》,可说是一篇较早引起注意的鸦片战争学术性研究文章。[4] 在这篇文章里,蒋廷黻为琦善平反,琦善不但不是投降派、卖国贼,更是一位"远超时人的外交家",这自

---

〔1〕 Arthur Waley, *The Opium War Through Chines Eyes* (Ldonon: George Allen & Unwin, 1958).

〔2〕 其中包括:《英夷入粤纪略》《广东军务记》《军务记》《出围记》《京口偾城录》《草间日记》《壬寅闻见纪略》《夷患备尝记》《咄咄吟》《犀烛留观记》《入寇志》《溃痈流毒》《广东夷务事宜》《平夷录》,另外还有刘长华所撰的一篇,没有题目,由资料丛刊编者加题为《鸦片战争史料钞本》。《中国近代史资料丛刊·鸦片战争》,第3册,页1—413。刘长华,江苏崇明人,字椒泉,一字春本,号品芳,又号素园,别号溡浮居士,道光年间举人,生平资料不多,现在较多人注意的是他所编纂的几种资料性作品,包括《汉晋迄明谥汇考》十卷、《皇朝谥汇考》五卷、《历代同姓名录》二十三卷等,撰有《涤浮居士尘游录》一卷、《槐云阁诗钞》十五卷等。

〔3〕 武堉干:《鸦片战争史》(上海:商务印书馆,1929年)。陈锡祺为萧致治《鸦片战争史》撰序,里面说到20世纪以"鸦片战争"为书名的著作,"先后有刘彦的《鸦片战争史》(1911)、武育干的《鸦片战争史》(1931)。"陈锡祺:《序》,收萧致治:《鸦片战争史》(福州:福建人民出版社,1996年),页2。实误。刘彦(1880—1941)在1911年出版的是《中国近时外交史》,该书第一章标题为"鸦片战争"。

〔4〕 蒋廷黻:《琦善与鸦片战争》,《清华学报》第6卷第3期(1931年10月),页1—26。

然引起很大的争议,甚至有人把蒋廷黻这篇文章联系到当时的现实政治去。[1]

1949年以后,鸦片战争作为中国人民一场反帝反殖的斗争,受到重视是不出意外的。上面提及的六册《中国近代史资料丛刊·鸦片战争》虽然不是研究专著,但作为资料汇集,为鸦片战争研究提供了很大的方便;同样提供清廷原始资料方便的是中华书局在1960年重排出版的《筹办夷务始末(道光朝)》;不过,迄今相信是最完整地辑录与鸦片战争相关的折谕的是第一历史档案馆在1992年编辑出版的《鸦片战争档案史料》,[2]收录的是第一历史档案馆所藏原故宫军机处、修书各馆、上谕档及全宗朱批奏折,共七册,据每册版权页所记,全套总字数为4 606千字,可谓惊人。

但相对而言,研究论著方面在初期稍觉滞后。1955年姚薇元(1905—1985)的《鸦片战争史实考》,是以1842年的《道光洋舰征抚记考订》为基础改写而成,[3]该书不是完整的鸦片战争史。1954年鲍正鹄(1917—2004)的《鸦片战争》是一本只有140页左右的小书,[4]陈锡祺(1912—2008)的《广东三元里人民抗英斗争》则集中处理广东地区的战争。[5]论文集方面则有列岛编的《鸦片战争史论文专集》等,[6]都是在1950年代较有代表性的作品。更实质的成果在1980年代以后才出现:牟世安(1924—2006)的《鸦

---

〔1〕“如果穿鼻草约楞说是琦善外交的大胜,真难怪民四中日交涉的结果有人为袁世凯提灯庆祝。”陶元珍:《读〈琦善与鸦片战争〉》,《大公报·图书副刊》77期(1935年5月2日),第11版。

〔2〕第一历史档案馆(编):《鸦片战争档案史料》(天津:天津古籍出版社,1992年),7册。

〔3〕姚薇元:《道光洋舰征抚记考订》(贵阳:文通书局,1942年);姚薇元:《鸦片战争史实考》(上海:新知识出版社,1955年)。

〔4〕鲍正鹄:《鸦片战争》(上海:新知识出版社,1954年)。

〔5〕陈锡祺:《广东三元里人民抗英斗争》(广州:广东人民出版社,1956年)。

〔6〕列岛(编):《鸦片战争史论文专集》(北京:三联书店,1958年)。1984年另有宁靖(编):《鸦片战争史论文专集.续编》(北京:人民出版社,1984年)。

片战争》、[1]中山大学陈胜粦的《林则徐与鸦片战争论稿》、[2]武汉大学萧致治写过和主编《鸦片战争与近代中国》、[3]《鸦片战争史：中国历史发展中第三次社会大变革研究》[4]等。不过，最值得重视的是茅海建的两本力作：《天朝的崩溃：鸦片战争再研究》[5]和《近代的尺度：两次鸦片战争军事与外交》。这些著作主要利用中文史料作深入分析，但碍于客观环境，在借用西方原始资料以至研究成果方面是不足的。当然，其后更陆续出现不少的鸦片战争史及研究，甚至有地区性鸦片战争史的出版，不一一胪列。

至于英语世界，一些曾经直接参与鸦片战争的英军将士在返国后出版了战争回忆录，在中文世界较为人熟悉的是宾汉(J. Elliot Bingham)的《英军在华作战记》(*Narrative of the Expedition to China, From the Commencement of the War to Its Termination in 1842*)，[6]这是因为它早在1950年代经由《中国近代史资料丛刊·鸦片战争》翻译而来，[7]《中国近代史资料丛刊·鸦片战争》同时节录翻译出来的英军回忆录还有利洛(Granville G. Loch)的《中国战争的结束时期》(*The Closing Events of the Campaign in China: The Operations in the Yang-*

〔1〕牟世安：《鸦片战争》(上海：上海人民出版社，1982年)。

〔2〕陈胜粦：《林则徐与鸦片战争论稿》(广州：中山大学出版社，1990年)。

〔3〕萧致治：《鸦片战争与近代中国》(武汉：湖北人民出版社，1999年)。

〔4〕萧致治(主编)：《鸦片战争史：中国历史发展中第三次社会大变革研究》(福州：福建人民出版社，1996年)、萧致治(主编)：《鸦片战争与林则徐研究备览》(武汉：湖南人民出版社，1995年)。

〔5〕本书英译本见 Mao Haijian, *The Qing Empire and the Opium War: The Collapse of the Heavenly Dynasty*, Joseph Lawson, Craig Smith and Peter Lavelle (trans.) (Cambridge: Cambridge University Press, 2016)。

〔6〕J. Elliot Bingham, *Narrative of the Expedition to China, From the Commencement of the War to Its Termination in 1842* (London: Henry Colburn, 1843 Second Edition).

〔7〕宾汉：《英军在华作战记》，寿纪瑜、齐思和译，《中国近代史资料丛刊·鸦片战争》，第5册，页5—334。

Tze-Kiang; and Treaty of Nanking)。〔1〕不过,英国军人鸦片战争回忆录当然不只这两三种,今天在网络上(主要是谷歌图书)大概能轻易地找到好几种。〔2〕亲身参与战争者的回忆录以外,英文著作中较早和较多人引用的是马士(Horsea Ballou Morse, 1855—1934)三卷本的《中华帝国对外关系史》(*The International Relations of the Chinese Empire*),其中第一卷第 8 至 11 章都直接和鸦片战争有关。不过,整体而言,《中华帝国对外关系史》在资料运用上不及他的另一巨著《东印度公司对华贸易编年史》(*The Chronicles of the East India Company Trading to China, 1635—1834*)丰富,因为后者直接参考了当时极难看到的东印度公司档案,而《中华帝国对外关系史》并没有一些特别难得的档案资料,大量利用的是《中国丛报》(*The Chinese Repository*),然后就是英国外交部蓝皮书(Blue Books),虽然也是第一手史料,但却是经过整理、筛选和印制发行的,不一定全面和客观;另外,尽管两者都没有怎样使用中文材料,但对《东印度公司对华贸易编年史》来说,这影响较少,毕竟对象是英国东印度公司,而专门研究"中华帝国"的一部专著,没有中文资料是说不过去的。

马士以外,科利斯(Maurice Collis)在 1946 年出版的《洋泥》(*Foreign Mud: Being an Account of the Opium Imbroglio at*

〔1〕Granville G. Loch, *The Closing Events fo the Campaign in China: The Operations in the Yang-Tze-Kiang; and Treaty of Nanking* (London: John Murray, 1843);节录中译见利洛(著):《缔约日记》(译自《中国战争的结束时期》第十章至十二章),齐思和译,《中国近代史资料丛刊·鸦片战争》,第 5 册,页 505—517。

〔2〕例如:Lord Jocelyn, *Six Months with the Chinese Expedition; Or, Leaves from a Soldier's Note-book* (London: John Murray, 1841); D. McPherson, *Two Years in China. Narrative of the Chinese Expedition From Its Formation in April, 1840, to the Treaty of Peace in August, 1842* (London: Saunders and Otley, 1842); John Ouchterlony, *The Chinese War: An Account of All the Operations of the British Forces from the Commencement to the Treaty of Nanking* (London: Saunders & Otley, 1844).

Canton in the *1830's and the Anglo-Chinese War that Followed*),[1]算是英语世界较早一本专门研究鸦片战争的著作,但更多为人征引的则是张馨保(Hsin-pao Chang)的《林钦差与鸦片战争》(*Commissioner Lin and the Opium War*),[2]这原来是他在哈佛大学的博士学位论文,它的优点是参考和引用了英国外交部档案的原始资料,也同时利用大量中文材料。同样使用了不少英国外交部及其他西方档案的还有费伊(Peter W. Fay, 1924—2004)在1975年出版的《鸦片战争:1840—1842》(*The Opium War, 1840—1842*)。[3] 1960—1970年代至少还有两种以鸦片战争为名的著作,[4]而进入21世纪,更有三本以英文写成的鸦片战争史,都颇为惹人注意,且全有中文译本;[5]而梅兰森(Glenn MeLancon)一本专门研究鸦片战争爆发前英国对华政策的专著则

---

[1] Maurice Collis, *Foreign Mud: Being an Account of the Opium Imbroglio at Canton in the 1830's and the Anglo-Chinese War that Followed* (London: Faber & Faber Ltd., 1946).

[2] Hsin-pao Chang, *Commissioner Lin and the Opium War* (Cambridge, MA.: Harvard University Press, 1964).

[3] Peter W. Fay, *The Opium War, 1840—1842: Barbarians in the celestial Empire in the Early Part of the Nineteenth Century and the War by which they Forced Her Gats Ajar* (Chapel Hill: University of North Caroline Press, 1975).

[4] Edgar Holt, *The Opium Wars in China* (Chester Spring, PA.: Dufour Editions, 1964); Jack Beeching, *The Chinese Opium Wars* (New York: Harcourt Brace Jovanovich, 1975).

[5] W. Travis Hanes III & Frank Sanello, *Opium Wars: The Addiction of One Empire and the Corruption of Another* (Napervill, Ill.: Sourcebooks, 2002);中译本见特拉维斯·黑尼斯三世,弗兰克·萨奈罗:《鸦片战争:一个帝国的沉迷和另一个帝国的堕落》周辉荣译(北京:三联书店,2005年);Julia Lovell, *The Opium War: Drugs, Dreams and the Making of China* (London: Picador, 2011);中译本见蓝诗玲:《鸦片战争:毒品、梦想与中国的涅盘》刘悦斌译(北京:新星出版社,2015年);蓝诗玲(著),潘勋(译):《鸦片战争:毒品、梦想与中国建构》(台北:八旗文化,2016年);Stephen Platt, *Imperial Twilight: The Opium War and the End of China's Last Golden Age* (New York: Alfred A. Knopf, 2018);中译本见裴士锋著、黄中宪译的《鸦片战争与清朝盛世终结》(台北:卫城出版社,2018年);裴士锋(著),黄中宪(译):《鸦片战争与清朝盛世终结》(北京:社会科学文献出版社,2020年)。

十分值得细读。[1] 不过,除了个别懂中文的学者如张馨保外,这些西方著作最大的问题是在于对中文史料的完全忽略,即使懂中文的如蓝诗玲(Julia Lovell),在《鸦片战争》书目中虽然也开列了一些中文史料,但仔细查看书内脚注,主要引录的中文材料是出自茅海建的《天朝的崩溃》,其余的都只是零星地引用一下,连《筹办夷务始末》也没有怎样出现,更不要说英国国家档案馆所藏外交部档案中的中文文书了。

还可以顺带一提的是,在撰写鸦片战争史方面,似乎日本比中、英两国更早。明治二十七年(1894 年),新闻记者松井广吉(1866—1937)在他所参与创办的博文馆出版《英清鸦片战史》,[2] 并在翌年出版《英佛联合征清战争》,[3] 二者都属于博文馆所策划出版的"万国战史"丛书,前者收在第二编(第二种),后者收在第四编(第四种),是笔者所知最早以鸦片战争史为书名的著作。

不过,就现在所见,无论中、英语的著作中,都没有见到任何人提及或引用这部一直藏于英国国家档案馆的《史稿》(*Draft Official History of the China War, 1840—1842*)。这是我们觉得有必要把它翻译及出版的原因。

二

我们几乎完全找不到《史稿》的撰写背景。

《史稿》以紫色硬皮钉装,全书 327 页,其中正文 193 页,附录

---

〔1〕 Glen MeLancon, *Britain's China Policy and the Opium Crisis: Balancing Drugs, Violence and National Honour, 1833—1840* (Aldershot: Ashgate, 2003).

〔2〕 松井广吉:《英清鸦片战史》(东京:博文馆,明治 27 年[1894 年]),276 页。电子版由成城大学陈力卫教授提供,谨此致谢。

〔3〕 松井广吉:《英佛联合征清战争》(东京:博文馆,明治 28 年[1895 年]),305 页。电子版由浙江财经大学胡梦颖博士提供,谨此致谢。

130 页，另有手绘地图 17 幅。书稿以打字机打出来，整个布局十分简单，名副其实的是一份稿件(draft)，没有序言或后记，全书第一页就是很简单的一句：*Draft Official History of the China War, 1840—1842*，接着就是两页的各章目录及附录目录，然后是大半页的地图表，下半页及其后一页是书目，先开列"官方作品及文件"(Official Works and Papers)，虽然只有 6 项，但其实每项都是档案性的大型资料；后面其他作品(Miscellaneous Works) 17 种，主要是已出版与鸦片战争及中国相关的著作，包括一些早期的专著、回忆录、期刊等。这接下去才是正文，分 24 章，附录共 7 篇，最后就是地图。

由于《史稿》没有提供任何撰写过程的讯息，我们没法准确知道成书的日期，也不知作者是谁。笔者曾写信到英国国家档案馆查询，但他们只能让我参考档案馆资料目录，但很可惜档案目录的介绍非常简单，完全没有直接描述《史稿》背景的资料。我们只能从其他资料去尝试探讨一下《史稿》产生的背景。

《史稿》的编号是 WO 30/146，说明原来是属于英国陆军部(War Office)的。英国陆军部成立于 1855 年，是由 the Office of the Secretary-at-War 与 the office of the Secretary State for War 合并而成，最初称为 the War Department，1857 年改为 the War Office。[1]顾名思义，陆军部主管的是英国陆军所涉及的战争，跟海军部和空军部联合构成英国的战争部门。陆军部档案不少原藏于国防部图书馆(Ministry of Defence Library)，《史稿》上便盖有国防部图书馆的印章。陆军部档案移至国家档案馆后，以 WO 作为全宗号。根据英国国家档案馆的介绍，WO 全宗下有 417 系列，WO 30 是"陆军部，前身及相关部门：杂项文件"(War Office, predecessors and associated departments: Miscellaneous Papers)，共

[1] http://discovery.nationalarchives.gov.uk/details/r/C259, accessed 22 March 2020.

147 册(volumes),涵盖的年份为 1645—1951 年,1970 年这从国防部(Ministry of Defence)又转送国家档案馆。[1] 那么,为什么陆军部档案会有这样的一本《史稿》? 笔者相信,这是英国政府在 20 世纪初所开始推动的编写英国官方史的庞大计划的一部分成果。

"英国政府官方历史计划"(The UK Government Official History Programme)是在 1908 年开展的,由内阁办公室(Cabinet Office)的前身帝国国防委员会(Committee of Imperial Defence)所新设的"历史部"(Historical Branch)负责,目的有三个:一是"提供本身就是权威性的历史"("to provide authoritative histories in their own right"),二是"为历史学家没有能够在国家档案馆取得所有资料前作为可靠的第二手材料"("a reliable secondary source for historians until all the records are available in The National Archives");三是"提供'经验的储备',供政府将来使用"("a 'fund of experience' for future government use")。[2] 最初的计划只负责编写"国家的海军及陆军史"("compiling the naval and military histories of the nation"),1966 年在当时的首相威尔逊(James Harold Wilson, Baron Wilson of Rievaulx, 1916—1995)的倡议下,官方史计划包括和平时期重要历史时刻和事件。在后期的项目里,从筛选题目、确定作者,以至于稿费等都有明确规定,[3]且

---

〔1〕 http://discovery.nationalarchives.gov.uk/details/r/C14239, accessed 22 March 2020.

〔2〕 Cabinet Office, "The UK Government's Official Histories Programme," 27 September 2007, https://webarchive.nationalarchives.gov.uk/20080205143007/http://www.cabinetoffice.gov.uk/publicationscheme/published_information/1/officialhistory.aspx, accessed 1 April 2020.

〔3〕 官方史的题目先由官方历史内阁委员会(Official Cabinet Committee on Official Histories)负责提出,交由主要政党代表组成的枢密院顾问官(Privy Counsellors)确定。确定题目后,相关政府部门推荐在该题目上知名的历史学者担任作者,并由首相委任。经这正式委任,作者有权查阅任何政府档案内的相关资料,并从内阁办公室收到一笔款项,不过在出版后不能收取稿酬或版税。官方史作者可以根据有关资料阐述自己的观点,任何未公开发表的敏感资料必须经由先作好处理才能向出版商递交书稿。同上。

公开出版发行。现在见到一套在较早期出版的是时常被直接简称为《英国官方史》(*British Official History*)、在1923年至1949年间出版的《基于官方文件的大战史》(*History of the Great War Based on Official Documents by Direction of the Committee of Imperial Defence*),就是英国参与第一次世界大战的官方史,其中包括陆军卷28册、海军卷5册、空军卷6册以及战争医疗史。[1]比较特别的是《日俄战争(海陆军)官方史》,虽然英国没有参战,但帝国国防委员会很快就编写出版这套3卷半的官方史。[2] 从"英国政府官方历史计划"的相关描述来看,《史稿》很可能是计划的一部分,但因为某些原因,最终没有正式出版,一直存放在档案馆里。至于编写时间,估计它是计划开展初期其中一种准备的史稿,一来是在陈述方式上与后期正式出版的官方史不完全一样;二来是从参考书目所见,《史稿》开列最晚出版的一本书是1881年出版的《克莱德男爵科林·坎贝尔传》(*The Life of Colin Campbell, Lord Clyde*)。[3]《史稿》很可能是在"英国政府官方历史计划"于1908年开展后与第一次世界大战爆发前之间的项目,可以理解在战争爆发后更多的时间和精力都放在这场战争中。事实上,《基于官方文件的大战史》是在战争爆发后不久便开始筹备及进行编写的工作,而第一卷更是在战争结束后只四年左右便出版。对于当时的英国政府来说,第一次世界大战的重要性,显然远高于第一次鸦片战争,《史稿》在这时候被搁置一旁,也是很可以理解的。

关于《史稿》的参考材料,上文说过分成两部分:"官方作品及文件"以及其他作品,后者主要是已出版与中国或鸦片战争相关的

---

〔1〕http://www.greatwar.co.uk/research/books/british-official-history-volumes.htm, accessed 30 March 2020.

〔2〕Committee of Imperial Defence, *Official History (Naval and Military) of the Russo-Japanese War* (London: H. M. Stationery Office, 1910—1920), 3 vols.

〔3〕Lawrence Shadwell, *The Life of Colin Campbell, Lord Clyde* (London: William Blackwood and Sons, 1881).

著作，包括参战将士的回忆录以及一些汉学家有关中国状况的论著。应该说，要参考这些“其他作品”今天都不算太困难，因为几乎全部都可以通过谷歌图书或其他网上平台在互联网上看得到，也有一些在近年重印。从书稿所作脚注看，参考最多的是宾汉的《英军在华作战记》，共有 23 处之多；其次是伯纳德（W. D. Bernard）的《“复仇神”号轮舰航行作战记》（*The Nemesis in China: Comprising a History of the Late War in that Country, with a Complete Account of the Colony of Hong-Kong*），共 16 次。这两部著作都较为中国读者熟悉。其他的都在 10 次以下，且大都只有 2 至 3 次，甚至只引录一次的好几种。

另一方面，《史稿》所参考的“官方作品及文件”则主要来自当时一些公开出版或没有公开的原始资料和记录。例如书稿所列第一项“Bulletins of State, Intelligence &c. 1840—42”，正确的名字是《国家情报通讯》（*Bulletins of State Intelligence, &c.*），是从《伦敦宪报》（*London Gazette*）整理出来的官方文件，自 1816 年开始到 1848 年，每年一卷，共 33 卷，《史稿》只参考了 1840—1842 的部分，但数目不算少，共 30 次，另外附录 D 的内容也主要来自《国家情报通讯》。至于第二项《年鉴》（*Annual Register Vols.: LXXXI to LXXXIV*），全名叫“*The Annual Register, Or A View of the History and Politics of the Year ...*”，也是一年出版一卷，《史稿》所参考的第 81 卷为 1839 年，至 1842 年为第 84 卷。这两种刊物今天都能在互联网上找得到。但参考官方文档的第三项“Army and Navy Lists 1840—42”，也就是陆海军名录，看来就没有公开出版过了，就是在英国国家档案馆也没法找到，估计是陆军部内部的文件。同样情况的还有“Original Despatches and other documents in the possession of the War Office, India Office and Admiralty”，这些就是陆军部、海军部和印度事务部内部所藏的文档。《史稿》内有很多脚注注明是“中国报告”（Chi. Report），所指的就是这些文档。今天这些档案应该已经全部公开，估计藏在英国国家档案馆，但经过重新编档入藏后，不容易辨认出来。至于“国会文件”(Parliamentary Papers)倒是正式印行的，大都以专题分类，把一些送呈到国会或在国会辩论的文书整理出版。《史稿》没有列出个别国会文件的专题，但其实直接与鸦片战争相关的也有好几种。[1]

不过，《史稿》的参考书目并不完整，因为有些在文内用上的材料并没有开列出来，例如附录E中一份怡良(1791—1867)参奏琦善(1786—1854)的奏折，注明是来自《广州纪事报》(*The Canton Register*)，但这并没有在书目中出现。应该指出，《广州纪事报》其实报道了不少当时战事的重要情况，包括英军舰只和部队的调动、战役的描述，以及中英双方的一些照会和公告。不过，《史稿》没有把《广州纪事报》列入参考书目，并不是说一定没有参考当中的内容，因为《史稿》所参考的《中国丛报》(*The Chinese Repository*)，它很多都是转录自《广州纪事报》的。另外，《泰特现代货币兑换手册》(*Tate's Modern Cambist: Forming A Manual of Foreign Exchanges, in the Different Operations of Bills of Exchanges and Bullion*)、《帝国英语词典》(*The Imperial Dictionary of the English Language: A Complete Encyclopaedic Lexicon, Literary, Scientific, and Technological*)，以及由麦肯锡(Keith S. Mackenzie)所写的一本参战回忆录等，[2]都出现在《史稿》正文的脚注内，但也没有在参考书目中开列出来。

---

[1] 例如：*Report From the Select Committee on the Trade with China; Together with the Minutes of Evidence, Taken Before Them, and An Appendix, and Index* (The House of Commons, 5 June 1840), 215 pp; *Correspondence Relating to China. Presented to both Houses of Parliament by Command of Her Majesty, August, 1840*, 55 pp; *Memorials Addressed to Her Majesty's Government by British Merchants Interested in the Trade with China. Presented to both Houses of Parliament by Command of Her Majesty, August, 1840*, 23pp.

[2] Keith S. MacKenzie, *Narrative of the Second Campaign in China* (London: Richard Bentley, 1842).

三

可以说,《史稿》是一本非常纯粹的战争史,它最大的特点是在于对鸦片战争主要的战役过程作了详细的描述。很明显,这是因为它是由陆军部统筹编写的缘故。

《史稿》主要以前面两章来交代战争爆发前的历史背景以及开战的原因。毫无疑问,这是鸦片战争史主要的构成部分,在一般情况下,这应该会占去相当的篇幅,我们甚至见到一些专著来详细交代战前的背景和状况。〔1〕但在《史稿》中,这部分的比重很轻,第一章以"1834 年以前的中外关系"为题,从公元前 1000 年说起,直至 1834 年东印度公司在华贸易垄断权结束,才用上 7 页多的篇幅;然后第二章"英国商务监督任命后的事件:1834 年至 1839 年",共 18 页。可以料到,这两章的分析不会很深入细致。不过,尽管篇幅不多,但这两章要表达的讯息却异常明确,且能够充分体现《史稿》的官方身份。

在第一章"1834 年以前中外关系"里,7 页的篇幅只有一个重点思想,就是强调自古至今中国人都十分抗拒与外国交往,整部《史稿》的第一句就开宗明义地说"大中华帝国有文字记载的历史大约发端于公元前 3000 年。据说在最久远的时代,中国人就一直反对与外国开放交往。"不过,《史稿》又接着简单罗列历史上外国商人到中国来的情况,只是这些描述都是负面的,包括葡属印度总督所派遣的特使皮莱资被处决、天主教士被逐等,然后就是英国由威德尔带领船队第一次的来华贸易,但作者的评论是"英国与中国的交往就在冲突中开始了",就是马戛尔尼使团也"没有给英国商人带来任何重大好处"。在这一章里,行商制度和鸦片问题都给带

〔1〕例如我们在第一节提过的 Glen MeLancon, *Britain's China Policy and the Opium Crisis: Balancing Drugs, Violence and National Honour, 1833—1840* (Aldershot: Ashgate, 2003)。

了出来，只是篇幅很少，没有太多的评论，结论是“广州英商和当地官员的关系始终不如人意”。必须指出，这种中外关系的论述和观点是当时英国的主流模式，其实从马戛尔尼使团成员大量出版回忆录以后便开始了。我们可以1842年《南京条约》签署那一年出版的《大英百科全书》(*Encyclopaedia Britannica*)第七版有关中国的条目来说明这问题。这条目在开首用上了近400字来描述自1807年1月即到广州，一直以各种方法进入中国内陆，最终成为第一位到达西藏拉萨的英国人万宁(Thomas Manning, 1772—1840)在中国的遭遇：他怎样付出努力、学会中文、把自己打扮成中国人，希望能进入内地，尽管他的意图是非政治性的，也不是为了个人的经济利益而来的，只不过是纯粹出于一种追求知识的良好意愿，但却一直被严拒于门之外。显然，这条目借助万宁作为开场白，是要带出对中国的批判：中国是一个极度封闭的国度，所有外国人都没法自由在这国家活动，全都局限于一个口岸，贸易活动以至于日常活动都受到严格限制，甚至不可以跟一般人民交往。条目的作者说，这不单说明中国跟世界其他国家不同，实际上足以证明中国对世界其他国家采取敌对的态度。[1]

---

[1] John Barrow, "China," in *Encyclopaedia Britannica*, 7th ed., vol. 6, pt. 2 (Edinburgh: Adam and Charles Black, 1842), pp. 548-549。可以顺带指出的是，第七版《大英百科全书》中国的条目的作者是巴洛(John Barrow, 1764—1848)。在条目后的署名是“M”。同上，页588。在该版的《大英百科全书》所附的署名表(Table of Signatures)，“M”注明是“Sir John Barrow, Bart., F. R. S.”。同上，第1卷，页xlvi。我们知道，巴洛是马戛尔尼使团的成员，出任总管一职。在主要成员有关出使的回忆录里，巴洛对中国的描写可以说是最负面的，除刻意细述在他眼里中国落后的一面外，更多次对于中国人把外国人叫作“夷”明确表示不满。John Barrow, *Travels in China, Containing Descriptions, Observations, and Comparisons, Made and Collected to the Course of a Short Residence at the Imperial Palace of Yuen-Min-Yuen, and on a Subsequent Journey Through the Country from Pekin to Canton* (London: T. Cadell and W. Davies, 1804)。有关这问题较详细的讨论以及万宁与中英关系的分析，可参王宏志：《从西藏拉萨到〈大英百科全书〉：万宁(Thomas Manning, 1772—1840)与18—19世纪中英关系》，《国际汉学》2018年第3期(2018年9月)，页122—147。

虽然《史稿》没有作出这样明确的评论，但在态度和精神上是一致的。

至于第二章所交代的则是英国派遣商务监督来华以后的事情，先交代律劳卑在广州的遭遇，然后是义律（Charles Elliot，1801—1875）接替后怎样先以委曲求全的态度来跟广州官员交往，但最终也因为鸦片问题及林维喜案件而爆发冲突。在整个论述中，尤其有关律劳卑事件以及义律前期所采取的立场，尽管《史稿》作者没有用上国家荣耀之类的说法，但信息也是很清晰的，就是中国要处于天朝上国的地位，作为英国官方代表的商务监督要以"禀"来跟中国地方官员沟通。这点是英国政府——通过外相巴麦尊（Henry John Temple Palmerston，1784—1865）多次发给义律的指示——所不能接受的。不过，这一章最值得注意的是有关鸦片问题的交代。作者指出，鸦片问题从 1836 年再次凸显出来，经过许乃济（1777—1839）的奏折，清廷加强禁烟，但鸦片买卖持续，原因是地方官员没有阻止，然后是林则徐（1785—1850）严厉执行，加上林维喜被杀案，中英双方爆发零星的冲突。应该同意，《史稿》的相关描述是平面的，也就是平铺直叙地把一些事件罗列出来，没有作太多的评论。这也是全书的一种书写风格。

那么，战争爆发的原因呢？如果说第二章中有关鸦片问题的描述没有显示作者的立场，那么，在第三章开首有关英国政府决定派出远征军的描述，便是要把鸦片作为开战的原因抹掉。这一章以英女王维多利亚（Queen Victoria，1819—1901）的一段话开始："中国近期发生诸多事件，致使我的子民与对方的商业往来中断。凡此严重影响本人子民利益及皇家尊严的事情，我已给与严正关切，且会继续这样做。"这段引文来自维多利亚女皇在 1840 年 1 月 16 日在上议院所作的演讲，整个演讲中就只有这一段是涉及中国的，当中没有提及鸦片问题，强调的是国家尊严、国民利益，显然就是表达一种官方的立场,不要让战争与鸦片扯上任何关系。[1] 作为官方史,《史稿》完全反映和表达了这样的一种立场。除以这一段引文开展有关战争的论述外,另一个最有力的证据是全书极少出现 opium(鸦片)一词。全书中唯一一次提及鸦片与战争爆发的关系的是格雷厄姆爵士(James Graham, 1792—1861)在 1840 年 4 月 7 日在下议院的动议,他批评英国政府处理对华关系的做法缺乏远见,并呼吁"要特别注意英国在鸦片贸易的军事行动",但《史稿》马上接着说:"这项批评以 262 比 271 的票数被否决。"虽然确是史实的陈述,但也是说格雷厄尔的观点不成立。至于书中其他为数不多提到鸦片的部分,几乎全都是有关收缴鸦片和鸦片买卖的情况,及至鸦片充公后的赔款等,从没有表述或暗示鸦片作为战争的导火线。这就是一部作为官方鸦片战争史的作品所要表达的讯息,或者更准确的是把它倒过来说:这是一部作为官方鸦片战争史的作品所不要表达的讯息,也就是尽可能把鸦片从战争中抹去。由此可以明白,《史稿》以及不少的西方著作都会把这场战争称为中国战争,而不是鸦片战争了。

不过,尽管《史稿》在分析爆发战争的原因时带有明确的政治立场,但有关战争过程的交代则是以一种相对客观的史实陈述方式进行,也就是说,《史稿》主要以报道历史事件和罗列历史材料为主要陈述模式,很少有评论的成分。当然,这些所谓史实陈述也无可避免地是从英国的视野出发。这固然是因为这是一部来自英国政府的一个部门所主持编写的官方史,代表的只能是英方的立场,因此全书出现大量"我方"、"我军"、"我们"等说法,充分展现英国官方史的定位。但另一方面,我们在上一节已指出过,史稿所运用的资料是全无例外地来自英方的。如果我们要求一本高水平的鸦

[1] "From *The London Gazette* of January 17, 1840," *Bulletins of State Intelligence 1840*, p. 9; https://babel.hathitrust.org/cgi/pt?id=osu.32435071107916&view=1up&seq=5, accessed 2 April 2020.

片战争史学术著作，完全没有参考中文以至中方资料明显是不可取的。不过，对于一部由英国陆军部主持编写的官方史来说，这不但没有构成严重的问题，反成为书稿的最大特色，因为它要做的是从英国军方的角度去细述这场战争的过程。在《史稿》里，我们见到的是详细交代英国备战的过程、战争的部署、军队和舰只的调动，及至每场重大战役的具体状况，包括英军进攻和防守的战略与安排、对战的过程、伤亡的数字、船只损毁的情况等。另一方面，在《史稿》中我们并不怎样见到交代中方的情况，诸如中方的部署、反应和态度，甚至连中英双方讨价还价的交涉细节也没有。举例说，重要如《南京条约》的谈判、内容和签署等，在整部《史稿》中只占去两页，实在不成比例。因此，与其说《史稿》是一部完整的鸦片战争史，倒不如说它是一部详细记录英国在鸦片战争各场战役的军事史。

在明确《史稿》的定位后，我们便可以更清楚地见到《史稿》的作用和价值。可以肯定，在现在已出版的所有鸦片战争史著作中，不论中文还是英文，没有一种在战争过程上作出像《史稿》这样详细的描述。当中所交代的细节，只有陆军部内部的资料才可能提供，而《史稿》也不厌其烦地罗列。我们可以被视为鸦片战争第一役的舟山之战为例，《史稿》记录了 1840 年 7 月 5 日下午半小时左右的战斗，那些参加了战役的舰只（“阿特兰特”号、“威里士厘”号、“康威”号、“鳄鱼”号和“响尾蛇”号）、它们开战前的部署（“英军战舰在距离码头约 200 码的位置排成一行，船舷朝着城镇的方向”）、正式开战的细节（“下午二时半”，“‘威里士厘’号瞄准前文提到的圆形塔楼，射出一发炮弹。”），然后是炮击的情况（“英军舰队则以重炮回击，立即驱散码头和东岳山头的炮火，击穿四艘中国战船，并打散其余船只。这阵炮击仅仅持续七八分钟，岸上的中国士兵就从视野中消失。”），最后是登陆和占领舟山（“布耳利将军带领部下从‘威里士厘’号登上舰队的小船，在战舰的掩护下排成两排。

半小时后,他和大部队先后上岸,没有遇到任何抵抗。二时五十分,英国国旗就在舟山岛上升起。")。可以见到,无论是人物、舰只、时间、地点、过程等,《史稿》都详细记录了下来。这些细节全是英军当时实际的观察和记录,让我们更清楚知道舟山之役的具体情况,而这些细节并不怎样见于其他的鸦片战争史著作中。

这例子其实很好地说明《史稿》的价值,就是为我们提供了鸦片战争中主要战役(主要是英方)的详细资料,这包括几个重要的方面:

一是军队的调配情况。在海面上,哪些舰只参加了那一场战役,它们的吨位是多少,火力怎样,船上的人数有多少,是哪个部队的人员,谁是指挥官,它们什么时候开往什么地方参战,它们遭遇了什么问题,哪些是遭中方击中或击毁,哪些因为触礁而不能参战甚至沉没等;在陆地上,什么部队参与战役,人数多少,谁是指挥官,他们的装备怎样,用的是什么火枪等。这些资料让我们更清楚知道英军的实际战斗力量,能更好地解释胜败的原因。

二是战役的状况。英军在战役中的部署,战斗的具体情况,包括什么时候开战,采取什么的战略,遇到怎样的反抗,英军怎样应对反抗,战役的结果,俘虏多少清兵,缴获的军械火炮数目和种类等。除了英军的部署和战略外,有时候《史稿》也会颇为详细地报道中方的要塞工事和军事装备情况,例如在哪里设置了多少大炮,型号是什么,射程怎样等。

三是英军伤亡数字。在《史稿》里,我们见到各场大小战役,甚至包括一些小规模冲突中英军具体的伤亡数字,而且,这些数字十分精准,往往是计算到个位数,而不是大概的约数。这对于理解鸦片战争有很大的帮助,因为虽然大家都明白当时清军虚报军情、夸大战功的情况非常严重,但由于缺乏更准确的资料(其实英国外交部档案全宗号 FO 17 中的档案藏有不少当时战事的汇报,也有准确的伤亡数字),不少史家都以中方官员上奏朝廷的数字作准,这无法展示战争的真实状况。此外,这些具体伤亡数字也进一步反映出两军战斗力的悬殊,因为在不少战役中英军的伤亡极为轻微,甚至低至只有一人受伤的情况,例如上面提过的第一

1840 年 7 月 5 日

场舟山战役,“英军全天唯一的伤情来自中方向战舰开出的第一炮,导致‘康威’号上的一名水手负伤”;而 1840 年 8 月 19 日在澳门关闸的一场战斗,“英军全天只有四人受伤,其中两人是军火库爆炸所伤。”

当然,我们可以质疑这些数字的真诚性。但由于英国是这场战争的胜利者,而这本官方《史稿》是在战争后半个多世纪才编写的,对英国政治没有什么影响,没有造假的需要和动机;而且,上面刚指出过,《史稿》所提供的英军伤亡数字很多时候是计算到个位数,如果是造假,大概以一个约数来含混过去会较容易。此外,对于个别战役英军有重大伤亡的,《史稿》都直言不讳,详细报道,例如英军在 1842 年 7 月 21 日进攻镇江,受到城墙守军顽抗,《史稿》便明确说“英军伤亡惨重”;而派出的小船又遇到岸上猛烈的炮火,“24 名船员中有 16 名受伤”,最后总结一天的战斗,“是日,英国军队的伤亡比其他任何战役都要严重。海陆两军共战死或中暑死亡 37 人,受伤 128 人,失踪 3 人,共计伤亡 168 人。”看不出有刻意隐瞒伤亡数字的情况。

事实上,《史稿》还有另一个很值得注意的数字,就是英军病亡的数字。《史稿》很明确地记下,英军在开战不久即面对疾病的严重威胁。1840 年 7 月 21 日,也就是开战后第 16 天,“士兵们已饱受疟疾和痢疾的摧残”,“疾病就在英军中蔓延开来,情况不容乐观。最主要的疾病是间歇热和痢疾,特别是痢疾,给各级军官带来不同程度的影响”。《史稿》还提供了随后几个月具体的病亡数字:在 9 月里,“三个英国步兵团中有一名军官和 58 名士兵病逝。10 月 1 日的每月报告写道,部队中已有 767 名病员,仅 1 138 人可以执勤”;然后在 10 月,“马德拉斯土著步兵第 26 团的情况最严重,

有 79 人死亡。欧洲步兵团的病情较轻,第 18 团仅有一名军官和 11 名士兵病逝,第 49 团有 41 人去世。整个 10 月,以上三个兵团的死亡总人数增加到 1 名军官和 131 名普通士兵。11 月 1 日的每月报告记录,军队中有 366 名病员,仅 1 061 人可以执勤”。11 月的情况更严重:“到了 11 月,死亡率却高于以往任何时期。仅仅在 11 月,三个欧洲步兵团就有 166 名普通士官身亡。12 月 1 日的每月报告反映,这批病员和刚刚病愈的士兵多达 881 人,舟山岛上只有 874 人可以执勤。”《史稿》作出总结:从 1840 年 7 月英军登上舟山到 12 月 31 日的 5 个月里,因病身亡的总人数达 557 人。在一段时间里,由于病亡人数太多,他们甚至决定不再按军队仪式举行葬礼,改为土葬。舟山以外,英军在鸦片战争后期的其他战役里,也面对很严重的病亡情况。例如在 1841 年 6 月底,2 900 名陆军中,有 542 人染病;7 月底,驻在香港的全体英军有 3 380 人,但竟有 783 名病号。还有 1842 年 9 月在长江流域驻军的病患情况,在整个 8 524 人的部队中,病患高达 1 437 人。在这里,我们见到《史稿》非常精准地把英军病亡的情况如实报道,就像战争伤亡数字一样,记录具体到个位数,而且这个数字对当时英国远征军来说的确是很大的。

其实,除了有关军事行动和战役的数据外,《史稿》还有一些资料细节颇有意思,也许在别的地方不会看得到。举例说,英军在 7 月 6 日进占定海后,对定海作了这样的描述:

> 英军发现定海城呈不规则的五边形,南北之间最远达 1 200 码,平均宽度为 1 000 码。四周的城墙总长约有 2 英里,设四道门,每道门外约 20 码处还有一道外门。城墙高 18 英尺,厚 15 英尺,墙上还有高 4 英尺、厚 2 英尺的挡墙。城墙外约 30 码处是护城河,宽 33 英尺,几乎可绕全城一圈。从护城河中分出一条支流,经南侧的水闸流入城中。

在翻查过一些有关定海城的描写，暂时还见不到这些细节。

其实，《史稿》所提供有关鸦片战争的具体资料并不仅见于正文内，附录的部分更有重大的价值。全书共有7篇附录，共130页，当中也许附录G“中国职官表”对中国读者没有很大的参考意义，那主要是帮助不熟悉中国情况的外国读者的。但其余6篇附录全都是鸦片战争的重要资料，值得稍作分析。

附录A是英方海陆军队在战争前的分布情况，包括各主要参战军舰、部团和部队的指挥官姓名，参与的战役，在战役中的地理位置，人数，以至病号等。这是全面理解英国所调派参战军队的力量、每场战役的动员状况的重要资料。

附录B是“各次行动中返还兵力及伤亡情况”，开列出每场重要军事行动和战役（共33场）中英军参战部队和指挥官姓名，参战人员数目，阵亡和受伤人数，有些更提供阵亡将士的名字。这是对于研究鸦片战争非常有用的资料，让我们更确定知道英国在这场战争中付出的人命代价，各场战役的具体情况也较为清晰。这附录同时也开列参战清军人数以及伤亡数字，但显然这部分的资料并不全面，且不一定准确，往往只是估算出来的数字。

附录C是英方参战军官名录，这是一份非常详尽的名录，包括每艘战舰的装备，舰上的主要军官和人员的名字，甚至提供他们任命和擢升的时间，以至死亡日期、地点和原因（如战死、中暑、溺死）。让人很感震撼的是这附录共列出了961名军官的名字。可以肯定，上面三个附录这样详尽的军方资料，除了陆军部官方的档案外，不可能在其他地方见到，它的价值便可想而知了。

附录D是英方对参战将士的“表扬书”，共31封，让我们比较清楚知道个别将士在某一场战役中的表现和功绩。这些表扬信原来大都刊登在《伦敦宪报》上，经《国家情报通讯》转载，《史稿》把它们集中起来，方便查阅。

附录E是3份“官方文书”，包括“给舟山中国官员的劝降书：

1840年7月4日”、“占领香港公告”、“对琦善的八条指控”。在这三份文书中,“给舟山中国官员的劝降书:1840年7月4日”已见收录于《鸦片战争档案史料》内,是较容易找到的;[1]但“占领香港公告”的中文本则较少见到,甚至不见于《鸦片战争档案史料》,我们经查核材料后,是从当时由义律公布的告示中原文录出来的。[2] 唯一没法找到原来奏折的是附录E第3篇怡良弹劾琦善的奏折,在已出版的资料集中,只见到一份是在道光二十一年正月二十日上奏的,主要汇报英国人强占香港,并“即在香港地方贴有伪示”;[3]另外亦有奕山(1790—1878)奏报派遣怡良去查探琦善与义律晤面情况的一份奏折,[4]虽然内容直接涉及琦善的部分比较多,但这也不是怡良的奏折。《史稿》引录《广州纪事报》的记载,虽然不是奏折原文,但最少可让我们知道奏折的内容。

附录F“武器装备”详细开列中英双方在战争中所使用的各种武器,从英国步兵所备的不同型号步枪到各种各样的火炮,资料极为详尽细致,就是各种步枪的重量、长度、口径,以至弹丸的重量都逐一列明,并分析说明各种步枪的长处和缺点,又介绍了英军所使用过的21种火炮,并详细提供每一种火炮的炮长、炮重、膛径以至装药和弹重等资料。让人颇感惊讶的是附录的后半部分竟然是对中方的装备的介绍,共开列28种不同重量的火炮,从最重的68磅到最轻的2磅,分铜炮和铁炮等,但整体数据就较简单。

必须强调,在我们所见到有关鸦片战争的资料集或研究著作

---

〔1〕《英国水师将帅伯麦等为要侵占定海而致定海总兵的战书》(道光二十年六月初十日),《鸦片战争档案史料》,第2册,页154—155。

〔2〕《英国占领香港的两个告示》,收《香港与中国——历史文献资料汇编》(香港:广角镜出版社有限公司,1981年),页167。

〔3〕《广东巡抚怡良奏报英人强占香港并擅出伪示等情折》,载《鸦片战争档案史料》,第3册,页92—93。

〔4〕《靖逆将军奕山等奏复琦善与义律晤谈等情折》,同上,页385—387。

中,从没有这样集中和全面交代相关的材料。《史稿》的附录部分确实具备很大的参考价值。

四

今年正值中英鸦片战争正式爆发180周年,长期封藏在英国国防部图书馆及英国国家档案馆资料库的《史稿》中文译本能够得以出版,也算是对这桩重大历史事件的纪念,期待能对鸦片战争的理解及研究有所贡献。

2020年12月

目　录

第一章 1834 年以前的中外关系

大中华帝国有文字记载的历史大约发端于公元前 3000 年。据说在最久远的时代，中国人就一直反对与外国开放交往。凭借其广袤的领土，中国几乎可以自给自足，不需要外国产品。历代统治者都认为外族人不如自己，又瞧不上商业活动这样不光彩的行当，因而都不愿意开展对外贸易。

但我们发现，中国与“印度八蛮族”的关系在周代就已确立；汉 公元前 1000 年
文帝时代，印度、阿拉伯半岛和其他国家的贡品也已从海路运往中 公元前 176 年
国。其他国家可能还包括古罗马，因为中国的丝绸在古罗马的市
场上是颇为知名的。我们或许可以推断，中国大约从公元 700 年
起就开展对外贸易。广州[1]一开始就是这个贸易的中心，当地设
立一个市场，由一名官员监督，他由政府委派并代表政府收取部分
利润。在经历一段萧条的日子后，广州在 13 世纪初正式确立为中 1200 年
国商品的出口地，所有外国人只能把货物带到这座城市。据说到
了 15 世纪，广州当局建造 120 间房屋，供外国人居住。 1400 年

好望角航道在 1497 年被发现后，葡萄牙人很快就用作通向中
国的贸易之路。16 世纪初，葡属印度总督派出特使，向中国皇帝 1517 年
提议签订贸易协议。这位特使名叫皮莱资（Thome Pires），在广州
受到通常只有外国使节才能享受的礼遇，但他又待三年后才获准 1520 年
进京。与此同时，有关葡萄牙人活动的诸多控诉也传到朝廷。

[1] Canton 是中国地名 Kwang-Tung（二者均指广东）的一个变体。

1511 年,中国属国满剌加国(Malacca)的苏丹(Sultan)被葡萄牙入侵者驱逐,虽然中方提出抗议,也没能帮助恢复原位。葡萄牙冒险者在中国领海的一系列暴行促使广东巡抚上奏朝廷,指控葡萄牙人企图以商人的身份来刺探国情,以便日后用武力侵占其国土。

结果,皮莱资及其同伴被判为间谍,遣回广州充作囚犯。由于满剌加国未能复国,皮莱资等人在 1523 年 9 月被处死。

1535 年,欧洲人第一次来到澳门,两年后建起多处临时住所,随后改建坚固的房屋。这些欧洲人向附近的中国官员缴纳巨额费用,才取得建造房屋所需的许可。

1573 年,中方决定在连接澳门和香山岛的地峡上建一道关闸。关闸的城门由中国士兵把守,奉命保卫该通道不受外来者侵犯。葡萄牙人应该是从 1586 年起得到在澳门定居的正式许
1587 年 可。[1] 次年,一位中国文官被派来住在城内,以中国皇帝之名管理澳门。

到了 16 世纪,一大批耶稣会士已在中国各地定居,总体而言都得到不错的对待。但皇帝在 1617 年 2 月 14 日降下圣旨,把所有耶稣会士逐出朝廷。他们在广州集合,原定计划是从这里返回各自的国家,但他们没有严格遵从圣旨,耶稣会士的人数随后仍在迅速增长。

大清朝(也称为满清)在 1644 年建立,第一位皇帝顺治向耶稣会士提供特惠待遇。一位名叫汤若望(Johann Adam Schall von Bell)的德国人被任命为钦天监正。

1665 年,所有耶稣会士都被遣至广州。但在 1671 年,他们又获得康熙皇帝的许可,得以回到各自的教会,但这道圣谕同时也规定中国人"不得入教"。

---

[1] 据《哈丁日期辞典》(*Haydn's Dictionary of Dates Relating to All Ages and Nations: For Universal Reference*, compiled by Joseph Timothy Hadyn and first published in 1841)。

葡萄牙是最早与中国开展贸易的欧洲国家，紧随其后的是荷兰和英国。[1] 1634年，一支由五艘船只组成的船队受英国东印度公司的派遣前往中国，次年到达广州，并成功地开始直接贸易往来。但在抵达广州之前，这些船只炮击并占领了一座装有46门大炮的"位于珠江口的堡垒"。[2] 由此，英国与中国的交往就在冲突中开始了。

这次尝试之后，不少后来者继续与中国人交往。1680年，东印度公司在广州与中国建立定期贸易。广州就是当时唯一向外国人开放的口岸。

在18世纪，中国几乎没有和西方国家建立外交关系，许多传教差会长期在华活动，中国只是处理和这些差会在宗教信仰上的分歧。1726年，葡萄牙国王派使节前往北京，但直到1727年5月18日才抵达，他请求朝廷收回1723年颁布的取缔天主教的圣谕。使团在北京停留一个月，虽然得到皇帝的款待，但取得的成效微乎其微。

1736年，乾隆皇帝登基。他在统治初期迫害了不少天主教徒，却在1785年释放12名在押的欧洲人，允许他们留在北京或返回欧洲。

早在1680年，英国就已在广州设立商馆，这也是英国人在华的唯一商馆。至18世纪末，虽然广州当局征税颇重，但当地外贸活动在全国对外贸易中的比重很大。不过，英商从中国官吏那里受到的严苛对待远甚于其他欧洲商人（此时已包括丹麦人和瑞典人）。这种不公平的待遇也迫使东印度公司代表提议，英商的冤屈应由一位英国大使反映给中国皇帝知悉。他们随后商定从英国派

---

〔1〕有三艘船曾在1596年由伊丽莎白女王（Queen Elizabeth，1533—1603，1559年起在位）派往中国，但全部失踪。

〔2〕很可能是虎门的一座要塞。关于这支远征队的描述，见 *Blackwood's Magazine*, Vol. 89, p. 43.

遣使团前往中国。马戛尔尼爵士(George Macartney)被选为大使,他于1792年9月26日从朴茨茅斯搭乘英国皇家海军"狮子"号(Lion)军舰出发,另携数名使团随员和两名中国译者。东印度公司的"印度斯坦"号(Hindostan)和"豺狼"号(Jackal)补给船也与"狮子"号一起驶向东方。1793年6月20日,使团在澳门靠岸。他们在那里收到一封信,信中说皇帝已命令领航员在岸边待命,负责把英国皇家舰船安全引到天津。这封信是由董事会主席(Chairman of the Court of Directors)发来的,他希望中方允许英国使团船队派一艘船开赴天津港。这样,为中国皇帝准备的礼物就不必从陆地上慢慢运到天津。

英国船队从澳门一路航行到舟山,这已是欧洲人记载中航行最远的中国海岸。他们在这里招揽两名当地领航员,约在7月底抵达白河口停靠。8月5日,马戛尔尼和使团成员登上"豺狼"号前往大沽,同行的还有几位中国大臣。他们在大沽获得17艘供其使用的河船,于是使团成员换乘这些船只继续开赴京城,大约在8月8日抵达天津。16日,英使一行人下船上岸,走完最后12英里。所有的人员和行李需要90辆小马车、40辆手推车、200多匹马和大约3 000人来运送。

中国官员在天津告知英国大使,皇帝正在热河,即其鞑靼行宫所在地,位于长城附近,并准备在那里接待使团。马戛尔尼爵士于是将部分礼品和使团成员留在北京,他带着数人前往热河,受到热烈欢迎。起初,中方人员要求马戛尔尼在皇帝面前行跪拜礼,但最终还是允许他行屈膝礼,正如他在英国觐见本国国王的惯例一样。

乾隆已经83岁,仍然在位,他在9月14日正式召见英国使节。马戛尔尼爵士在17日即乾隆生日当天又再受到隆重的接见,随后在9月21日离开热河,回到北京。乾隆帝也很快返京。他召集内阁大臣,商议如何给大英女王回信,最后根据他们的意见,拟好信件。10月7日,英国使团离京。他们沿着京杭大运河等内河航道前行，12 月 19 日抵达广州，最后在 1794 年 3 月 17 日离开中国。

这个使团并没有给英国商人带来任何重大好处。英国使节在广州收到总督的保证，声明“中方政府不会阻碍外国人学习汉语”，同时还得知皇帝欢迎英国使节再度前来觐见。但除此之外，这场花销甚大的访问成效甚微。[1]

19 世纪初的历史就此翻过，中国人与外国人的关系没有发生任何重大变化。

中国从没有承认澳门是葡萄牙人的领地。1800 年，中国当局将一位官居左堂（即县丞）的人派驻澳门，密切关注葡萄牙人的动向。如果没有中国官员颁发的特许证，澳门的外国居民便不得建造教堂或房屋；不仅如此，中国官员还要求对刑事和商业案件行使重大裁量权。1803 年，葡萄牙摄政王（Prince Regent of Portugal）颁布一道命令，规定杀人犯必须按葡萄牙法律处置，不得移交给中方。但这道命令直到 1805 年才得以实施。

据推测，法国人在 1808 年曾有过抢占澳门的设想。针对这次危机，时任印度总督（Governor-General of India）的敏托爵士（Earl of Minto）[2]派出多支英军驻守澳门。葡萄牙当局虽然反对英国人这样蚕食他们的特权，但也没有冒险阻止英方增兵。不过，英军的占领并没有延续太久，因为中国官员十分担忧，停止所有贸易活动，直到英军撤离澳门才恢复。[3]

次年，澳门的葡萄牙人装备六艘船只协助中国官方舰队追剿 1809 年

〔1〕Ch. Report II, p. 337.

〔2〕译者注：敏托爵士（Earl of Minto，或称 Lord Minto）为世袭爵位，此时的爵士是宁蒙德（Gilbert Eliot-Murray-Kynynmound, 1751—1814）。

〔3〕Karl Gützlaff, *A Sketch of Chinese History, Ancient and Modern: Comprising a Retrospect of the Foreign Intercourse and Trade with China* (London: Smith, Edler and Co., 1834), Vol. 2, p. 257.

海盗。中方为这次支援付出八万两白银,[1]但没有接受葡方要求特权以补偿其服务的请求。

1814 年,英国皇家海军"多丽丝"号(Doris)军舰的小船在黄埔港俘获一艘美国帆船,并把这件战利品拖进珠江。这次行动侵犯中国领土主权,自然引起中国官员与广州英人的冲突,并最终促使英国派出另一个使团前往北京。此行的大使是阿美士德爵士(William Amherst)。他在 1816 年乘坐"阿尔赛斯特"号(Alceste)军舰启航,同行的还有皇家海军"天琴座"号(Lyra)帆船和东印度公司"休伊特将军"号(General Hewitt)商船。阿美士德爵士的使团紧随马戛尔尼爵士的步伐,最终抵达北京。但觐见皇帝[2]的礼仪问题极为复杂,结果双方未能见面。像马戛尔尼爵士一样,阿美士德爵士也从北京经内河来到广州,但"阿尔斯特"号却不获准进入珠江。英方指挥官下令从军舰侧翼开炮,攻击一座要塞和几艘试图阻拦的帆船,随后驶到他们通常停靠的区域。得知这一消息后,清政府马上改变态度,下令再次备好此前英方拒收的礼物,准备送到"休伊特将军"号上,并公开表示这次江口开火只是一次友好的致礼。[3]

早在 18 世纪下半叶就已有少量鸦片流入中国,东印度公司的第一批鸦片是在 1733 年运来的。[4] 这种毒品在最初进入中国时被当作一种药品,但也是一种需要检验并缴税的贸易品。到了 1800 年,中国已禁止进口鸦片,并定期发布公告查禁走私活动,只不过从没有采取实质措施。因此,借助外国船只把鸦片运到黄埔的做法一直存在,在 1820 年以前没有遇过干扰或中断。

---

〔1〕27 000 英镑。

〔2〕此时的皇帝是嘉庆帝(1760—1820, 1796 年起在位),十分痛恨欧洲人。Gutzlaff, *A Sketch of Chinese History*, Vol. 2, p. 355.

〔3〕*Blackwood's Magazine*, Vol. 89, p. 53.

〔4〕Ch Report V, p. 547.

4月5日，两广总督阮元和粤海关监督阿尔邦阿发布公告，要求搜查往来商船，任何运载鸦片的船只都不许开展贸易活动。 1820年

执行这项严格命令的是一群被称为“行商”的中国人。1821年，11名独立贸易的商人组成行商，成为中国开展对外贸易的唯一渠道。[1] 其他中国臣民一律不得与外国人接触，违反规定者都要受到严厉的惩罚。诚然，行商通过贸易获得专属特权，但相应地也有义务，负责收取商品税，缴交给地方政府，还要保证所有外国人在华期间行为端正。除此之外，行商还有权向外国进出口货物征收大约3%的费用。这笔税款会充作保险金，即公所基金，用于应对商家破产或欺诈而造成的损失。事实上，行商的垄断地位极其稳固，虽然外国人也与私人商户保持着商贸往来，但若没有行商的许可或默许，贸易活动便无法完成，因为货物只有以某一家行商的名义才能上岸或上船。

阮元和阿尔邦阿发布上述公告后，严加责备那些参与鸦片买卖的人，行商遭到降职处分，但仍无法从实质上遏制鸦片交易。这时候的鸦片买卖有的转移到其他口岸，有的则由中国的武装走私者继续进行，他们按照广州外商的指令，从停靠在伶仃岛的接收船上拿取鸦片。[2]

由于时常爆发武力冲突，也出于其他一些原因，广州英商和当地官员的关系始终不如人意，再加上不断传出鸦片交易仍在进行的消息，从1820年到1830年间的数次分歧逐渐发展成更严重的

---

〔1〕直到1830年，这个群体都负责承担所有成员的外债。John F. Davis, *The Chinese: A General Description of the Empire of China and Its Inhabitants* (London: Charles Knight, 1836), Vol. 2, page 425。另见益花臣(John F. Elphinston, 1778—1854)报告，收录在他写给上议院(House of Lords)的一份呈文里，1821年2月26日。

〔2〕Ch. Report V, p. 141. 这些人不仅走私鸦片，还走私其他商品，这样就不用支付进入黄埔港所需的高额港口费。Gutzlaff, *A Sketch of Chinese History*, Vol. 2, p. 372.

冲突。[1]

1818年，东印度公司长期享有的印度贸易垄断权结束。1831年，对华贸易的权利似乎很可能会向所有外来者开放。于是，两广总督在1831年1月要求英国商领向英国政府写信，请求在这样的情况下委派一名专员来华，负责管理贸易活动，避免出现混乱的局面。

这项请求得到采纳。在1833年度贸易开启的时候，威廉四世(William IV)[2]颁发委任状，任命律劳卑爵士(William John Napier)、部楼顿先生(Chicheley Plowden)和德庇时先生(John Francis Davis)为英国派驻中华帝国的商务监督(Superintendents)。

---

〔1〕最关键的一个争议是关于英方要不要把杀人者交给中方。1821年12月5日，英国皇家海军"土巴资"号军舰的几名船员在伶仃岛一带登岸，他们在非武装状态下遇到袭击，14人受伤。英军派一支海军陆战队增援，向中方开炮，击毙两人，并击伤数人。对此，中方要求交出两名英国人并予以处决，英军当然拒绝这项要求。1830年，一位名叫麦肯锡(Mackenzie)的商船主在广州被几名印度巴斯商人杀害。这些人作为囚犯被送到孟买，但中方要求交出囚犯，理由是有一名法国人在1780年杀死一名葡萄牙人就移交给中方处决。这个要求当然也遭到英方的拒绝。Davis, *The Chinese*, Vol. 2, p. 101 & c.

〔2〕Ch. Report III, p. 143.

第二章 英国商务监督任命后的事件：1834年至1839年底

律劳卑爵士被任命为英国对华商务总监(Chief Superintendent)。他在1834年7月15日登陆澳门，十天后抵达广州。同行的还有德庇时先生和准男爵罗治臣爵士(G. B. Robinson)，后者在部楼顿先生离开后接任第三监督(Third Superintendent)。他们均配有包括副官、翻译和其他官员在内的数名随员，其中皇家海军的义律(Charles Elliot)上校担任船务总管(Master Attendant)一职。

这几位商务监督持有"国王特许状"(King's Commission)，他们的职位明显有别于在广州长年管理东印度公司事务的"货物特选委员会"(select committee of supercargoes)。但由于某个不幸的疏忽，没有人告知中国官员这几名新任贸易代表的地位很高。因此，当律劳卑爵士在来华次日，准备与广州高官展开对话时，遭 7月26日
到对方的严词拒绝。商务总监向对方致信，表明自己已经抵达中国，要求与广州知府见面。副官阿斯迭先生(John H. Astell)将信送到城门，但中国官员拒绝接收，因为这封信并没有以"禀"的格式写成。[1]

在律劳卑爵士的信遭拒后，总督卢坤7月27日发布谕令，提醒各家行商，律劳卑(中国人称他为"夷目")未经许可就抵达广州，要求他们让律劳卑在结束商务活动后立即返回澳门，未得到同意

〔1〕 Ch. Report XI, p. 26.

前不得重访广州。

7 月 30 日，卢坤再次发布谕令，指示行商命令律劳卑立即离开广州。由于这则谕令毫无效果，8 月 4 日又发出一条严厉的指示，要求严查外国商船的货物和外国商人的活动。这条指示随即对广州外商的中国雇员产生影响。当地居民的一些舢板小船[1]被迫停运，管理者潜逃，一部分买办[2]也销声匿迹。在这种情况下，英国的贸易实质上已经暂停，并在 8 月 16 日应行商的要求正式中止，对方的依据就是律劳卑拒绝通过行商来跟中国政府对话。总督卢坤在 8 月 18 日再次发布谕令，拒绝与律劳卑通信的提议，认为律劳卑的地位不比普通商人更高。9 月 2 日，他又发出另一则谕令，禁止任何中国人与英国人贸易，同时提醒工人、船夫和其他职员不许接受“上述夷人”的雇用。这道命令得到严格的执行。中国人不许向英国人销售补给品，否则就处以死刑，而外国船只在广州和黄埔之间的航道也被封锁。

英方装有 26 门火炮的护卫舰“伊莫金”号（Imogene）和“安德洛玛刻”号（Andromache）[3]在 8 月 30 日抵达虎门，并在 9 月 5 日迎来罗治臣爵士的增援，他从澳门带来一名非常了解珠江航道的领航员。6 日，德庇时先生和义律上校也加入。中方当天在广州采取了一系列防御措施，这些舰船只好第二天穿过被称为“虎门”（Bocca Tigris 或 Bogue）的狭窄水域进入内河。这条水道的两岸都有要塞防御，横档岛（Wantong Island）上也有一座要塞，[4]各处工事一齐向英军开炮。虽然微风不利于英舰作战，它们还是在两小时内就打得那些中方工事停止反击，船只得以继续通行。英军舰船只是在缆绳处受到极为轻微的损伤，只有一人轻伤。下

〔1〕舢板船（sampan）即小船。

〔2〕即欧洲公司雇用的中方管理者。

〔3〕Ch. Report III, p. 332.

〔4〕阿娘鞋岛（Anunghoy，又称亚娘鞋岛，现称威远岛）的两座要塞架起 56 门大炮；横档岛有 39 门；大虎岛有 18 门。Davis, *The Chinese*, Vol. 2, p. 34.

午二时，船队停靠在大虎岛（Tiger Island），因风向不利，第二天继续在那里停留。

9日下午，船队起锚，并迅速从200码开外围攻大虎岛上的要塞。要塞大约在半个小时内停止开炮。战舰上2人死亡，5人受伤，继续沿河直上，抵达蚝墩浅溪（Second Bar Creek）。10日，英军继续前行约5英里，11日抵达黄埔，对广州形成直接威胁。

律劳卑爵士自本月初以来一直生病，9日开始出现高烧，很快便无力处理公务。广州的中方官员得知虎门水道已有英国船队，迫切期待黄埔武装小船的增援，并在9月12日主动提出不会采取进一步的敌对措施。然而，他们很快又撤回这些提议，很可能是得知了律劳卑爵士的健康状况，而中国船队也不断集结到广州和黄埔一带。

9月14日，律劳卑爵士出于健康考虑，向中方宣告撤离广州的意愿。18日，商务监督随员[1]中的外科医生郭雷枢先生（Thomas R. Colledge）通知广州商会，律劳卑爵士已无法继续跟中方谈判，他将安排律劳卑爵士动身离开。

次日，代表律劳卑爵士的郭雷枢先生与部分行商达成协议： 9月19日
英国舰船决定撤离黄埔，而律劳卑爵士在返回澳门的航程中也将得到安全引导和妥善护送，英国船只可以不受干扰地穿过虎门。

9月21日傍晚，双方交换必要的文件。此时，律劳卑爵士已几乎不能走完从商馆到珠江边短短的距离。他上了船，这艘船会把他直接载到澳门。双方商定，英军舰船经香山水路行驶，通常情况下，船只在这条航道上可与澳门方面保持联系。但他们离开广州后很快就发现，载着律劳卑爵士及其随员的两艘船一路都受到八艘武装船只的监控。9月21日，英方一行还被勒令停船，造成一定延误，使他们直到9月23日午夜才抵达香山。此时，律劳卑

---

〔1〕第二、第三监督此时也在黄埔的战舰上。

爵士发烧加重，病情告急。25 日下午一时，尽管所需的通行证还没发放，律劳卑爵士还是获准通行。在整个航程中，律劳卑搭乘的船只都由中国船只护送，但噪声、混乱和敲锣打鼓等干扰声不绝于耳，人在船上根本无法休息。律劳卑爵士在 9 月 26 日上午抵达澳门，但病情太过严重，最后在 10 月 11 日去世。

总督卢坤必须向北京方面报告英国军舰越过虎门一事。这份奏折大约在 9 月底送达京城。由于发生这样一件有失颜面的事情，卢坤受到降职处分，不过暂时仍履行两广总督的职责。下达命令的圣旨送到广州已是 10 月 19 日，但在不久之前，卢坤已对律劳卑爵士离开广州、战舰撤离内河等事情另作汇报，声称都是他下令采取军事行动而取得的成果。第二道圣旨随后下达，总督卢坤保住颜面，但不能官复原职。

当日，即 10 月 19 日，总督卢坤向行商发布一道谕令，通报律劳卑的死讯，并指示行商敦促英商另外提名一人，负责监督贸易活动和管理工作。[1] 德庇时先生和罗治臣爵士都无意承担商务监督的职责。德庇时在一封写给巴麦尊爵士（Henry J. T. Palmerston）的急件中提出他的态度，即除非英国发来进一步的指示，他的责任就是保持完全沉默，不会履行其他使命。

与此同时，英方与广州方面的贸易活动也十分活跃。其实，自“阿尔赛斯特”号军舰撤离后，双方已重启贸易往来，中国当局深感
1835 年 有必要寻找一位负责人沟通。贸易季节到次年 1 月底告一段落。1 月 19 日，德庇时先生把英国国王颁给商务监督的委任状等文件移交给罗治臣爵士，然后乘船返回英国。此时的商务监督委员会（Board of Superintendents of Trade）成员就变成罗治臣爵士、阿斯迭先生和义律上校。德庇时先生离开后，委员会立即尝试和中方官员开启对话。2 月 1 日，身着军装的义律上校在广州登陆，目

〔1〕 Ch. Report XI. p. 75.

的是要递交一封由他本人和其他监督签署的信件。他十分关心被中方逮捕的 12 名英国人,他们都被关在牢房里,受到屈辱的对待。他后来见到一位满清官员,但对方拒绝接收文书,理由是他们只认可有“禀”字的公文。

在 1835 年余下的时间里,几位监督不再一味寻求官方的认
可,英方与中国当局的关系也保持不变。罗治臣爵士在 11 月从澳 25 日
门前往伶仃岛,希望对集结在那里的船只采取有效的控制,但这一举动没有得到巴麦尊爵士的允许。各位监督之间似乎无法达成统一的意见。罗治臣爵士建议英军摧毁一两座碉堡、占领某一座岛
屿;但义律上校却认为,对监督来说,真正的策略不仅是要广州官 1836 年 3 月 14 日
员让他们入城,还要寻求直接的沟通。

英方最终采取第二种方案,其中一个原因似乎是 1835 年 9 月
卢坤去世后来了一位新总督。1836 年 6 月,巴麦尊爵士宣布撤销 7 日
商务总监的职位,并指示由义律上校保管所有文件。此后,义律就自视为委员会的商务总监。

不过,巴麦尊特别提醒义律上校,不要通过行商的中介恢复和中方沟通,并指示他向中国政府写信时应避免使用“禀”字。

这些指示在 1836 年 12 月送抵中国。义律上校随即写信向两 14 日
广总督告知自己的职位,并申请通行证前往广州。虽有巴麦尊爵士的指示在前,但义律还是把这封信悄悄寄给资深的行商,并写上“禀”字,表示“由下至上的称呼”。

总督收下这封信,视其为“禀”,询问义律上校是政府官员还是 12 月 22 日
管理货物的首席委员,来广州的目的是不是仅仅为了管理商人,会不会经营商业活动,他所声称的英国来信是不是出自英国国王亲笔。总督命令义律留在澳门,等候北京的指令。

鸦片贸易的问题在 1836 年再次突显出来。从 1820 年开始,鸦片商贩就从伶仃岛的接货船取得鸦片分销,避开中国海关。随后,鸦片商贩在其他地方也采取这种做法。1820 年的鸦片贸易量

为 4 287 箱，价值 450 万美元；1835 年增至 21 677 箱，价值近 2 000 万美元。[1] 1836 年，北京的一位官员许乃济向朝廷禀报，这种有组织的大规模走私活动给中国国库造成巨大的损失。他同时指出，鸦片过去作为一种合法商品，可以换取中国的物资，但现在已经非法化，必须用货币支付，这就导致白银外流，需要输入外银。[2] 许乃济最后建议鸦片贸易应重新合法化。这份建议转寄给两广总督和广东巡抚，两位官员都建议采纳这个策略。[3] 但朝廷不同意鸦片贸易合法化，并发布条令，宣布所有涉事者应受到最严厉的处罚。[4] 条令颁布后，官方便采取一系列积极措施，逮捕数名鸦片走私者。

朝廷同意让义律上校在广州居住，他带着其他官员和随员离
1837 年 开澳门，在 4 月 12 日抵达广州。[5] 很明显，通信中使用的口吻和
语体问题是不可能彻底解决的。在通报某一艘英船从失事的中方船上救起数名水手时，义律的措辞是，这些行为“必将增进两国之间和平而善意的联系”，但两广总督在 4 月 19 日写给行商的谕令中却指出义律没有尊称“天朝”，并把他使用的平等概念形容为“荒谬而可笑”。不过，总督只是把义律信中的错误归结为无知，“既没有纠正他，也没有把信退给他”，同时还要求今后所有外国人的通
4 月 24 日 信都须由行商检查，没有使用恰当格式的就退还给寄信人。收到
这封信后，义律上校告诉总督绝不会先把信件交给行商，所以他决定不再写信，今后也只会接收总督直接发来的信件。

4 月 25 日 得知这一决定，总督同意接受由义律上校发来的密信，这些信
可由行商送来。得到这样的让步，义律上校随即表示同意，除非英国政府另有指示。这一策略得到巴麦尊爵士的批准，但他也命令

〔1〕 Ch. Report VI, p. 303.
〔2〕 Ch. Report V, p. 138.
〔3〕 Ch. Report V, p. 259.
〔4〕 Ch. Report V, p. 405.
〔5〕 Ch. Report XI, p. 248.

义律上校进一步寻求直接联系总督的权利，不要受到行商的干预。

在1837年间，鸦片问题让双方频繁通信。自从颁布圣谕严厉实施禁烟以来，所有贸易活动受到严重的影响。义律上校在2月便请求英国政府至少增派一艘武装舰船前赴中国沿海。在他看来，战舰的存在将使中国地方当局要么重新默许早已流行的鸦片买卖，要么加快完成已经提出的鸦片买卖合法化方案。巴麦尊爵士采纳义律的请求，随即下令增强中国海域的海军力量。[1] 广东当局对于鸦片贸易仍抱着敌视的态度，这是圣谕颁布之后他们的一贯立场。他们还指示行商敦促义律上校遣散所有鸦片接收船，并告诫义律，如果这些船只还停着不走，"众人就将受到天威"，那么，"商务监督就要自行调查并驱逐相关人士"。 8—9月

义律上校在致信两广总督时用了"禀"字，遭到英国政府的批评。由于中国当局不同意停止使用该字，所有的通信都必须中断。义律上校也在12月2日离开广州。[2]

中方对鸦片贸易采取的严厉措施未能阻止鸦片的流入。虽然 1837年
不少当地船只被烧毁，几名当地走私者逃到各地，但仍有一部分贸易转移到邻省福建的口岸，另一部分则在广东继续进行。鸦片通过英国人的欧洲渡船运到广州。这些船可免于搜查，因为行商、船长和代销商已共同签订保证书，声明船上没有鸦片。义律上校指出，这个做法对整个贸易造成威胁。他认为，"大英政府须积极采取妥善的干预措施"。

可是，巴麦尊爵士在回信中却告诉义律上校，"大英政府不会 1838年6月15日
介入，也不会让英国臣民违反中国的法律"，任何可能造成的损失必须由肇事者本人承担。

义律上校曾请求英国加强中国水域的海军力量，海军少将马他仑爵士(Frederick Maitland)在7月12日乘英国皇家海军"威里

〔1〕 Ch. Report XI, p. 255.
〔2〕 Ch. Report XI, p. 264.

7月25日 士厘”号(Wellesley)军舰抵达澳门。不久,义律上校来到广州,先向总督致信,声明自己担负着和平的使命。这封信由两名下属送
7月29日 到城门处,直接翻开放在那里,想要回避“禀”字的难题。但行商在当夜就将该信退回,告知英方使用“禀”字仍然是必不可少的条件。

与此同时,马他仑少将率领“威里士厘”号、“拉恩”号(Larne)和“阿尔吉林”号(Algerine)等舰船从澳门前往铜鼓湾(Tung Ku Bay)停靠,等待义律上校的沟通结果。

可是,英国渡船“孟买”号(Bombay)在虎门附近遭到两艘中国船只追捕,并在7月28日受到岸上要塞的炮击,被迫停船。几名中国官员登船盘查,询问马他仑少将是否在船上,如果人在就不得通行。少将本人和其他皇家军舰的人员都不在船上,“孟买”号才获准继续开到广州,随即将此事报告义律上校。义律上校立即前往铜鼓湾,在8月1日与马他仑少将会合。他们决定要求中方正式澄清其官员在虎门的行为。带着这项任务,“威里士厘”号、“拉恩”号和“阿尔吉林”号军舰在8月4日驶至穿鼻水域停泊。

8月5日 次日,几名中方官员受虎门水军提督派遣,登上英国皇家海军“威里士厘”号舰,对他们当时在“孟买”号上的粗暴盘查作出正式解释,并签署文件确认英方没有过错。英军得到满意的结果,各军舰于8月6日返回铜鼓湾,一直停留到九月底。

借助欧洲渡船的运载,鸦片进口量稳步增长。虽有圣旨下达,持续进行的鸦片买卖从未遭到地方官员的阻碍。不过,临近1838年底,道光皇帝批评这些官员玩忽职守。12月3日,12箱鸦片在广州商馆门口搬上岸时被收缴。[1] 一名担任那艘鸦片运输船担保人的行商立即在黄埔港被扣上刑具示众,代销商因义士(James Innes)和塔尔博特(Charles Talbot)被要求在三天内离开广州。这次收缴鸦片之后,随之而来的就是全面暂停对外贸易。中国官

〔1〕Ch. Report XI, p. 347.

方向行商提出，如要恢复外贸，就不准甲板船到广州，并且所有往来黄埔或澳门之间的船只必须在海关各口接受检查。广州商会收到通知后回复称，船只分属不同的公司，他们无权管理，没法做出任何承诺。但他们提议与各行商举行一次会晤，至少可以免让受雇的船只参与非法交易。因义士先生最后回到澳门，针对塔尔博特先生的驱逐判决也被撤销，那名行商得到释放。

12 月 12 日，一名中国官员带着随从来到瑞典商馆门前，搭起帐篷，准备公开处决一名鸦片贩子。外国居民得知其意图后，迅速集结，把帐篷踩烂。那名中国官员看到无法在那里处决犯人，便动身离开，另找地方执行处决。但欧洲人离开后，很快就有一大群中国人在商馆周围聚集。有些欧洲人试图用棍棒驱走人群，遭到猛烈攻击，几经辛苦才逃离现场。暴徒闯入商馆，砸破窗户，拆除围栏，大肆破坏长达三小时。随后，清军赶到，制止这场混乱。

两天后，商会主席（Chairman of the Chamber of Commerce） 1834 年 12 月 14 日
向总督提出抗议，指出原定执行死刑的场地是租给外国人的地方，要求保证不再发生类似的事情。

总督向行商作回复，宣称是他亲自选定地点，处死那名参与鸦 12 月 16 日
片交易的罪犯，借此警告进口鸦片的外国人。他指出，这块场地虽然由外国人居住，但仍然是天朝的地方，在这里执行处决，外国人无权干涉。

义律上校在 12 月 12 日来到黄埔，得知发生骚乱后，立即率领数艘武装船赶往广州，并在当天傍晚抵达。当月 17 日，他们在监督的会堂举行公开会议。会上，义律上校敦促在场所有人停止欧洲船只的鸦片走私活动。次日，他发出通告，宣布英国政府不会保 12 月 18 日
护任何因非法鸦片贸易而被中方没收财产的英国臣民。他还提醒所有人，杀死中国人跟在英国犯罪一样，都将处以死刑。

义律上校通知两广总督，他已下令让所有参与鸦片贸易的英 12 月 23 日
船离开珠江，并恳请中国当局准许他执行这道命令。这项请求获

得批准,所有船只在12月31日收到通知必须离开,广州口岸的贸易活动待到1839年1月1日才重新开启。鉴于英国人在广州的生命财产受到巨大威胁,义律毫不理会英国政府的规定,在写给两广总督的通告中用了“禀”字。[1] 出于同样的考虑,义律也没有对中方的回信提出异议,尽管回信是以“广州知府和将军”的名义写成的一道“谕令”。[2]

1月3日,钦差大臣林则徐受朝廷委派来到广州,他的首要目的是立即停止鸦片贸易。[3] 当这项任命传到广东,两广总督和广州提督颁布联合声明,通知外国人所有鸦片和装载船必须撤离中国水域,若不马上遵从,正常贸易将被暂停。

由于中方采取严厉的措施,鸦片贸易此时受到严厉禁止,但仍然没有完全停止。2月26日,一名中国人被指控贩卖鸦片,在欧洲商馆前被当众绞死。见到这番情形,所有外商都降下国旗。[4] 英商对这种侮辱表示抗议,恳请商务监督采取措施,让当时停靠在澳门的英国皇家海军“拉恩”号军舰留在中国海域。义律上校照办不误,同时也告诉英商,他不愿在当前的事态下在广州升起英国国
3月4日 旗,并就此事致信两广总督。义律完全同意总督有权在他认为合适的任何地点处决犯人,但也要求停止在外国人的居住点附近行刑。

3月10日,钦差大臣林则徐抵达广州,并在18日连颁两道有关鸦片的谕令,其中一道是针对外国人而发。他指出,外国人想必认识到对华贸易的巨大利润,但若想恢复中英贸易,一个必要的条件就是停止鸦片走私。这道谕令要求,外商须上缴运载船上的所有鸦片,让中方销毁,还要保证今后不再携带鸦片;只要在船上发

---

〔1〕 Ch. Report XI, p. 347.

〔2〕 Ch. Report VII, p. 456.

〔3〕 林则徐此时约45岁,人们形容他身材不高而微胖,面容安详、饱满且圆润,留着细小的黑胡子,眼睛乌亮有神,神情若有所思。Ch. Report VIII, p. 77.

〔4〕 Ch. Report VII, p. 606.

现任何鸦片，货物就必须没收，涉事方必须受罚。英方有三天时间订立保证书，并上缴鸦片。

第二道谕令则针对中国行商，他们因纵容鸦片走私和白银外流而受到严厉的指责。林则徐命令他们采取措施，让外国人在保证书上签字。林则徐也警告他们，如果这件事没有马上安排妥当，就要从他们中选出一两人处决，并没收他们的财产。

在这两道谕令颁布后的次日，粤海关监督发出新的谕令，禁止 3月19日
所有外国居民前往澳门，等待林则徐的调查结果。

上缴鸦片的三日之限在3月21日到期。当日，所有与黄埔的联系被切断，中国军队在广州郊外集合，载有武装人员的舰船在商馆门口的江面上集结。大约在晚上十时，商会召开特别会议。行商们表示，如果不上缴鸦片，次日上午就会处死两名商人。听到这个情况，众人决定向中国政府上缴1 037箱鸦片，由中方日后销毁。

3月22日清晨，行商参见总督，得知上缴的鸦片总数远远不够，要求继续补交。广州商领邓特先生（Lancelot Dent）收到传召，要亲自到林则徐面前接受审问。但由于他很可能会被当作人质而遭到扣留，他没有听令前去。

3月23日上午，数名行商出现在商会前，均被摘除顶珠，其中两人的脖子上还拴着锁链。他们说，他们受到这样的降职处分是因为邓特先生拒绝和林则徐会面；除非邓特本人在当日现身，否则行商中就有两人要被处死。外商商议决定，如果邓特先生的安全不能得到林则徐的保证，就决不入城。由于中方不能满足这个条件，邓特先生继续留在自己的住所。不过，一个由四人组成的代表团与部分中方官员会面，得知林则徐已下定决心要审问邓特先生，如果他不同意，就将被强制逐出住所。

就在林则徐颁布命令时，义律上校正在澳门。得知女王陛下的臣民被迫扣留在广州，义律发出通知，号召所有英国商船的船主

把船只开到香港集结，并在海军高级军官（Senior Naval Officer）的指挥下进入防御状态，义律本人则前往广州。他在3月24日傍晚抵达，随即升起英国国旗，护送邓特先生到领事厅。义律的到来标志着双方敌对状态进入新的阶段。外国商馆被中方的武装部队包围，而在商馆对面的江面上，军舰布起一道三角封锁线，严禁船
3月24日 只通行。中国雇员都已遵照林则徐的命令从商馆撤离。至晚上九
3月25日 时，留在商馆里的只剩下欧洲居民，总数约有两三百人。次日全天，外商与外面的联络完全中断，食物和水不准带入商馆，包裹或信件也送不出来。

3月26日，林则徐发布通知，要求外商交出鸦片，并要求义律上校向外商下令，叫他们在接收船上缴交鸦片。中方保证，只要满足这些要求，买办和其他本国商人就可以马上回来，贸易活动也将恢复。

3月27日，义律上校考虑到自己和其他外国居民已经被切断和外面的一切联系，并且得不到任何食物，决定答应林则徐的各项要求。于是，这位商务总监发布公告，要求全体英商为了大英帝国考虑，把手中的鸦片移交给中国政府；义律上校本人作为英国政府的代表，担保所有鸦片在当日傍晚六时前上缴完毕。

这则公告一发出，立即有20 283箱鸦片上缴给中方，官方统计价值1 000至1 100万美元。[1]

3月29日，林则徐发放的物资抵达商馆，苦力们获准把水送进商馆。双方开始商谈以什么方式接收鸦片。4月3日，副监督（Deputy Superintendant）参逊先生（Alexander Johnson）获准离开广州，管理穿鼻洋上运送鸦片的事务。欧洲居民仍被包围在商馆里，4月中旬，中国雇员陆续回来。5月4日，行商发出通知，宣布取得许可的载客船可以像平日一样往返于广州，贸易活动也会恢复。[2] 5日下午，中方解除航运封锁；6日，客船开始往来，大约

---

〔1〕1841年5月上缴的这批鸦片价值约为6 189 616美元。
〔2〕Ch. Report VIII, p. 15.

50 名乘客乘船前往澳门和黄埔。

5 月 21 日，英方承诺的鸦片总量完成交接。义律上校宣布离开广州，并于 5 月 27 日前往澳门。 1839 年

截止到 6 月 1 日，广州的外国人减少到大约 30 人。随着义律上校发布公告，英国货物都被运走，不再有英国船只进入虎门，最后一艘船于 6 月 16 日离开珠江。[1] 然而，中国当局不同意完全停止贸易活动，他们多次发布公告，邀请商船进入广州口岸。对于这些公告，义律上校回应称，除非贸易活动在一个互相尊重而安全的基础上进行，否则英国船只不会前往广州和黄埔。在这段时间里，只有部分美国商人仍在进行贸易活动。

让英商没有想到的是，那些上缴给中国人的鸦片竟在 6 月果真被销毁。在穿鼻附近的镇口村，清军围起一块场地，把鸦片放在场地里捣碎，再投进装满水的槽子，用盐和石灰充分浸泡后，倒入溪水冲走。每天约有 1 000 箱鸦片就这样被销毁。在林则徐的亲自监督下，这项工作从 6 月 3 日开始，持续近三周才结束。[2]

在停止与广州的贸易活动后，中国水域中的英国商船在香港集结。7 月 7 日，数名外国海员和村民发生一场骚乱，其中有一名叫林维喜的中国人受伤，次日身亡。得知此事，义律上校从澳门前往香港，在 8 月 12 日召集刑事和海事法庭开会。法庭认为，五名海员闯入住宅，攻击居民，因此负有罪责。义律上校对他们处以罚款和监禁。其中有一名海员，义律指控他犯下故意杀人罪，却被大陪审团驳回。

不过，根据中国的法律和风俗，一命还一命是理所应当的要求。因此，在判决结果传给中国当局后，所有中国佣人立即被撤出澳门的英商房屋，官员还试图不让补给品运到英国人手中。然而，葡萄牙人为澳门的英国居民补充食物，随后林则徐警告他们不得 1839 年 8 月 15 日

[1] Ch. Report VIII, p. 66.

[2] 有一位英国人记录了全过程，参见 Ch. Report VIII, p. 70.

提供任何援助。义律上校不愿再跟中方做出任何艰难的妥协，决定离开澳门，8 月 23 日前往香港。其他英国居民则在 8 月 26 日也离开澳门。义律采取这些措施显然是十分必要的，因为就在 24 日，一艘名为“不腊克久”号（Black Joke）的英国帆船遭到中方攻击，船员几乎全部遇害；不仅如此，虽然林则徐住在香山，但有一小支中国军队就驻扎在澳门城外。

8月

这时候，义律上校和英方人员住在香港的船上，但很难获得食物和水。英国皇家海军“窝拉疑”号（Volage）军舰于 30 日抵达，“海阿新”号（Hyacinth）也可以征用。义律上校向澳门总督提议让英国人回到澳门，并提供一支 800 至 1 000 人的武装力量供其调遣。但这位来自葡萄牙的总督不愿改变他所秉持的中立态度，拒绝义律提出的合作方案。

9 月 4 日，义律上校得知中方有三艘战船停在九龙，距离香港四英里左右，任务是防止补给品运给英国船只。义律乘坐“窝拉疑”号的小艇驶过去，同行的还有一艘“珍珠”号（Pearl）武装小船。停在那里的战船上装有一门重炮。义律上校派一名翻译，乘坐一艘不带武器的小船靠近，向中方长官求购补给物资。对方不同意这个请求，于是义律上校派出另一艘船，前往海湾的远端采购物资。但几名官兵走过来阻止买卖。得知这个消息，英国军舰向那些中国战船开火，后者发起反击，并得到重炮支援。在随后的战斗中，几名英国水手受伤，中方战舰据说也受损严重。除此之外，唯一的结果就是林则徐发布命令，批准中国人逮捕并处死任何上岸的英国人。

9 月 24 日，义律上校会见澳门同知，最终与钦差大臣林则徐重启谈判。[1] 经过几次商议，双方达成暂时恢复贸易的协议，但英国船只必须在虎门外卸货，并允许中国当局搜查鸦片。林则徐

---

〔1〕 Ch. Report VIII, p. 321.

10月9日

同时也发布一道布告，邀请任何愿意签署协议的船只像往常一样前往广州贸易。这道布告规定，一旦在船上发现鸦片，违规者须移交给中国政府处以死刑，而且船只和货物都将被收缴。林则徐在同一道布告中还表示，如果英方不交出杀害林维喜的凶手，他就要拿义律问罪。

义律上校和绝大多数英国居民都不愿意接受林则徐的要求。但“担麻士葛”号(Thomas Coutts)船主已签署保证书，该船可以开往黄浦。林则徐发现贸易活动实际上仍处于停滞状态，于是在 10 月 26 日发布另一道布告，要求英方交出杀害林维喜的凶手，所有装载鸦片的船只和拒签保证书而开往黄埔的商船必须在三日内离开。

收到这项命令，身在澳门的义律上校向英国船只的指挥官也发出公告，告诉他们中国政府的做法违反已经生效的约定。他命令舰队中的全体船只开往铜鼓湾，因为香港的下锚地点也可能遭到火攻船和战舰的突袭。英军提醒所有英国船只不要进入虎门，（10月27日）以免落入中方之手。11 月 2 日，义律上校乘坐英国皇家海军“窝拉疑”号，和“海阿新”号军舰一起到达穿鼻洋。[1] 中方一支战舰编队在一位水师提督的指挥下，停在虎门要塞以外。英国皇家海军到达后，英方一位军官向钦差大臣写了一封信，由翻译带到船上。他们得到中方水师提督的热情接待，并且告知回信会在次日送来，又说舰船最好能开到珠江下游停靠。于是，“窝拉疑”号和“海阿新”号往下游移动三英里，与龙穴岛(Lan Keet Island)齐平。

11月

大约在 3 日上午九时半，一小支中国船队快速驶到英军舰船前，迅速下锚，停在战船和火船前方。这些船只共有 29 艘，一字停开。一名中国通事登上“窝拉疑”号，向英方呈上一份通知，他还带着写给林则徐的那封信回来，该信一天前才交给中方的水师提督。

[1] *Annual Register: A View of the History, Politicks and Literature of the Year*, Vol. 83 (1839), p. 570.

舰长士密上校(Henry Smith)认为这种违背礼节的行为既是一种威胁,也是武力的炫耀。为了维护大英国旗的尊严,也为了保护珠江下游商船的安全,他决定必须向中国舰队开战。午后不久,英国船只开火。在随后的行动中,中方的一艘战舰被炸毁,另有三艘沉没,其余的则被赶跑。英方没有人员阵亡,几艘舰船除了绳索受损
11月4日 以外,并无其他损毁。上述两艘战舰在行动后开往澳门。次日,“窝拉疑”号载着大批英国居民,开往香港。[1]

就在这次穿鼻行动开始前不久,英国的“皇家萨克逊”号(Royal Saxon)商船驶到虎门附近。在即将进入虎门时,该船的顶帆被一艘中国军舰发炮击穿。这艘商船的船主随后签署保证书,从而获准开往黄埔。这个情况跟“担麻士葛”号的遭遇相似,即在签署保证书后获准开展贸易。林则徐宣布,除了“担麻士葛”号和“皇家萨克逊”号,中方与其他英国商船的贸易活动将从 12 月 6 日起永久停止。

这样,中英贸易在 1839 年底便完全中止。英国商贸船队停靠在铜鼓湾无事可做,而非法鸦片买卖仍在进行,没有减少。从事这些活动是一群武装走私者,他们将鸦片带至沿岸的几个小港口分销。中英海军之间发生过不止一次冲突,双方暂时都没有采取积极的措施恢复贸易。但很显然,只有先彻底解决两个问题,才能恢复双方的商业往来。这两个问题就是,英国代表的地位及其通信文书的措辞,以及鸦片是否应从中国排除出去。至于 3 月上缴的那批鸦片的价值问题也有待解决,因为中方尚未采取任何措施补偿货主的损失。

---

〔1〕 John E. Bingham, *Narrative of the Expedition to China from the Commencement of the War to Its Termination in 1842* (London: Henry Colburn, 1842), Vol. 1, p. 153.

第三章 1840年1月1日至6月30日事件

英国议会在1840年1月16日开会。女王在演讲中提道：

> 中国近期发生诸多事件，致使我的子民与对方的商业往来中断。凡此严重影响本人子民利益及王家尊严的事情，我已给与严正关切，且会继续这样做。

就在这次议会召开前的两个多月，英国政府已经决定有必要向中国政府提出抗议，还应派遣一支海陆联军前往中国。巴麦尊爵士简要介绍即将采取的措施，包括占领一座岛屿作为行动基地，建议选取舟山群岛其中的一座；封锁中国主要港口，中断沿岸所有贸易活动，由此迫使中华帝国满足大英女王政府的各项要求。最后，英军指挥官会在白河口提出以上要求。

1840年初，英方着手准备派遣远征军的各项工作。

作为英国驻东印度舰队（East Indian Station）的指挥官，海军少将马他仑爵士被任命为这次远征的指挥官，但他却在1839年11月30日去世。收到这条消息，身在好望角的海军少将懿律（George Elliot）被选为继任者，代之前往中国海域。英国驻澳大利亚舰队（Australian Station）的指挥官伯麦爵士（James J. G. Bremer）被任命为副总司令。英方派遣的陆军部队听从第18团准将布耳利（George Burrell）的调遣。

英方决定从印度调派远征军，由印度总督奥克兰爵士（Sir Auckland）[1]直接监督准备工作，远征军的行动进展须向奥克兰爵士和英国政府汇报。1.2万吨运输品在孟加拉装上军舰，当地军需部门须连续九个月不间断地准备物资，其他储备物资则从澳大利亚新南威尔士运出。远征军还携带汽船所需的燃煤，这些物资将作为压舱物装上运输船，以便稳定船体。新加坡被指定为会合港，所有船只将于4月在这里会合。

这些准备工作也引起英国本土的关注。议会里有人询问中英关系究竟有多重要，及女王政府或东印度公司是否要为此次远征行动负责。[2] 对于这些问题，议会表示，英国虽未向中国宣战，但有必要命令印度总督积极备战，同时仍以女王的名义维持与中国政府的所有交往活动。另一些人则询问备战的目的。议会最后表示，对于英国商务监督和英国子民遭受的侮辱和伤害，他们要让中方付出赔偿，并为英商的财产损失争取补助，保障他们的人身和财产安全。今后，英国对华贸易就可以在一个符合规则的基础上继续进行。

4月7日，格雷厄姆爵士（James Graham）在下议院（House of Commons）提出动议，批评英国政府处理对华关系的做法缺乏远见。他呼吁要特别注意英国在鸦片贸易中的军事行动，以及英国没有在中国海域保留海军的原因。[3] 经过漫长的辩论，这项批评以262比271的票数被否决。

1月5日 中国的紧张局势从1839年底就已存在，到1840年初仍没有较大的改变。1月5日，钦差大臣林则徐发布一则公告，警告各国不得用自己的船只搭载英国货物。这是借机报复中国船只在九龙

〔1〕译者注：奥克兰爵士为世袭，此时的伊登爵士（George Eden，1784—1849）是第一代奥克兰爵士。

〔2〕Ch. Report，IX，p. 107.

〔3〕*Annual Register for 1840*，p. 82.

和穿鼻受到英方袭击。为了进一步推行这项针对英国人的严厉措施，易中孚差不多在这时被任命为澳门道台，监督澳门事务。这位官员于1月31日进入澳门，随即告诉葡萄牙总督，他的任务就是要把英国人赶走。次日，他发布公告，要求英国商务监督及所有英国人马上离开。 2月1日

由于一大批中国军队就在澳门附近，女王子民的生命和财产受到严重的威胁。2月4日，"窝拉疑"号舰长士密上校令"海阿新"号军舰驶入澳门内港，为英国居民提供保护，在紧急情况下还能充当避难的场所。葡萄牙总督和议员不赞成这种做法，认为这是一种带有敌意的行为。次日，"海阿新"号便撤到外港停靠，[1] 2月5日 葡萄牙当局保证会尽可能为英国人提供一切保护。"海阿新"号的示威效果很好。在后来的一段时间里，居住在澳门的英国人没有受到中方的威胁或骚扰。

林则徐得知英国海军的这些行动，认识到中国战舰不具备与英国战舰较量的实力。因此，他通过种种举措，获得一批欧洲人的船只。"甘米力治"号(Cambridge)[2]是一艘退役的印度商船，重达1 200吨。这艘船原本是为保护英方的利益而配备武装，但后来卖给美国人，挂上美国国旗。林则徐首先购入"甘米力治"号，接着又获得三艘丹麦船，但这三艘船最后还是退还给船主。在广州， 2月6日 中方正依照欧洲模型打造多艘帆船，还有大量枪支和战备物资正从北方的兵工厂运送过来。

2月底，中方试图用火船摧毁停在铜鼓湾的英商船队，但由于 2月28日 英方始终保持警惕，计划没有成功。

广东当局下令暂停澳门的一切贸易活动，理由是葡萄牙方面向英方提供保护。但在3月6日，中方又发出公告，宣布中葡贸易

---

[1] Ch. Report VIII, p. 543.

[2] 这艘船的船主是美国人，把该船称为"切萨皮克"号(Chesapeake)。Ch. Report XI, p. 580.

即将恢复,因为英国人已被逐出澳门。在这之前,葡萄牙总督曾宣布,今后决不允许英国人返回澳门。

3 月 24 日,英国皇家海军的"都鲁壹"号(Druid)军舰从澳大利亚抵达澳门,次日开往铜鼓湾。"都鲁壹"号装有 44 门大炮,由丘吉尔上校(Henry John Spencer-Churchill)负责指挥。

4 月,英国远征军的各支部队纷纷赶赴中国。好望角的"麦尔威厘"号(Melville)、"摩底士底"号(Modeste)和"哥伦拜恩"号(Columbine)军舰得到"布朗底"号(Blonde)和"卑拉底斯"号(Pylades)的增援。懿律少将在 4 月 17 日接到命令,舰队于 4 月 30 日从西蒙湾(Simon's Bay)出发。

这支舰队的成员包括"威里士厘"号、"康威"号(Conway),"鳄鱼"号(Alligator)、"拉恩"号和"阿尔吉林"号、"巡洋"号(Cruiser)、"响尾蛇"号(Rattlesnake)(以上为运兵船),另有数艘运输船,以及"马达加斯加"号、"皇后"号(Queen)和"阿特兰特"号(Atalanta)三艘武装汽船,在印度补充物资后,按原定计划于 4 月在新加坡集合,5 月底前往澳门。[1]

从 4 月到 5 月,中国的局势并没有发生太大的变化。4 月 25 日,部分美国商人向两广总督提出申请,希望把他们的船只转移到珠江,因为英国人计划大约在 6 月 1 日封锁广州港。中方在回信中向他们保证,英国人想要封锁天朝港口的想法完全不必多虑。

中方的多份公告都谴责吸食鸦片的现象。1839 年 7 月发布的一则新公告宣布,中方将在 18 个月后对吸鸦片的人处以死刑。5 月 28 日发布的公告告诫他们务必在 1841 年 1 月 7 日前戒烟;同时还宣布,中方正在筹建一座设有单人隔间的建筑,那些抽鸦片的

---

〔1〕在新加坡逗留是为了让总指挥懿律与舰队会合。但由于他在 5 月 30 日尚未抵达,舰队便于当日在伯麦爵士的指挥下启航离开。Sir Robert Jocelyn, *Six Months with the Chinese Expedition*; *or*, *Leaves from a Soldier's Note-Book* (London: John Murray, 1841), p. 41.

人将被关在这里,接受严格监督,直到戒掉烟瘾。[1]

6月3日,丘吉尔上校乘坐英国皇家海军"都鲁壹"号军舰,在抵达汲星门时去世,5日,按军队仪式在澳门下葬。就像律劳卑爵士和马他仑爵士之死一样,中国人也将丘吉尔爵士之死归结为上天的报应。

6月11日夜间,集结在汲星门(Kap-Sing-Mun)的英国商船遭到中国火船的袭击。中方的小船全是用舢板拼成,再用锁链连在一起。这些小船在帆布的掩护下漂过来,在靠近英国货物的地方燃烧起来。不过,英国战舰的小船把起火的船只拖到岸上,从而保住船上的货物没有受损。

6月21日,英国远征军的先头部队抵达澳门,成员包括以下船只:

英国皇家海军"威里士厘"号军舰,72人,准将伯麦爵士,舰长马他仑爵士,巴斯三等勋章(C. B.)

英国皇家海军"康威"号军舰,26人,比休恩上校(Charles R. D. Bethune)指挥,巴斯三等勋章

英国皇家海军"鳄鱼"号军舰,26人,代理舰长库柏(Augustus L. Kuper)指挥

英国皇家海军"拉恩"号军舰,18人,布雷克中校(Patrick Blake)指挥

英国皇家海军"巡洋"号军舰,16人,吉福德中校(Henry W. Giffard)指挥

英国皇家海军"阿尔吉林"号军舰,10人,梅森上尉(Thomas H. Mason)指挥

[1] Ch. Report IX, p. 55.

另外，还有“阿特兰特”号、“皇后”号、“马达加斯加”号、“响尾蛇”号皇家运兵船等蒸汽船和21艘运输船上载着皇家陆军第18、26[1]和49团、孟加拉志愿兵队(Bengal Vounteers)，以及来自孟加拉辖区(Bengal Presidency)和马德拉斯辖区(Madras Presidency)的炮兵团和工兵团士兵。

6月22日 次日，伯麦爵士宣布，几艘皇家军舰将从6月28日起封锁广州的河道和港口。伯麦还表示，在不了解封锁区的情况下，英国和其他国家在华商船可以把澳门水道(Macao Roads)和汲星门作为下锚停靠的地点。

为了执行封锁，以下船只将继续停留在珠江水面上：

英国皇家海军“都鲁壹”号军舰，44人，上校士密勋爵指挥，巴斯三等勋章

英国皇家海军“窝拉疑”号军舰，26人，代理舰长沃伦指挥

英国皇家海军“拉恩”号军舰，18人，布雷克中校(William Warren)指挥

英国皇家海军“海阿新”号军舰，18人，代理中校斯图尔特(Peter B. Stewart)指挥

另有一艘“马达加斯加”号汽船由东印度公司的戴西先生(J. Dicey)驾驶。舰队的其他船只分别于6月22日、23日和24日往北航行。

1840年 英国舰队的到来立即引起中国官员对广州防线的关注。在1834年“伊莫金”号和“安德洛玛刻”号穿过虎门之后，[2]中方曾

[1] 中校奥格兰德勋爵(H. Oglander，荣获巴斯三等勋章)指挥第26团，在6月22日抵达珠江口时去世。他的遗体于7月11日葬在舟山。

[2] 见页10—11【原稿页10】。

修好多座破败的要塞，继续镇守这道门户。1836年3月，中方又在黄埔边上建起一座新工事，英国人称其为律劳卑要塞（Fort Napier），以记住这位英国商务监督的离开和去世。此时，这两座要塞的装备均已加强，守备的兵力也得到增援，一些小河道被封锁起来，中方的战舰和火船则停在更宽阔的河道上。

林则徐不再是朝廷钦差，改任两广总督。他在这段时间里发出谕令，尊重并服从天朝的葡萄牙人等外国人不必再接受搜查。他以总结道：

> 渔民、船户、兵勇、庶民，凡能将夷人斩首或击毙者均为忠义之士，凡能掳获夷船者均有大功。其斩获首级及船名一经验明，即由督宪按照赏格所定，给予奖金，颁赐荣典，另加奖赏，以资激励。尔等英勇之士，夙受崇褒厚奖，应毋使丑夷不授首，逍遥法外。仰各立志，克当大丈夫为要。[1]

这则谕令提到的奖赏数额包括捕获一艘80门炮的英国军舰并交给官府奖赏两万元，摧毁一艘战船奖一万元，俘虏一名英国人奖一百元，杀死一名英国人奖二十元。但在这些谕令发布后，中国人并没有感到很激动，反而给留在广州的少数美国人造成一定危险。

6月28日，多艘来自好望角的军舰在海军少将懿律（巴斯三等勋章）的指挥下抵达中国，成员包括以下舰船：

---

〔1〕Ch. Report IX, p. 166. 译者注：这份谕令原题为《谕香山县加强戒备并奖励民众歼敌》（1840），英方曾译为"Journal of Occurences, bountied offered for English subjects"，发表在《中国丛报》（*Chinese Repository*）第9卷第3期（1940年7月），页165—167。此处回译参考林则徐全集编辑委员会（编）：《林则徐全集》（福州：海峡文艺出版社，2002年），第5卷：文录公牍，页312—313；另收广东省文史研究馆（编）：《鸦片战争史料选译》（北京：中华书局，1983年），页214—215。

英国皇家海军“麦尔威厘”号军舰，72 人，海军少将懿律勋爵（巴斯三等勋章），上校邓达士勋爵（Richard S. Dundas）

英国皇家海军“布朗底”号军舰，42 人，胞祖上校（Thomas Bourchier）

英国皇家海军“卑拉底斯”号军舰，18 人，晏臣中校（Talavera V. Anson）

1840 年 同时，来自孟加拉装有 18 门大炮的“进取”号汽船也抵达中国。

巴麦尊爵士以女王政府代表的名义下令，由懿律少将和义律上校作为联合全权代表（Plenipotentiaries），向中国当局递交英国政府的要求。当“麦尔威厘”号抵达澳门后，义律上校登上这艘军舰。英方已把这些要求写成正式书信。两位全权代表奉命，等英军抵达广州或其他合适的港口，就立即把信交给中国官员送往北京。

不过，他们必须先在中国沿海占领一座岛屿，作为英军的驻地和物资存放点，也便于以后开展贸易活动。[1] 英方最初认为，如果要立即摧毁虎门，珠江口的大屿山岛（Lantau Island）也许是一个适合的地点，但最终决定采纳巴麦尊爵士的建议，占领长江口附近的舟山岛。在懿律少将抵达澳门前，这条建议就已获得英国政府批准。于是，在伯麦爵士的指挥下，舰队启程占领舟山。[2] 舟山岛并不是完全无人知晓，早在 1700 年，东印度公司就在这里设立一家商馆，只是当时中国政府向进口的英国商品征税太重，商业活动无法盈利，三年后，英国就放弃已经建立的商业活动。[3] 1793 年马戛尔尼爵士使华期间，皇家海军“狮子”号军舰也曾造访舟山，描述过这个停泊点。那段文字颇有价值，在这次远征中帮助

---

〔1〕 Lord Jocelyn, *Six Months with the Chinese Expedition*, p. 19.

〔2〕 Bingham, *Narrative of the Expedition to China*, Vol. 1, p. 184.

〔3〕 Ch. Report IX, p. 133.

英军确定该岛是否合适。

在这次远征中,英方做好了登陆中国海岸的准备,总体目标就是要让中方对过去发生的事情作出补偿和赔款,并确保双方的关系在未来继续维持。但是,两位全权代表若能以其他方式获得想要的成果,也不一定要跟中国开战。事实上,巴麦尊爵士一直小心翼翼地避免动用战争手段,主张通过沟通来落实英方的计划,而非继续打仗。[1] 因此,英国全权代表首先要确定的目标就是如何开展这样的沟通。他们的计划是一路北上,不向虎门的守军发起任何进攻。但在华英国人和其他外国人很希望英军攻打虎门,因为他们是在广州遭受伤害和侮辱的。不过,巴麦尊爵士只是下令封锁港口,因为从广州到京城路途太远,在这里采取军事行动不能有效地向北京政府施压。因此,当英军占领舟山这个军事据点后,两位全权代表就建议前往白河口,尝试与朝廷展开直接谈判。

6月28日,英军对广州港实施封锁。[2] 30日,英国皇家海军"麦尔威厘"号军舰载着两位全权代表从澳门水道北上。同行的还有"卑拉底斯"号、"马达加斯加"号军舰、"进取"号(Enterprise)汽船和四艘运输船。

(关于1840年6月30日英国在华海军和陆军的情况,详见附录A页185、页206〔原稿页194、211〕)

〔1〕Ch. Report IX, p. 107.

〔2〕根据海军总司令的命令,英军只会进攻隶属于官方的中国船只,目的是让中方官员知道英军的威力。

第四章 占领舟山：1840 年 7 月

1840 年 在伯麦爵士的率领下，英军舰队于 6 月 22 日离开澳门，7 月 2
日抵达舟山群岛一带，最后停靠在穿鼻山岛（Buffalo's Nose）。次
7 月 3 日 日上午，“康威”号舰长比休恩乘坐“阿特兰特”号进入内港，视察航
道，探测水深，当晚返航。7 月 4 日上午，“威里士厘”号、“康威”号、“鳄鱼”号军舰和“响尾蛇”号运兵船以及两艘运输船，一起行驶到定海城对面的内海停靠。[1] 当日午后，“威里士厘”号舰长和全权代表的军事副官乔斯林爵士（Robert Jocelyn）带着一名翻译，登上中国水师提督的战船，下令全城投降。[2] 提督虽在岸上，英军代表还是受到颇有礼节的接待。半小时后，提督带着随从登上“威里士厘”号回访英军。此前，英军已把劝降书交给中方。在这次沟通中，伯麦爵士向中国官员解释英军发起一系列进攻的原因和目的。中方回答称，英方要求他们向在广东遭到不公对待的英国人作出赔偿，这是很难办到的；即使要求中方付出代价，英军也应该找中国官员，而不是针对没有恶意的舟山人民。中国官员已经认识到英国舰队实力强大，承认一切反抗都很不明智，但绝不会主动放弃舟山城。

清军仍然镇守舟山，但周围的地形很不利于防御。伯麦爵士请中国官员充分考虑抵抗的后果，并将原来提议的投降时间推迟到次日上午，好让他们与其他收到劝降书的官员商量。

---

〔1〕 *Annual Register*, Vol. 82, p. 573.

〔2〕 这份劝降书的文本见附录 E，页 402【原稿页 314】。

英军舰船停靠点对面的海滩上是人口稠密的村庄，再往内陆走 0.75 英里就是定海城。城郊的东面有一座小山丘，上面有一座寺庙，高 100 多英尺。山上驻扎着一支中国部队，大约 800 人。他们配备六门火炮，但角度已被固定，无法垂直或水平调整方向。城郊前方是一片码头，11 艘军舰在外侧一字排开，守护停在码头的多艘商船。码头上架起大约 300 支枪，另外还有八支架在西端的小塔楼上。在这整片防御工事中，中国士兵估计达 600 人。〔1〕

晚上八时过后，中国水师提督离开“威里士厘”号。提督一行完全明白条款的含义，表示如果不及时答复而引起军事冲突，将由中方承担责任。

7 月 4 日晚上，港口上的中国船只几乎都已离开，到次日上午，只剩下几艘战舰及其部分小船。这些小船趁着夜色偷偷开来，没有逃过英方的注意。只见船上挤满妇女和儿童，甲板上还堆着高高的家居用品和货物。中方官员并没有送来回信，显然是想坚持下去，决不弃城。可是，大量平民带着物资不断撤离，说明他们并不指望中方能取得胜利。中国守军彻夜不停地进行战备活动，白天还能看到防卫力量持续增加，并不断配备新的枪支。在岸上和定海城乡之间的空旷地带，一大批中方部队陆续出现，他们的列阵情况也清晰可见。

英军战舰在距离码头约 200 码的位置排成一行，船舷朝着城镇的方向。但大部分运输船直到中午涨潮时才抵达。英军兵力众多，为登陆做好充足准备，指挥官希望能促使中方达成协议。但直到下午二时半，局势也没有发生任何变化。不久，“威里士厘”号瞄准前文提到的圆形塔楼，射出一发炮弹。

中方船只和陆上整条防线随即开火，英军舰队则以重炮回击，立即驱散码头和东岳山（Joss House Hill）的炮火，击穿四艘中国

---

〔1〕根据伯麦爵士次日提交的估算数字，中方总兵力不会超过 1 100 或 1 200 人。*Annual Register*, Vol. 82, p. 578.

战船，并打散其余船只。这阵炮击仅仅持续七八分钟，岸上的中国士兵就从视野中消失。英军没有停下进攻，布耳利将军带领部下从“威里士厘”号登上舰队的小船，在战舰的掩护下排成两排。半小时后，他和大部队先后上岸，没有遇到任何抵抗。二时五十分，英国国旗就在舟山岛上升起。

大部队一下船，立即沿着破败不堪的码头排成一列。映入眼帘的是大量死尸、弓箭、断矛和枪支。不久，英军第 18 营的右路部队就占领东岳山。从这块高地望去，定海全城尽收眼底。该城四周城墙环绕，墙上的中国军旗清晰可见。中国士兵围在城墙边，一看到英军出现在平原上，就点火发出信号，但并不能抵挡英军的进攻。英军全天唯一的伤情来自中方向战舰开出的第一炮，导致“康威”号上的一名水手负伤。

下午四时，马德拉斯炮兵团（Madras Artillery）将两门 9 磅炮抬上岸，摆放在距城墙 400 码内的地方，射出一发炮弹。英方随后确认，这发炮弹击毙县官及当地其他官员。

由于有一座桥梁被毁，英军入城的道路受阻，布耳利将军决定次日再发起进攻。于是，指挥官们奉命在破败的城郊为士兵寻找住所，并朝着定海城的方向设岗立哨。

英军又搬运数门大炮上岸，为攻城做好准备。当晚，九门 64 磅炮、两门榴弹炮和两门迫击炮陆续运到炮兵部队的阵地上。

定海城郊盛产一种烈酒，由大米蒸馏而成。英国军官的首要任务就是尽可能销毁这件危险品。他们砸烂数以千计的酒坛子，酒水沿着街道汇流而去，但还是无法搜出所有藏酒。部队里仍有不少酗酒的士兵，特别是那些运送部队上岸的运输船水手。这些醉汉和部分中国人一起，在几小时内就把城郊破坏殆尽。7 月 6 日凌晨三时左右发生火灾，英军不得不派大批士兵灭火。

天刚破晓，英军从占领的高地上看到定海城已在夜里撤空，成百上千的居民正想尽办法带上财产，朝着岛屿腹地飞奔而逃。英军走到城外的壕沟，才发现吊桥已经被毁坏，城墙上空无一人。他们从附近的房屋找来木板，搭起一座临时吊桥。一支小分队跨过壕沟，沿着中国人留下的云梯爬上城墙，打开城门，交给第 49 团把守。英军升起国旗，但主力部队还留在壕沟外侧。几名军官在一名翻译的陪同下进入定海城，试图打消留守居民的疑虑。起初，所有房屋都关着门，一个人影也见不到，城内一片死寂。片刻之后，一些受到惊吓的人才走出来，乞求英军放他们一条活路。有几栋房屋的门上贴着告示，恳请入侵者们"饶我一命"。

中国居民渐渐发现英军并无恶意，才有勇气走出来，倒好茶水，送给路过的每一个人。他们还会亲自喝一口，证明水里没有下毒。[1]

英军发现定海城呈不规则的五边形，南北之间最远达 1 200 码，平均宽度为 1 000 码。四周的城墙总长约有 2 英里，设四道门，每道门外约 20 码处还有一道外门。城墙高 18 英尺，厚 15 英尺，墙上还有高 4 英尺、厚 2 英尺的挡墙。城墙外约 30 码处是护城河，宽 33 英尺，几乎可绕全城一圈。从护城河中分出一条支流，经南侧的水闸流入城中。

城中的街道均不足 20 英尺宽，平均宽度约为 12 英尺到 14 英尺。房屋多是木质结构。通过房屋数量来估算城中居民的人数，英军到达之前大约有 25 000 人到 30 000 人。但英军入城之后，留在城里的人屈指可数。在英军占领期间，中国居民的人数也没有超过 10 000 人。[2]

城墙上挂满旗帜、长矛、火绳枪、飞弹、弓箭、火药和炮弹，还有很多袋石灰粉，守军本来是要趁英军士兵爬墙时撒进他们的眼睛。知县已在前一晚自溺身亡，其他官员则不见踪影。牢房里空无一人，也不见任何警卫部队。那些获释的罪犯将原居民舍弃的房屋

---

〔1〕Ch. Report X, p. 486.
〔2〕Ch. Report X, p. 334.

据为己有，然后迅速把得来的赃物运出城去。

定海城内粮仓广布，粮食储备良好，每一座粮仓都用标签写明谷物入库的年份。中国人把三座建筑改成火药库，里面摆满旗帜、弹炮、枪支、弓箭和制服。这些军需储备全都摆放得整整齐齐，严整有序，估计可供 1 300 人使用，也就是舟山守军海陆部队的常规人数。〔1〕县城的金库被小心地封起来，但里面只有四元钱。英军没有发现任何值钱的物品，只是在一些达官显贵家中找到一大批衙门公文。

英军还在城东和城西分别发现两座火药库，并随即销毁里面的物品，把火药库锁起来。在那批落入英军之手的枪支中，有几支抬枪值得一提。这些枪支都装有可以替换的后膛，其中有八九支已装满子弹。

当日，也就是 7 月 6 日，在 6 月 30 日就已离开澳门的两位全权代表来到舟山。下文将记载他们航行中的几件事。

〔1〕Ch. Report X, p. 487.

第五章 “布朗底”号进犯厦门，英军占领舟山后的事件

1840年6月30日，海军少将懿律勋爵和义律上校作为联合全权代表，乘坐英国皇家海军“麦尔威厘”号军舰离开澳门，一同北上的还有英国皇家海军“布朗底”号和“卑拉底斯”号军舰，以及“马达加斯加”号和“进取”号两艘汽船。7月2日，舰队抵达厦门，并尝试靠近厦门港口。懿律少将决定向中方递交一份信函副本，这封信由巴麦尊爵士署名，两位全权代表奉命交给北京的朝廷。英国皇家海军“布朗底”号的胞祖上校拿着这封信，乘坐主力舰“麦尔威厘”号前往厦门城，打算把信交给中方驻军统帅，如果他不在，就交给厦门驻地最高长官，由他转送北京。

“麦尔威厘”号和舰队其他船只继续向北航行，“布朗底”号则进入港口，于正午左右在厦门城下锚停靠，挂起白旗。一小时后，驶来一只小船，上面挂着一面红旗，写着“厦门长官巡逻船”几个字。船上有五六个人，看起来像随从或佣人。他们自称是受县官的派遣，询问来者何人，所为何事。[1] 英军告诉他们，“布朗底”号此行的目的是要把一封重要信函交给中方水师提督。守军回称，提督在泉州，“布朗底”号可以到那里去找他，但还有另外几位长官在厦门。胞祖上校决定把信留给对方，请他们禀告长官，他要留下一名英国军官亲自把信交给提督。英军用中文拟好一份文件，向

〔1〕Ch. Report IX, p. 222.

中方的通信员解释白旗的休战含义，直到中方完全明白，英方才把这份文件翻开，由对方带上岸去。

不到一小时，这些中国官员就带着一位谈吐得体的人回到船上退信。他表示，不少官员已经收到副本，只是不敢和外国人通信。英军告诉这名官员，这封信是由英国政府高层下令递送，不得收回；既然中国官员不愿登上“布朗底”号，那英方就安排一名军官去拜访他们。

下午三时，少尉尼克尔森爵士（Frederick W. E. Nicholson）在翻译罗伯聃先生（Robert Thom）[1]的陪同下，乘坐一艘插着白旗的小舢板开往一座中方要塞，因为中方官员曾经建议在那里登岸。但就在靠岸的时候，他们见到两三百名中国士兵在长官的指挥下集结完毕，列好队形，表现出同仇敌忾的气势。小舢板继续朝着岸边驶去。少尉和翻译不带武器，只身上前，声明他们想递交信函。但中方拒绝收信，并用恶劣无礼的语言命令这两位英国人离开，还威胁要将任何上岸的人处死。少尉和翻译发现不能送信，只好驾驶小舢板返回军舰。

7月3日 次日上午，英军发现中方已在岸上扎营，还在内港入口的一座防御炮台东侧架起五门大炮，几艘战舰也已配备武装，满载军队。午前一片宁静，直到上午十一时，海上才有微风。“布朗底”号这时起锚，行驶到防御炮台的视线以内，距离海岸不足400码，以便同时向中方炮台和军舰开火。

这时候，胞祖上校再次尝试和中方展开沟通。翻译罗伯聃先生率领五名随从，不带武器，乘坐一艘插着白旗的小舢板驶上前去。他们拿出一块中文告示，说明只是来送信的。就像前日一样，中方几名军官带领部队在登陆点集合。当小舢板距离岸边只有几码的时候，罗伯聃先生请对方收下这封信，却在威胁、辱骂和挑衅

〔1〕罗伯聃先生是商务监督随员中的一位翻译，临时为海军服务。

声中遭到拒绝。中方火绳枪的子弹和弓箭纷纷射向舢板船，中方炮台也同时向“布朗底”号开火。英军马上撤下军舰上高扬的白旗，开炮予以回击。英军只用两门侧舷炮就平息了中方的炮火，击散岸上的大批部队。紧接着，英军集中火力，瞄准中方要塞和装备武装的军舰开火。中方要塞很快沦为废墟，军舰也四处逃散，其中一艘起火，全体船员弃船而逃。英方又准备好一份中文告示，向中方表明刚才的冲突有悖于白旗的休战含义，并试图将这份告示贴到要塞的外墙上。不过，带着这份告示登岸的水手却陷入险境，中国士兵不断进攻，随时可能切断他们和大部队的联系。英军只好命令他们撤退，改用瓶子装着告示，从船上扔出去。下午四时，“布朗底”号起锚，返回海军指挥官所在的舰队。

在这次事件中，“布朗底”号无人受伤，但据说中方损失十分严重。[1]

与此同时，懿律少将正赶往舟山。7 月 5 日深夜，“麦尔威厘”号抵达鹿岛（Deer Island），由“阿特兰特”号拖进内港。次日上午，
7月6日
主力舰“麦尔威厘”号试着开进狭窄的水道，却在河口撞上一块礁石，受损严重，只好停在港外，指挥官则搭乘“阿特兰特”号，登上“威里士厘”号，升起舰旗。两位全权代表刚踏上鹿岛，就收到英国远征军登陆的喜讯。当他们抵达舟山的下锚点时，定海城已完全在英军的掌握之中。

占领舟山岛后，英军的第一项任务就是维持文官理政的秩序，以防盗贼继续大规模的抢劫。7 月 8 日，懿律少将宣布，由布耳利将军全面主持岛上政府的民事、财政和司法管理事务。要制止抢劫现象并非易事，因为那些财产的合法拥有者已经逃走，劫匪只要宣称拥有某件物品，没人会站出来质疑他们的说法是否属实。英军起初决定，在城门口扣留所有带出城的东西，守卫处逐渐堆积起

---

〔1〕厦门的文武官员向皇帝禀告，他们已将英国船只赶跑，击毙或击伤大量外国人。随后，他们纷纷受到擢升和褒奖。Ch. Report X, p. 443.

大量物品。而后，有不少平民来到地方官的办公所，投诉自己的财物遭到不应有的扣留。远征军的两位翻译马儒翰(John Robert Morrison)、郭实猎(Karl F. A. Gutzlaff)连同地方长官克拉克先生(Henry Clarke)，共同听取这些诉讼。一经核实，这些平民就可以拿回自己的物品，并得到比原有财物还多的赔偿。

根据懿律少将发布的“七月八日宣言”，中国法律对于任何违法犯罪的中国人都具有约束力。为了执行这条法令，英军试图招募数名当地人出任警察，维护稳定，却找不到德高望重的人胜任这份工作。因此，英军很难在那些暴民中建立秩序。

英军占领定海后的数天，多家商铺重新开门，销售家禽、牛肉和猪肉等，但过了一段时间，这些店家卖完存货后，就从城中撤走，货物供给完全中断。店家这么做，是因为宁波当局派多名信使来到舟山，威胁当地人，如果敢为英方提供物资便处以死刑。

7月 “布朗底”号在7日晚抵达。9日，“麦尔威厘”号被拖进内港，才发现损伤太严重，需要很长时间才能修好。懿律少将留在“威里士厘”号上，得知英军在厦门没能成功递交信函，便决定在宁波再作一次尝试。7月10日，他派出“布朗底”号、“康威”号、“巡洋”号、“阿尔吉林”号和“皇后”号汽船开赴宁波港。另一位全权代表义律上校也随这支舰队一起出发，他们的另一项任务，就是要在当地官员的帮助下，为英军获取物资。

10日，英军舰队抵达宁波镇海港，截获一艘中国小商船。中方官员委托这艘船送来一封照会，希望能登上英军舰船。[1] 英军在7月12日向两江总督裕谦和浙江提督(军事首长)回信，承诺会先派一人到岸上等候中方官员，再把中方代表带上船。午后，英国皇家海军“康威”号舰长比休恩乘坐快艇登岸，在马儒翰、克拉克和阿斯迭先生的陪同下，等候中方官员的到来。数名佩戴蓝色顶

〔1〕 Ch. Report IX, p. 230.

珠[1]的中方官员前来迎接，邀请他们上岸，展现出无微不至的礼节。英国军官解释了白旗的含义，并将巴麦尊爵士的信函副本交到对方手中。经过一番交谈，中国官员最终同意带走这封信。

7月13日上午，义律上校乘坐“皇后”号汽船回到舟山，与懿律少将会面商谈。在义律上校离开期间，两江总督和浙江提督又退回信件，还另附一封信称，他们不敢把这份文书交给朝廷。这一次，中方官员使用的语体非常客气，没有带任何优越感的口吻。英方受到平等的称呼，是“尊敬的英吉利国官员”而不是“夷人”。[2]

在全权代表义律不在的情况下，镇海的英国海军舰队高级军官拒绝收下这封退信。中方先派出一位代表，接着又派出原来那艘小商船，几次试图退信，但都不成功。午后，懿律少将乘坐“阿特兰特”号来到镇海，义律上校也跟着抵达。但两位全权代表的出现仍无助于沟通的进展。懿律少将宣布英军即将封锁港口，又发现中方正采取一系列防范措施，便在7月15日回到舟山。从当日开始，英军展开对甬江和长江北侧港口的封锁。

英军一直无法在镇海获得物资。7月17日，一支由4名军官、20名苏格兰卡梅伦步兵团(Cameronians)士兵和部分孟加拉兵团(Bengalee Camp)士兵组成的侦察队进入舟山岛腹地，但连一头家畜也没有找到。中国人通常不会卖掉牲口，因为要用来耕地。不过，一名买办买下部分牲口，提供给英军食用。这人来自广东，专门为英方军需部门服务。他在17日上午赶赴乡村，一名中国肉贩子陪他收购家畜。但到了傍晚，只有肉贩子一个人回来，报称买办被中国士兵抓走了。英军立即召集一队人马，声势浩大，准备赶去营救买办。但没等他们动身，肉贩子就已经逃走，了解买办下落的直接证人就此消失。

---

〔1〕有关不同顶珠的寓意差别，见附录G。

〔2〕懿律少将的信函，见 *Bulletins of State Intelligence* (London: Westminster, 1840), p. 671。

英军派出两支小分队，横穿舟山岛，最后在海岸线西北侧的一
7月 个海港小镇会合，第三支小分队则在18日出发，前往附近的一个村子。他们得到确切的消息，买办就是在那里被捕的。但就像小分队路过的其他所有村子一样，这里也荒无人烟。[1] 随着气温上升，许多士兵体力不支，纷纷掉队。英军决定包围下一个村子，以便征召苦力，为那些中暑最严重的士兵背包。这项任务很快就完成，因为当地人发现英军并无恶意，而且他们的服务也会获得报酬，便欣然接受雇用。

7月 第三支小分队继续横穿舟山岛，但没有发现买办的踪迹。20日傍晚，他们来到一个村子，当地居民同意带他们去捉拿买办的头目的住所。这人是一个臭名昭著的强盗，在英军占领定海时才从牢狱里释放出来。小分队到达时，他却已经逃走了。

7月21日 次日，小分队抵达海港。可是，士兵们已饱受疟疾和痢疾的摧
7月 残，看情况无法走回营地。幸运的是，义律上校乘坐的汽船在22日上午到达，士兵们无须步行返回。就在上船前，英军得到消息，怀疑沿着海岸线9英里外的一座村庄与买办的失踪有关，于是决定先逮捕村里的几名头目。就在这时候，另一支小分队也抵达海港，执行这项任务的混编兵力增至50人。不过，可怕的高温让这次行军变得十分艰苦。几小时后，一半以上的士兵都因身体虚弱而掉队，最后只好返回，其他人则继续走到村子。村民们虽然想要抵抗，但村里的几名头目都被英军俘虏。

小分队登上汽船，当晚返回，途中没有遇到中方的骚扰。至于那些筋疲力尽的掉队人员，中国人很快就切断他们与主力部队之间的联系。他们只好沿途找几个山洞藏身，等待英国轮船把他们接回去。[2]

7月23日 英军汽船在第二天将部队送回定海城，随后决定停止营救买

---

〔1〕Jocelyn, *Six Months with the Chinese Expedition*, p. 82.

〔2〕Jocelyn, *Six Months with the Chinese Expedition*.

办。英方确信,买办是宁波当局下令绑架的,已经转移到内陆去了。英军逮捕那几名村庄头目,关押约六周后释放。[1]

英军没有惩罚绑架买办的人,这给舟山岛上的居民带来隐患。他们开始担心,英国人可能无法保证他们免遭同胞的报复。目前暴民抢劫的情况虽已停止,但定海居民还是弃城而走,城内很难看到中国人,各种物资变得匮乏,市场上已看不到蔬菜和鱼,英军只有用武力才能从邻村抢得牲口和家禽。在这段时间里,英军每周只给士兵发放一磅猪肉,想要给病号找一些家禽变得很困难。由于找不到苦力,欧洲步兵团(European Regiments)所有杂活都得自己完成。烈日下从事这样艰苦的劳动,食物又不够,造成大量士兵患病。最流行的是痢疾,但病情还不至于太过担忧。到 7 月底,除痢疾外,舟山英军的总体情况已有改善。[2] 1840 年 7 月 23 日

英军继续封锁甬江和附近河岸。7 月 26 日,“摩底士底”号抵达;28 日“伯兰汉”号(Blenheim)和“窝拉疑”(volage)号军舰赶到。7 月底,舟山一带的海军实力大增。“摩底士底”号是一艘装有 18 门炮的单桅船,来自好望角;“伯兰汉”号是一艘装有 74 门炮的战舰,从英国直接驶来;“窝拉疑”号[3]来自澳门,曾参加过封锁珠江的行动。

两位全权代表决定,英军要一路开赴白河,与京城直接对话,达成令人满意的条约。继续北上的舰队包括以下船只:

---

〔1〕 Ch. Report X, p. 493.

〔2〕 *Memorandum on Monthly Return dated 1st August, 1840*. War Office Archives.

〔3〕 “窝拉疑”号由小懿律上校(George Augustus Elliot, 1813—1901)指挥,他此前是英国皇家海军“哥伦拜恩”号军舰的指挥官,拥有中校军衔。小懿律上校刚抵达澳门就得知,由于丘吉尔爵士去世,他自己已擢升为“窝拉疑”号舰长。

可以见出,目前有三位名为“埃里奥特”(Elliot)的海军军官在中国海域服役:

海军少将懿律勋爵(George Elliot, 1784—1864),第一任敏托爵士的次子,担任总指挥和全权代表。

义律上校(Charles Elliot),懿律上将的大堂弟,担任商务监督和联合全权代表。

小懿律司令(George Augustus Elliot),懿律少将之子,指挥英国皇家海军“窝拉疑”号军舰。

英国皇家海军"威里士厘"号军舰 …… 72 人
英国皇家海军"布朗底"号军舰 …… 42 人
英国皇家海军"窝拉疑"号军舰 …… 26 人
英国皇家海军"摩底士底"号军舰 …… 18 人
英国皇家海军"卑拉底斯"号军舰 …… 18 人

同行的还有"马达加斯加"号汽船、"厄纳德"号(Ernaad)和"戴维·马尔科姆"号(David Malcolm)两艘运输船。

"卑拉底斯"号与两艘运输船在 27 日离开舟山,29 日在南韭山岛(Kewsan Islands)一带发现三艘中国帆船。当地渔民说,那些人都是海盗。"卑拉底斯"号的小船载着 6 名军官和 41 名海员,由海伊上尉(John Hay)指挥,前去侦查这些船只的底细。他们在夜色中抵达停泊点,但就在靠近最近处的帆船时,遭到火绳枪、印度枪和大炮的猛攻。英军第一次登船没有成功。随后,"卑拉底斯"号的船员开炮反击,终于登上帆船将其控制,但另外两艘却侥幸逃走。英军有两名船员在这次行动中身亡,五人受伤,中方损失更惨烈。中方帆船载有武器、弹药和鸦片,英军将这些重要物品转移到自己的船上,然后放火烧掉这艘船。[1]

7月 7 月 29 日和 30 日,英军主力舰离开舟山港,前往白河。31 日下午四时,他们清除岛屿周边的障碍物后,跟"卑拉底斯"号以及其他运输船会合,随后向北直隶湾进发。[2]

有关 1840 年 7 月 31 日英国在华海陆联军的分布情况,可参见附录 A。

---

〔1〕 Bingham, *Narrative of the Expedition to China*, Vol. 1, p. 212.
〔2〕 见第 7 章,页 51【原稿页 52】。

第六章 澳门事件：1840 年 7 月至 8 月

自从英军封锁广州后，所有欧洲人已基本离开广州。许多在 1840
华定居的英国人转移到澳门，期待英国远征军的到来会很快带给他们想要的谈判结果。7 月初，他们还能免受中方干扰，但两广总督在 7 月 22 日发布公告，奖励捉拿或暗杀英国人的行为。这则公告甚至还张贴到澳门境内，[1]葡萄牙当局立即抗议，公告才被撤除。不过，澳门居民还是很快就知道中方的奖励措施。8 月 4 日，两名英国海军官员在澳门街头遭到一伙中国人的袭击，钱财和怀表被抢走。6 日上午，担任英国国教澳门分会牧师的史丹顿先生(Vincent J. Stanton)在葡萄牙辖区游泳时被中国士兵掳走。

史丹顿先生失踪的消息传开后，英军向汲星门的舰队发出快
报。第二天，英国海军高级军官士密上校乘坐“进取”号来到澳门。 8月7日
8 月 9 日，英军仍未收到失踪牧师的消息。这时，澳门的英国居民写信给士密上校，确认史丹顿先生一定是落入中国人之手，要求英军采取营救行动。[2]

于是，士密上校与葡萄牙总督展开沟通，后者立即会见中方派驻澳门的道台，商议史丹顿先生被捕一事。双方确定，史丹顿先生已经被转移到广州。英方强烈要求释放史丹顿先生，道台同意把英方的要求向两广总督林则徐当面汇报，并于 8 月 11 日晚带着这

[1] 这则公告很可能是中方在得知舟山失守的当日发布的。但直到 7 月 31 日，即“进取”号抵达之日，有关这件事的确切情报才传到澳门。

[2] Ch. Report IX, p. 235.

项使命离开澳门。

在史丹顿先生被劫持之前，另一些外国人也曾遭到中国当局的逮捕。1839 年 9 月 11 日，西班牙“米巴音奴”号(Bilbaino)双桅帆船被中国人烧毁，船上的几名水手被指控走私鸦片。1839 年 12 月 26 日，英国商人记里布先生(Henry Gribble)在虎门附近被捕，英军威胁要封锁港口，两周后记里布先生才获释。但史丹顿先生被捕的时候，英军已经封锁广州港，所以中方并不重视英方的要求。8 月 17 日傍晚，道台没有带着史丹顿先生一起回到澳门，只带来林则徐的指令，要把英国人赶出澳门。林则徐要求，在中方执行驱逐令时，葡萄牙人必须提供帮助。

在这期间，中方在澳门附近部署海陆部队，各级兵力达到 4 000 人。葡萄牙守备军不足 500 人，而且周围的中国人口估计有 30 000 人。中国主力部队驻扎在分隔墙的北侧，这道墙是 1573 年建在地峡上的，以防葡萄牙人闯入内地定居。中国水师由八艘大型战舰和运兵船组成，停靠在地峡西侧的内港里。

中方部队一直忙着用沙袋搭起多座炮台，加固他们的阵地，同时还派遣多名信使来到澳门，限定英商居住的范围。有传言说，中方已选定日期屠杀无辜的英商。〔1〕

士密上校收到道台的来信，确信其不怀好意，便下定决心采取应对措施，并派“进取”号开赴汲星门寻求支援。“拉恩”号和“海阿新”号这时都在澳门，“都鲁壹”号、“进取”号军舰和“拿撒勒王”号(Nazareth Shah)运输船于 8 月 18 日赶来增援。其中，“拿撒勒王”号还载着孟加拉志愿兵队的一支小分队。这样，停在澳门水道保护英商的海军兵力就包括：

〔1〕 Duncan McPherson, *The War in China: Narrative of the Chinese Expedition from Its Formation in April, 1840, to the Treaty of Peace in August, 1842* (London: Saunders and Otley, 1843 third edition), p. 19.

英国皇家海军“都鲁壹”号军舰……44 人，士密上校（海军）指挥

英国皇家海军“拉恩”号军舰……18 人，布雷克中校（海军）指挥

英国皇家海军“海阿新”号军舰……18 人，舰长沃伦（海军）指挥

汽船“进取”号……18 人，船长韦斯特（C. H. West）指挥

运输船“拿撒勒王”号

武装快艇“路易莎”号（Louisa）

18 日夜间，中方将战船拖进内港深处，沿着关闸旁的地峡西侧一字排开。19 日正午，士密上校将停靠在澳门水道的船只开往 8月
北侧，停在关闸对面约 600 码处。接着，英军采取行动，向中方的防御工事开火。这立即引起北侧守军的抵抗，那里的沙滩上有 17 门大炮，另一座工事装备有 10 门大炮。不过，中国战舰位于地峡远端，无法加入这次行动；即使是参战的船只作用也相当有限，因为它们都陷进淤泥，无法发挥火炮的优势。一小时后，中方的炮火就静了下来，英国海军派出的小船成功登岸。抢滩小分队由 380 名精兵组成，包括水兵、船员和印度兵，他们听从孟加拉志愿兵队的米上尉（Mee）指挥。这支队伍从“都鲁壹”号上搬来一门野战炮，从关闸北侧登陆，利用炮火扫射中方的防御工事。不久，中方就放弃这些工事以及兵营和附近的阵地，除了远处高地还有零星的炮火，所有反抗很快都停了下来。英军将大炮封上长钉，烧毁兵营，炸掉军火库，在七时前回到船上。英军全天只有四人受伤，其中两人是军火库爆炸所伤。

中方虽然声称只有七八人战死，但实际阵亡人数估计有 100 人，另有两艘船也被英国皇家海军“海阿新”号军舰的炮火击沉。这次行动的捷报不久就传到澳门的英国居民那里。从这天起，中

国军队放弃关闸，而在接下来的几个月里，中国士兵除非乔装打扮，再也没人进入澳门。中国的战舰和运兵船也离开内港，再也没有回来。[1]

中国军队放弃澳门关闸后，又在北侧约 0.75 英里的一座圆丘上建起一片新的防御阵地。他们在这里搭起一座多面堡垒，用从关闸带来的大炮装备起来，又拆下封装大炮的长钉，重新投入使用，还调整好它们的角度，瞄准地峡北端和内港上方。

英军虽然向中方阵地发起进攻，但还是完全没办法营救史丹顿先生。他们已经打听到消息，这位不幸的绅士还被秘密囚禁在广州，直到被掳四个月之后，他才最终获释。[2]

1840 年 道台易中孚向林则徐汇报 8 月 19 日发生的事情，声称是中方凭借装备赢得胜利。但事情的真相大家应该很清楚，不久，易中孚就被撤换，由另一位姓马的道台接任。

---

〔1〕 Ch. Report IX, p. 327.

〔2〕 见页 72【原稿页 69】。

第七章 远征白河：1840年8月至9月

诚如上文所述，[1]懿律少将和义律上校两位联合全权代表在7月底离开舟山，希望能与朝廷展开直接对话。北上舰队的成员在前文已有交代，他们在横渡黄海时享受着宜人的天气，在8月6日进入北直隶湾，9日停靠在白河口。考虑到白河水位较浅，舰队决定停泊在距河口尚有一段距离的位置。从河口要塞上可以看到“摩底士底”号、“卑拉底斯”号和“马达加斯加”号三艘船只，英军主力舰则停在七英里外的海上。[2] 1840年 8月

10日下午，“马达加斯加”号载着义律上校，由舰队中的几艘轮船护航，朝着海岸驶去。但由于潮水状况不佳，英军在当天傍晚还无法进入白河。第二天上午，义律上校登上懿律少将的主力舰，率领后面的其他船只，一路驶至河口。他们看到前方的船上有一位中国官员，主力舰便迅速越过禁航线，和对方展开对话，其余船只则停在原地。义律上校的首要目标是要求中方派一位官阶对等的代表接收巴麦尊爵士的信件。船上的中国官员同意先向上级报告，转达英方的诉求。他把写有英方要求的信件送上岸，另一位官员立即骑马送往下一站。但他们请英方官员不要登岸，因为北直隶省总督已在大沽，等待英国舰队前往那里。 8月 8月11日

〔1〕见页46【原稿页47】。
〔2〕Bingham, *Narrative of the Expedition to China*, Vol. 1, p. 224.

担任北直隶省总督的是一位名叫琦善的满族人。[1] 他在皇帝内阁中位居第三。两小时后,英军收到琦善的回复,声称自己无权出面交涉,必须先向京城禀报英国舰队的到来。琦善还说,六日后才能收到皇帝的批复。

8月12日 英军船队在收到琦善的答复后便启程返航。又过了一天,“马达加斯加”号安全驶过禁航线,停泊在要塞下方的河面上,吃水5英尺深。[2]

由于船队需要补给,英军在11日下令扣留所有装载物资的往
8月 来船只,但在13日,琦善派遣一名官员送来通知,宣布中方会为英军补给物资。[3] 随后,一大批牛羊肉就送到英军船上。英军想要付钱,中方一开始拒收,最后总算谈妥这些补给的费用。当日,“马达加斯加”号再次越过白河的禁航线,停在河口外侧。英军舰长没有接到中方的指令可以停在河中,恶劣的天气状况也令双方无法发信号沟通。

8月15日,总督琦善根据11日的指令,派一名官员登上“威里士厘”号军舰,接收巴麦尊爵士的信函。派去的官员是一位名叫白含章[4]的守备,人称“白千总”,并说他是“琦善的心腹”。白含章是一位五品军官,级别只不过和英国海军中尉相当。两位全权代表或许是真的不知道他的官衔,也可能是想避开礼节问题,仍然把他当作名副其实的特使,将此前被厦门、宁波官员拒收的信函原件交到他的手中。白含章提出,把信件送到北京,再收到朝廷的答复,总共需要十天。两位全权代表同意留出这么长的时间。于是,
8月16日 英国舰队在第二天离开白河,侦查各地情况。“威里士厘”号在“卑

---

〔1〕琦善的名字更常见的英文写法是“Ke-Shen”,但这里给出的写法(Keshen)已广为人知,所以保留下来。在朝廷的谕旨中,他通常被称为“琦”(Ke)。

〔2〕禁航区在退潮时水深4.5英尺,涨潮时可达7英尺。

〔3〕Ch. Report IX, p. 421.

〔4〕译者注:白含章(? —1851),河北清苑人,武官出身,1851年在江苏与太平军作战时战死。

拉底斯”号、“马达加斯加”号和“戴维·马尔科姆”号的护航下，驶至北直隶湾入口处的托基岛（To-ke Island）。与此同时，“窝拉疑”号骚扰满洲沿海一带，“布朗底”号、“摩底士底”号和“厄纳德”号则开赴辽东海岸的海驴湾（Alceste Bay）。虽然英军舰队很难带走居民家里的牲口，但所到之处仍然获得大量的鲜肉和充足的水源。人们十分友善，除耕牛以外，愿意和英军交换各种物资。

8月27日，英国舰队在白河口重新会合。但直到28日上午，本应在26日寄来的朝廷回信仍未送达，于是，海军少将懿律乘坐“马达加斯加”号，与舰队其他船只一起在河口巡航，随时准备进入白河。英国皇家海军“威里士厘”号军舰的部分海军陆战队员（Marines）也登上“马达加斯加”号，其他人员则乘坐“摩底士底”号待命。“摩底士底”号吃水12英尺深，按照命令紧随“马达加斯加”号之后。这三艘船率先会合，随后抵达河口。数名中方官员来到船上，与英国舰队军官沟通，原来他们曾在24日派人送去朝廷的回信，但英国船只没有到停泊点来接信。白守备也在这几名官员中，带着琦善的信，信中介绍琦善是皇帝任命的专员，前来和英方交涉，要求与英方的第二全权代表会谈。

于是，义律上校决定在30日与琦善会面，同时放弃进入白河的计划。英军本来想把“马达加斯加”号和“摩底士底”号停在河中，如有需要，可以在几小时内赶到天津，当地的市镇和战舰就会完全落入英方的掌控之中。但由于禁航线附近的水很浅，英军战舰只有在每月大潮时才能驶进白河。义律此时放弃进入白河，就导致英军在谈判时无法占据有利的位置。

中国政府的目标是要确保英军舰队尽快撤出北京一带。为此，他们采取安抚的策略。8月29日，皇帝送给英军舰队20头肉牛、200只羊以及大量的家禽和蛋。第二天，义律上校参加会谈， 8月30日
又受到中国钦差大臣十分周到的接待。为了这次会谈，义律上校和代表团成员在天亮前就乘船出发，由另外六艘配备人手、藏好武

器的船只护送赴约。在离河口大约两英里的时候,一艘中国军舰载着两位军官前来迎接。他们解释说,要塞上之所以没有鸣炮致礼,是担心给河外的英国船只造成惊扰。中方的做法不合礼节,义律上校虽然接受中方的解释,但也不免怀疑,他们其实是担心被本国人民看到礼待夷人,所以才不愿这么做。[1]

会谈地点位于白河南岸,距离河口不远。中方选在这里,在河堤的斜坡下围起一块方形场地。场地中间挂着一块帆布,四周用绳索和杆子撑开,搭成两顶大帐篷和几顶小帐篷。其中一顶大帐篷归琦善使用,另一顶归英方全权代表,小帐篷则分别让双方的随员使用。会谈在琦善的帐篷里进行,琦善和义律上校各带两名随员参加。

琦善,也就是和义律上校直接对话的中国官员,是当时一位精明的政治家,从 1831 年起就担任北直隶总督。他外表俊朗,[2]但举止十分狡猾,且机智老练,善于控制情绪,特别是擅长虚与委蛇。这些能力都使他成为这一时期清政府最为倚重的谈判代表。[3]在这场长达六小时的会谈中,中方放下所有自大的想法,但仍然没有表现出想要满足大英政府要求的意愿,甚至不愿对英方的要求作出确切的回复。[4] 琦善称,英方其实是被谣言误导了;同时也暗示,对于英国人遭到的无礼对待,英军本可以在广州让林则徐等人付出代价,这也是情有可原的。但琦善始终认为,皇帝对整件事

---

〔1〕 Jocelyn, *Six Months with the Chinese Expedition*, p. 113.

〔2〕 琦善后来失宠,被发配伊犁(见页 102【原稿页 96】),又于 1844 年被召回,派往拉萨担任驻藏大臣。在拉萨,法国人胡克(Abbe Huc)把他的名字写成"Ki-Chan",记录了他的一系列活动(法文):

"琦善虽然约有六十岁,但看起来精力充沛。毫无疑问,他在中国人里也是外表最有气派、前所未见的一位。"*Souvenirs d'un voyage dans la Tartarie, le Thibet, et la Chine pendant les Annees 1844, 1845 et 1846*; par M. Huc. Paris 1840: Vol. 2, p. 301.

〔3〕 Davis, *The Chinese*, Vol. 1, p. 27.

〔4〕 Ch. Report IX, p. 421.

毫不知情，英军威胁皇帝的做法十分不妥。他还告诉义律上校，新任钦差大臣马上就会被派到广东，调查林则徐的所作所为；林则徐被视为造成目前这个局面的罪魁祸首，将遭到朝廷的责罚。

双方的会谈一直持续到第二天，但在达成最终协议之前，中方还须向北京汇报，双方同意在十二天内把会谈的要点交给朝廷。8 月 31 日

在这期间，英国舰队的部分船只转移到海上，但大部分仍停留在白河口。海军少将懿律在 9 月 4 日乘“马达加斯加”号北上，造访长城尽头的沿海地区，12 日回到白河。

英军这时得知，原来琦善本人就是那位新任钦差大臣，他马上就要前往广东，查明英国全权代表控诉的情况是否属实。如果发现情况确实如此，中国政府就同意提供妥善的补偿。

基于以上条件，英方全权代表和琦善达成一项协议。双方商定，停止一切敌对行为，英军将其一半兵力撤出舟山，英军舰队立即离开白河口，双方在广州重启谈判。

于是，英军舰队于 9 月 13 日起航，途中在沿岸各地停留，[1] 大约在月底到达舟山。

关于这次谈判达成的结果，我们不妨再看看中国政府的言论，这些言论也表达了朝廷对当时政局的态度。下面这道圣旨于 9 月 17 日传达给军机处，其中阐述了这种态度。[2]

> 前因暎夷在天津海口投递呈词，甚觉恭顺、吁恳恩施，当饬令琦善剀切晓谕，不准滋扰，只许赴粤叩关。如果出于至诚，该大臣等自能代为转奏乞恩。
>
> 兹据琦善奏称，该夷听受训谕，业经全行起碇南旋。并秉

〔1〕有关英军在各地考察的最终成果，详见页 63【原稿页 61】。

〔2〕Ch. Report IX, p. 421. 译者注：本段译文参照《著沿海督抚对过境之南返英船不必以枪炮攻击事上谕》（道光二十年八月二十二日），收中国第一历史档案馆（编）：《鸦片战争档案史料》（天津：天津古籍出版社，1992 年），第 2 册，页 373—374。

称‘沿海各处如不开枪炮，亦不敢生事端，倘被攻击，势难已于回手，定海之兵亦可先撤一半’等语。该夷前此猖獗，遂属有激而成，殊堪发指，必应痛剿示威。现在福建之泉州府，浙江之乍浦，江苏之宝山、崇明各洋面，均经前后轰击夷船，大挫其锋。该夷既肯赴粤乞恩，自不值穷于所往。

本日[1]已降旨派琦善作为钦差大臣，驰驿前赴广东查办事件，俟该大臣到粤后，自能办理妥协。但恐沿海各督抚不知现在情形，特此由五百里飞示伊里布、宋其沅、裕谦、邵甲名、托浑布、邓廷桢、林则徐等一体遵照，各守要隘，认真防范。如有该夷船只经过或停泊外洋，不必开枪放炮，但以守御为重，勿以攻击为先。应布置严密之处，仍不可稍形松懈，是为重要。

本日琦善原折照会嘆夷底稿及该夷回文，均著抄给伊里布阅看。将此由五百里各谕令知之。钦此。

〔1〕9月17日。

第八章 舟山和宁波事件：1840年8月至12月

英国远征军离开舟山，奔赴白河后不久，疾病就在英军中蔓延开来，情况不容乐观。最主要的疾病是间歇热和痢疾，特别是痢疾，给各级军官带来不同程度的影响。 1840年9月

食物不足无疑是疾病盛行的一个原因。英军得不到新鲜物资，海军少将懿律担心食物短缺，便下令把通常发放的腌肉量减少三分之一，不足部分改用其他物资来补充。饼干只是用麻袋简单包装，也长了蛀虫，不能食用。舟山岛上的大米质量太差，同样不能作为食品发放。[1]

不仅如此，不少兵团仍住在城外的营地里，因为义律出于政治上的考虑，不许部队住进城内的建筑。第49团已乘坐"美人鱼"号(Mermaid)运输船登岸约一个月，一直驻扎在定海西南方的工兵和坑道兵队(Sappers and Miners)附近，条件还算可以。但第26团的营地在陡坡上，病员人数就非常多。由于缺少本地厨师和水手，所有繁重的劳务都须士兵自己完成。山坡上疟疾流行，加上工作繁重，食物不足，而且住在帐篷中，团里很快就有240人生病住院。

英军在定海城中设立多所医院，但医院四周都是稻田，潮湿的环境使得康复的过程非常漫长，病员根本看不到康复的希望。时

---

[1] *Memorandum on Monthly Return dated 1st September, 1840*. War Office Archives.

值季风变化的季节，疾病多发，根据中方的统计，今年的病情尤为严重。连岛上的本地人都是这样，难怪英军也受到严重的影响。

九月初的舟山岛非常宁静，马德拉斯炮兵团的安突德上尉(Philip Anstruther)跟邻村的居民相处融洽，开始调查定海村庄的情况。他在 9 月 16 日上午十时左右离开炮兵队，来到定海城北门外约 1 200 码处。[1] 安突德上尉由一名印度水手陪同，沿着小路前往定海西边的乡村，先一路绕到山顶，然后下山进村。不一会儿，他发现身后跟着一群中国人，便决定原路返回。但人群中的几名中国士兵不让安突德回营，他只好退回村子。安突德上尉和印度水手没带武器，只有一把小铁铲，可以在调查时铲土插旗杆。有了这把铲子防护，人群才无法靠近，但当他走到拐弯处，又来了另一群人堵住去路。印度水手被打倒在地，随后被石头打死。安突德上尉随即被夺走铁铲，众人把他绑起来，抬上轿子，沿着蜿蜒的小路，来到海边的另一座村子，位于定海以西约十英里。次日晚
9月 上，一艘中国轮船把他送到宁波，知府大人在 17 日亲自审问，并安排那位早前被绑架的买办充当翻译。知府问完舟山英军的情况，便把他投进牢房，关进一个长一尺、高一尺、宽两寸的木笼子。

就在安突德上尉被捕当天，“风鸢”号(Kite)失事，幸存者上岸后被捕，落入中方手中的英国人继续增多。“风鸢”号和“布里玛”号(Braemar)是两艘临时雇用的运输船，船上配备两门大炮，由懿律少将在 7 月选定，[2]协助英军战舰封锁中国各口岸。9 月初，“风鸢”号与“康威”号开始探测长江部分地区，9 月 10 日又奉“康威”号舰长比休恩之令前往舟山。“康威”号是一艘载重 300 吨的轮船，航海长(Master)的吉利是上尉(Douglas)来自皇家海军，上司拿布先生(Edward D. Noble)是皇家军舰的副航海长(Second

[1] Ch. Report X, p. 506.

[2] *Bulletins of State Intellegience* (1840), p. 672. Bingham, *Narrative of the Expedition to China*, Vol. 1, p. 282.

Master)，其他人员还包括拿布太太、印度水手、六名水兵和六名一等侍从。

9 月 15 日，“风鸢”号行驶在河道上，撞到一块航海图上没有标出的滩涂而搁浅，横梁末端立即被中方的炮弹击中。[1] 副航海长拿布先生带着孩子跳海自尽，其他人则在船身解体前逃走。的吉利是上尉、拿布先生的遗孀和两个男孩坐上小船，两天后抵达岸边。中国人捉住他们，关进笼子，并在 9 月 22 日带到宁波，和安突德上尉以及买办关在一起。[2] 留在轮船残骸上的人被一艘中国小船接走，也被带到宁波，但和其他俘虏分开，关在另一间牢房里。

“风鸢”号离开后，“康威”号和“阿尔吉林”号航行到长江口的崇明岛，9 月 25 日上午派出数艘小船靠岸，试图获取新鲜物资。“康威”号船员已经染上坏血病，因为他们五个月来一直依靠海盐维生，只是在新加坡的几天稍有改善。[3] 上岛后，船员分成三支小分队，沿着不同的方向进发，找到不少家禽。当地人顽强抵抗，其中一支小分队和中国人发生冲突，队中一名水手丧命，另一名毕业于海军学校的哈维先生(Harvey)被子弹击伤，两天后去世。[4]“康威”号几名海员和水兵带着武器上岸，与各支小分队会合，把获得的物资搬上小船后，全体人员返回大船。

几天后，“阿尔吉林”号行驶到乍浦港前方，遭到炮台守军的炮 应为 9 月 29 日
击，梅森上尉(Mason)马上指挥“阿尔吉林”号回击。这艘双桅船只有十门大炮，但经过三小时的围攻，终于平息中方守军的炮火。“阿尔吉林”号继续前行，与舰队其他船只会合。

---

[1] 浙江官员上奏皇帝称，他们“制定成熟的方案，诱使一艘英国船陷入流沙，随后沉毁”。30 名官员因此受到擢升和嘉奖。Ch. Report X, p. 445.

[2] 关押拿布太太的笼子后来被带到英国，现放在皇家联合服务研究所博物馆(Museum of the Royal United Service Institution)，位于白厅场(Whitehall Yard)。

[3] Ch. Report IX, p. 639; Bingham, *Narrative of the Expedition to China*, Vol. 1, p. 304.

[4] 该地后来就以这位军官的名字命名，称作“哈维点”(Harvey Point)。

伯麦爵士向中方官员致信，主要讨论如何处理安突德上尉和买办被捕一事，但没有达成令人满意的结果，因为中方提出，只有英军撤出舟山，他们才愿意放人。

9月30日 英军舰队在9月13日离开白河口，月底抵达舟山。两位全权代表得知安突德上尉、拿布太太和“风鸢”号人员被捕的消息后，决定开展新的谈判，迫使中方放人。10月2日，“伯兰汉”号和“摩底士底”号离开舟山，前往镇海；“窝拉疑”号和“鳄鱼”号停甬江口以

10月3日 外4英里，封锁港口。次日，“阿特兰特”号汽船载着第二全权代表义律上校来到镇海，与中方官员会谈。中方指出，逮捕英国人一事已经报到北京，要得到朝廷批准后才能放人，但也承诺会宽待囚犯，允许他们接收从舟山寄去的衣物和信件。会谈结束后，英军舰队回到海上，在舟山航路沿途的一座小岛边停留数日。“摩底士底”号和“伯兰汉”号分别于10月9日和12日返回舟山。[1]

舟山驻军的士兵早就染上痢疾，但近来的情况更加严峻。到了9月，三个英国步兵团中有一名军官[2]和58名士兵病逝。10月1日的每月报告写道，部队中已有767名病员，仅1 138人可以执勤。舟山的病情之所以这么严重，是因为食物不足，天气恶劣，军营生活十分艰苦。两位全权代表回来后，立即下令把部队带到定海城内宿营，但这一调整似乎来得太晚。定海城内虽可避暑，但对于疟疾病人而言算不上是健康的地方。狭窄的街道充斥着腐烂的动物尸体和菜叶，运河支流穿过街道，从四面八方汇成多处死水，各类垃圾都倒入水中。[3] 不过，由于有白河的牲口运到舟山，从8月下旬开始，英军士兵每周都有两天能领到鲜肉，因而还算满意。一艘运输船在8月开往马尼拉，“宁罗得”号(Nimrod)和“洪

〔1〕 Bingham, *Narrative of the Expedition to China*, Vol. 1, p. 298; Vol. 2, p. 9. 此处提到的小岛后来被称为“中途岛”(Just-in-the-Way)。

〔2〕 斯蒂恩司令(J. Stean)来自第49团，1840年9月29日身亡。

〔3〕 Ch. Report X, p. 333.

哥厘”号(Hooghly)则在 10 月 16 日前往济州岛(Quelpart)。英军还定期勘察舟山岛腹地,购买肉牛,买不到就用武力抢夺。

直到 10 月底,英军的情况也没有太大的改善。高烧和痢疾继续肆虐,严重削弱军队的士气。住院人数虽有减少,死亡人数却不断增多。英军决定不再按军队仪式举行葬礼,改为低调土葬。和此前一样,第 26 团的情况最严重,有 79 人死亡。欧洲步兵团的病情较轻,第 18 团仅有一名军官和 11 名士兵病逝,[1]第 49 团有 41 人去世。整个 10 月,以上三个兵团的死亡总人数增加到 1 名军官和 131 名普通士兵。11 月 1 日的每月报告记录,军队中有 366 名病员,仅 1 061 人可以执勤。但这些健康的士兵不仅来自英军的主力部队,也包括第 18 团的两支小分队:其中一队乘“宁罗得”号前往济州岛,另一队[2]在 10 月 28 日乘“麦都萨”号(Medusa)前往舟山岛西侧的岑港(Tsin-kong)。

英军决定让第 26 团的病号作一次航海休养,于是派数艘运输船执行这项任务。这个举措早前就已提出,但当时无船可用,因为主力舰“麦尔威里”号在 7 月 6 日受损,不久就送去维修,船上的枪支和储备物资则转移到各艘运输船上。在整个 10 月里,义律上校和镇海的中方官员不断就释放囚犯一事谈判,但始终没有达成令人满意的解决方案。参加谈判的中方官员名叫伊里布[3],他是皇室成员,是雍正皇帝的孙辈或曾孙辈,享有佩戴红腰带的特权。伊里布曾担任云贵总督,1839 年调任两江总督,并在内阁六人中占得一席。这时,他已出任钦差大臣来到浙江,手握剿灭侵略者的上谕。伊里布认为英军的实力很强,更倾向于采取怀柔策略。在交涉过程中,他送给舟山的英军牛羊肉等物资,也收下英军回赠的多件欧洲器具。 10 月 27 日

---

〔1〕 瓦瓦瑟尔中尉(Ebenezer Vavasour)来自第 49 团,10 月 12 日死于痢疾。

〔2〕 包括四名军官和 54 名非委任军官(Non-Commissioned Officers)等人员。

〔3〕 英文也记为“Elepoo”。

双方最终达成停战协议，11 月 6 日向各界公布，不过仅适用于两江地区。根据协议规定，双方须在规定的范围内活动，[1]当地平民的交往不会受到影响。但协议只字未提还关押在中方手上的英国俘虏。[2] 英方本来以为只要放行中国船只，中方就会马上放人。但英军允许船只返航后，那几位不幸的英国人却仍然没能重获自由。[3]

英方约定 12 月初在广州与琦善再次会谈。11 月 14 日，“威里士厘”号、“摩底士底”号和“伯兰汉”号从舟山出发，护送两位全权代表乘主力舰“麦尔威厘”号南下，“布朗底”号胞祖上校则留在舟山主持当地事务。

“窝拉疑”号率先于 10 月 29 日开往马尼拉，安排当地人员接待即将到来的第 26 团和第 49 团病员。11 月 9 日、11 日和 12 日，来自这两个兵团的 7 名军官和 356 名普通士官先后乘坐“厄纳德”号和“挑战”号(Defiance)前往马尼拉。12 日，另一批病员搭乘“威廉·威尔逊”号(William Wilson)运输船前往加尔各答，其中包括 12 名普通士官和 2 名军官。随着上述人员和舰队的离开，英方全面履行白河协议的承诺，开始从舟山撤军。

双方达成停战协议后，中国钦差大臣伊里布便不再阻拦中英自由贸易，大批当地居民回到定海，[4]商铺纷纷开张，市场上再次出现许多物美价廉的商品。随着天气转冷，住院病人的数量有所减少。英军希望死亡率也能降低，但恶劣的卫生条件给病员的康复带来很大的困难。过去四个月，英军就是在这种环境下生存下来的，但到了 11 月，死亡率却高于以往任何时期。仅仅在 11 月，三个欧洲步兵团就有 166 名普通士官身亡。12 月 1 日的每月报

---

〔1〕英方活动范围包括舟山和邻近的几座小岛。

〔2〕Ch. Report IX, p. 531.

〔3〕Bingham, *Narrative of the Expedition to China*, Vol. 2, p. 15.

〔4〕Ch. Report X, p. 500.

告反映，这批病员和刚刚病愈的士兵多达 881 人，舟山岛上只有 874 人可以执勤。

进入 12 月，舟山的情况仍没有明显改善。不过，虽然天气寒冷，新鲜物资还算充足，英军与当地居民的关系也始终很友好。一些居民受到英国人的高薪雇佣和公允对待，因此难免遭受同乡人的威胁。琦善写信提醒伊里布，双方随时会重新开战，要求他想尽一切办法收复舟山，手段正当与否并不要紧。伊里布陆续收到琦善的信件和皇帝的谕令，敦促当地海关修好防御工事，尽快做好战争的准备。

舟山已经开始执行停战协议，但英国俘虏还在中方手中。英军遭遇的病情非常严重，官兵身体很虚弱，导致人员锐减，军力不足，没办法迫使中方放人。到 1840 年底，死亡率依然很高。[1] 由于天气恶劣、自然灾害和食物变坏，第 26 团的情况非常糟糕。他们 2 月从加尔各答出发时还有 904 名健壮的士兵，抵达舟山大本营时只剩下 273 人，其中 163 名是病员。[2] 除了这些人员，另一部分病员乘船前往马尼拉疗养。但正如下文所述，第 26 团的死亡率反映了舟山驻军面临的整体情况十分严峻。[3]

1840 年

---

〔1〕从 1840 年 7 月英军登上舟山到 12 月 31 日，因病身亡的总人数如下：

马德拉斯炮兵团	16 人
皇家爱尔兰第 18 团(18th Royal Irish)	52 人
苏格兰卡梅伦步兵第 26 团	238 人
第 49 团	142 人
孟加拉志愿兵队	108 人
马德拉斯工兵团	1 人
合计	557 人

〔2〕Ch. Report XII, p. 161.

〔3〕关于 1840 年 12 月 31 日英国在华兵力的实力和分布，见附录 A，页 208、214。【原稿页 198、213】

第九章 澳门和珠江事件：1840 年 9 月至 12 月

1840 年 整个 9 月，英军继续封锁珠江，中国的对外贸易实际上处于停滞状态，双方都在等待谈判的结果。留在广州的洋商只剩下两三人，黄埔港的外国商船仅有“巴拿马”号(Panama)和“科休斯科”号(Kosciusko)，都悬挂美国国旗。实际上，鸦片买卖并没有完全中
4 日 断。9 月初有消息称，有 16 艘轮船和三桅帆船携带 6 至 16 门火炮，每艘船上搭载 30 到 90 人，还有 27 艘双桅帆船和纵帆船携带 4 至 12 门大炮，每艘搭载 20 到 60 人，他们全都参与了鸦片走私。

由于鸦片贸易屡禁不止，总督林则徐于 9 月 27 日接到圣旨，皇帝将其贬职并召回北京，两广政务暂时交由巡抚怡良负责。[1]不久，琦善奉命代理两广总督一职，随即前往广州，准备像上次在白河一样，再次与英方展开谈判。

7 月，“哥伦拜恩”号(Columbine)军舰从好望角驶达珠江，参与封锁行动，英军舰队实力大增。到了 10 月，“加略普”号(Calliope)和“萨马兰”号(Samarang)军舰也抵达中国海岸。随着马德拉斯土著步兵(Madras Native Infantry)第 37 团的到来，英军实力进一步提升。这批增援部队有 1 000 名精兵，他们 8 月份从印

---

〔1〕 Ch. Report IX, p. 412. 圣旨包含以下信息：

“你的所作所为造成现在的混乱局面，各地发生数不清的骚乱，你就像木偶一样愚蠢。”译者注：引文译自英文原稿，与道光皇帝的圣旨不同。中文原文可参见《林则徐办理禁烟不善着即来京谕》(道光二十年九月初三)，齐思和等(整理)：《筹办夷务始末(道光朝)》(北京：中华书局，1964 年)，第 1 册，页 483。

度出发，乘坐“戈尔康达”号（Golconda）指挥舰以及“密涅瓦”号（Minerva）、“索菲亚”号（Sophia）和“忒提斯”号（Thetis）运输船一路航行。9 月 22 日，“忒提斯”号遇到台风，桅杆被风浪折断。9 月 29 日，舰队在大碌（Ty Lu）附近陷入险情，只好委托一名渔夫赶去澳门送信，寻求援助。不久，“进取”号驶抵大碌，于 10 月 1 日把“忒提斯”号拖入铜鼓湾。接着，“密涅瓦”号和“索菲亚”号也迅速赶到那里，步兵第 37 团则在新洲岛（San Chao）宿营。英军最后一次见到“戈尔康达”号是在 9 月 18 日，此后便再无消息。据推测，这艘船连同全体船员应当是在 9 月 22 日葬身于台风之中。

中国南方的事态在整个 10 月都没有太大的变化。琦善到 11 月下旬才到广东履新。英国两位全权代表也一直留在舟山，直到达成停战协议后才离开，在 11 月 20 日抵达澳门。次日，舰队停靠在铜鼓湾，义律上校亲自乘坐“皇后”号汽船前往虎门，向守军宣告两位全权代表的到来，并把伊里布的信交给钦差大臣琦善。“皇后”号挂着休战旗，来到距穿鼻山第一要塞很近的地方停下，另派一艘同样挂着休战旗的小船开往岸边，但要塞上的大炮却向“皇后”号开火。“皇后”号船身被一发炮弹击中，所幸其余 20 余发都没有打中。“皇后”号立即召回小船，同时开火回击，朝要塞发射大约 68 发重炮和若干子弹，不久回到铜鼓湾。当晚，义律上校来到澳门，指令中国同知把伊里布的信交给琦善。 11 月 21 日

两位全权代表到了澳门，当地英国人向他们提出，有两件事情亟待关注：一是中方对史丹顿先生的扣留，二是英商自身的处境。[1] 英国居民反映，几个月以来，中方的处事原则和英国政府的态度都暧昧不清，导致当前局势很不明朗。英商大批货物积压，一部分储藏在铜鼓湾和广州港外的商船上，放置时间太久，另一部分存放在澳门的仓库里，要向葡萄牙人缴税及支付仓库租金，产生 11 月 25 日

[1] Ch. Report IX, p. 532.

高昂的费用。他们希望军方明确答复，英军会不会考虑解除对广州港的封锁，能否妥善处理中英关系，以及舟山停战协议能否适用于其他地区。他们还想知道，今后的中英贸易是不是要在虎门以外进行，会不会考虑经由澳门中转。

11月27日 对于这些问题，懿律少将只是说他很清楚史丹顿先生的悲惨遭遇，但舟山达成的停战协议仅限于伊里布批准的地区。[1]

11月24日，“加略普”号、“海阿新”号、“拉恩”号和“皇后”号等舰船开往虎门，英军舰队的其他船只在29日赶到，停在铜鼓湾，从汇入海湾的几条溪水取得淡水。在“麦尔威厘”号前往虎门的途
29日 中，钦差大臣琦善的心腹“白千总”[2]登船宣布琦善将在当天抵达广州。

长期以来，懿律少将的健康状况一直令人担忧。他在离开白河时就写信回国，请求英国政府派官员接替他的职位。到达虎门入口时，他已感觉无法继续担任英军总司令，便在主力舰上向全体军官宣布辞职。这样，伯麦爵士就在一年内第二次出任总司令。至于跟中方谈判的政治权力，懿律少将交给义律上校负责，成为唯一的全权代表。

11月30日 懿律少将于次日登上“皇后”号，在澳门稍作停留，后转乘“窝拉疑”号返回英国。“窝拉疑号”一个月前曾前往马尼拉，[3]12月3日抵达澳门，7日开往英国。[4] 义律上校和伯麦总司令护送懿
12月 律少将到达澳门，4日回到穿鼻。当天，中国官员送来信件，对11月21日炮击悬挂白旗的“皇后”号一事表示道歉，[5]并解释这是因为守卫要塞的长官完全不懂白旗的含义。

---

〔1〕Ch. Report IX, p. 533.

〔2〕见页55—56【原稿页53】。

〔3〕见页65【原稿页63】。

〔4〕“窝拉疑”号离开时，小懿律司令和懿律少将一起离开中国海域，唯一留在中国并且名叫“埃里奥特”(Elliot)的军官只有义律上校。

〔5〕Ch. Report IX, p. 643.

不久以前，英军舰队刚得到皇家海军“先驱者”号(Herald)军舰和东印度公司“复仇神”号(Nemesis)汽船的增援。“复仇神”号的到来是对海军实力的巨大提升，因为它是铁甲汽船，配有两门 32 磅炮，当它的滑动龙骨升起来时，吃水深度仅有 4 英尺，特别适合在中国临海的浅水地带航行。[1]

义律上校回到穿鼻，和琦善有过几次的协商，取得最显著的成果就是在 12 月 12 日促成史丹顿先生获释。自 8 月 6 日在澳门被捕以来，史丹顿先生就一直被中国人关押。至于其他协商事项，双方没有披露任何细节，但情况很快就很明了，即琦善完全无意满足英方的要求。很多人开始相信，中国人只有在英军手上尝过一次败仗，才会真正接受英方提出的条款。

英军舰队在穿鼻停靠期间，经常派海军陆战队员组成小分队到三板洲(San-Pan-Chou)活动。与此同时，所有舰船上都备好竹制的云梯，随时准备进攻各座要塞。中国方面也在积极备战，聚集在虎门的军队数量稳步增长，工兵日夜不停地加固并扩建炮台等防御工事。[2]

战争一触即发，这或许要归结为前任总督林则徐的主战态度。前文提到林则徐收到圣旨，不得不进京解释没能阻止鸦片走私的原因。但他一直留在广州，拖延没去。[3] 林则徐在广州没有正式

---

〔1〕“复仇神”号是一艘重约 630 吨、装有 120 马力引擎的铁甲船，由伯肯黑德(Birkenhead)的莱尔德造船厂(Laird)出品。船身长 184 英尺，宽 29 英尺，深 11 英尺。该船在 1840 年 3 月 28 日离开英国，7 月 1 日抵达好望角，因逆风和燃料不足而延误很久。“复仇神”号于 7 月 11 日离开好望角，17 日在非洲卡弗拉利亚(Kaffraria)海岸陷入强风，一个明轮几乎被吹走。船员还发现，从两侧舷伸向船梁后侧的防波挡，形成两道垂直的裂缝。“复仇神”号后来又经历恶劣的天气，这两道裂缝最终往下延伸到 7 英尺长。该船在深海中航行，那些木板的侧宽只有 5 英寸，从而幸运地没有裂成两半。经过艰辛的努力，船体一直坚持到天气好转，没有被海浪冲毁。7 月 27 日，“复仇神”号抵达非洲东岸的德拉瓜湾(Delagoa Bay)，接受必要的维修。关于“复仇神”号的情况，见第 1—3 章。

〔2〕McPherson, *The War in China*, p. 61.

〔3〕麦克菲尔森(Duncan McPherson，1812—1867)认为，林则徐是受皇帝之命，留在广州监督琦善的活动(同上)。

职务，却不断阻挠琦善开展各项活动，这既是因为林则徐的影响力很大，也是因为他很善于利用民心。琦善意识到中国的军备无法抵挡英军，倾向于采取和平策略，或尽可能延缓战争的灾难；但林则徐却公开表示对中国的军事实力充满信心，热切地期待开战。

过了几星期，事态还是没有变化。义律上校虽然表示谈判进展顺利，但最终不得不采取坚决手段来打破这场僵局。12 月 25 日，英军通知琦善，如果到 28 日（周一）中午还不能收到满意的答复，就会发动战斗。

12月 26 日，“马达加斯加”号被派往澳门，宣布近期就要开战，命令整支舰队做好准备；“进取”号前往铜鼓湾，接回马德拉斯土著步兵
12月27日 团待命。但琦善在次日又派来一名官员调停，英军只好暂停备战。

这样，直到 1840 年底，谈判也没有取得实质性的进展。安突德上尉和“风鸢”号的幸存者仍然扣留在中国人手中。英军向中方提出各项要求，都没有收到满意的答复。英军舰队只好暂时在虎门按兵不动，停留差不多六个星期。

第十章　占领虎门要塞：1841年1月7日

1841年初，英军舰队还停在珠江口，等待全权代表义律上校 1月1日 和钦差大臣琦善的谈判结果。除了舰队中的海军陆战队，英军唯一可征调的部队只有马德拉斯土著步兵第37团，约有600名精兵。1月2日，随着“挑战”号和“厄纳德”号两艘运输船的到来，步兵的实力稍有增强。

早在1840年11月12日，[1]“挑战”号和“厄纳德”号载着第26和49团的病员从舟山开往马尼拉。不过，对于那些病情严重的舟山士兵来说，这次航行并没有带给他们多少帮助，死亡率依然很高。马尼拉当地的西班牙官员要求他们接受隔离检查才能登岸。这些官兵只好先登上一艘炮舰，“清洗”长达48小时，最终获准上岸。[2] 因此，两艘运兵船在马尼拉停留的时间很短，随即开往珠江。“挑战”号在途中遇到狂风，破损严重，多处漏水，以致在抵达时，船上的部队只能转移到其他船只。健康的士兵登上“朱庇特”号(Jupiter)，病员则改乘“忒提斯”号。

1月4日，英军与中方的冲突一触即发。当地船夫定期把新鲜肉菜带到英军舰上，但这天却不愿回到岸上，害怕回去后被中

---

〔1〕 见页65【原稿页63】。

〔2〕 Edward Belcher, *Narrative of a Voyage Round the World, Performed in Her Majesty's Ship Sulphur, during the Years 1836—1842* (London: Henry Colburn, Publisher, 1843), Vol. 2, p. 137.

国官员拘捕。英军收到消息，琦善已下令备好火船，打算趁英国战舰离开穿鼻后，派这些火船烧毁铜鼓湾和伶仃岛的英国商船。[1]

不仅如此，琦善早已拒绝给英军回信，甚至还拒绝告知义律上校收到来信。1 月 5 日，义律从澳门回到舰队，立即决定停止谈判，并将所有事务交给总司令伯麦爵士负责。

伯麦爵士随即下令，第 26 和 49 团中所有可执勤的士兵马上编入他的队伍。他一方面致信琦善，另一方面告知穿鼻当地的中国人：义律上校代表女王执行英国政府的各项要求，如果在 7 日上午八时前没有收到满意的答复，英军就发动进攻。

眼看 1 月 6 日就要过去，英军始终没有收到回复。傍晚，第 26 和 49 团派出小分队抵达穿鼻一带，攻打要塞的准备全部就绪。

所谓“虎门”，是指珠江口的一条狭窄地段。虎门的防卫工事包括珠江外的大角头（Tai-Kok-Tao）[2]要塞和穿鼻要塞（相距约 2.25 英里）、位于上游约 3 英里的防线（由小大角头要塞组成）、北横档岛（North Wantong Island）炮台，以及阿娘鞋岛要塞。江面最宽不足 2 英里。

鉴于这样的地形，英军最为看重的是珠江外侧的工事，包括穿鼻要塞和大角头要塞。穿鼻要塞上有 2 座主战炮台：一座位于下方要塞（Lower Fort），架设 19 门火炮；另一座位于上方要塞（Upper Fort），占据南面约 200 码处的一座小山头。

大角头要塞是不久前才建成的，在一座旧瞭望台外侧围成一圈，位于山丘之上，配有 9 门火炮。11 月 21 日，中方正是从这里向英军“皇后”号开火。在上方要塞的东侧，中国守军连日赶建一堵土墙连接战壕，并在四周布好排水沟和栅栏。

在大角头要塞对面的岛上，那里的防线上有一座马蹄型的重

---

〔1〕 McPherson, *The War in China*, p. 61.

〔2〕 “大角头”（Tai-Kok-Tao）是指“抬起的大脑袋”，经常被写成“Ty-Cock-Tow”。

炮工事，配备25门火炮。

1月7日上午，英军准备就绪，但仍未收到中方的回信，遂按原定计划部署进攻方案。

摧毁大角头要塞的任务全部交给海军执行。“萨马兰”号、“摩底士底”号和“哥伦拜恩”号军舰在“萨马兰”号斯科特上校(James Scott)的指挥下，具体实施这项任务。

针对穿鼻岛上的防御工事，英方派一支海陆联军进攻，其中海军舰船包括“加略普”号、“海阿新”号和“拉恩”号军舰，以及配备武装的“皇后”号和“复仇神”号汽船。登陆部队约有1 400名精兵，包括皇家炮兵团(Royal Artillerymen)、水兵、第26和49团、海军陆战队、马德拉斯土著步兵团和孟加拉志愿兵队。[1]

海军分队由“加略普”号舰长霞毕(Thomas Herbert)指挥；登陆分队由第26团普拉特中校(Thomas Pratt)统领，第90团的海军上尉麦肯锡(K. Stewart Mackenzie)自告奋勇，出任副官。[2]

上午八时刚过，英军舰队的小船便载着皇家炮兵团和海军陆战队迅速开出，抵达穿鼻岛的河口。其他兵力由“进取”号、“马达加斯加”号和“复仇神”号运到浅海区，与先头部队会合。

登陆行动在上午九时开始，没有遇到任何阻碍。皇家海军上尉西蒙斯(Richard Symonds)部署这次行动，很快就将登岸的各支队伍召集起来。海军陆战队的两支小分队组成先遣队，在艾利斯上校(Samuel B. Ellis)的指挥下率先出发。接着，第26和49团的小分队护送炮兵队动身。紧随其后的是海军陆战营(Marine Batallion)、马德拉斯土著步兵第37团和孟加拉志愿兵队，他们在侧后方列成纵队前进。

路面十分泥泞，这些水兵拖着枪支，行军非常艰难。将近十时，部队终于抵达一座山脊，此处离出发的登陆点已有1.5英

[1] 有关作战兵力的细节，见附录B，页227【原稿页225】。
[2] 麦肯锡上尉此时的职务是伯麦爵士的军事秘书。

里。前面的上方要塞和战壕立即映入眼帘，只见阵地上的数门大炮架在战壕后，中国士兵站在这些工事边上。敌军发现英军先遣队便摇旗挑衅，从炮台上开火。但英军很快把自己的火炮转移到山脊上，在距离上方要塞不到300码的地方向战壕和要塞发起猛击。与此同时，“皇后”号和“复仇神”号也瞄准要塞开炮。

就在炮兵队展开行动的时候，由海军陆战队两支小分队组成的先遣队被派往东侧战场的一座山丘，赶走守卫山头的中国部队。另一方面，马德拉斯土著步兵第37团的两支小分队在贝丁菲尔德上尉(Philip Bedingfield)和沃德洛普尔上尉(Edward Wardroper)的指挥下，被派往右方更远处的另一座山丘，海军陆战队把战场上的路障清理干净后，这座山丘就映入眼帘。英军炮兵队连续进攻二十分钟，中方的炮火终于停下来。海军陆战队的两支小分队走下山头，夺取战壕侧翼的火炮。显而易见的是，正因为有了山脊上的炮兵支援，守军才招架不住，从防线上逃走。普拉特中校命令主力纵队继续进攻，没有遇到阻拦。紧接着，他亲自率领海军陆战队的一支小分队，冲破土墙，抵达上方要塞。虽有几名守军士兵，英军马上将他们赶走，并在要塞上升起英国国旗。

与此同时，“拉恩”号、“海阿新”号和“加略普”号进攻中方把守的下方要塞。很快，这里的火炮和两座要塞中间另一座小炮台的火炮就被摧毁。海军陆战队和马德拉斯土著步兵第37团的小分队拿下战壕，夺取要塞以东一座树林密布的山丘，最后遭遇中方守军。守军撤入下方要塞，继续反抗。英军既已占领上方要塞，便瞄准要塞开炮猛攻。借着这阵炮火的掩护，海军陆战队和第37团的小分队从山上发起进攻，终于攻破要塞的东门和另一处炮孔。中方虽然顽强抵抗，很快就被英军击溃。英军撤下对方的旗子，升起英国国旗，并俘虏约100士兵。

截至上午十一时三十分，穿鼻岛上的所有工事都落入英军手

中。士兵把缴获的枪支稍加修复，烧掉中方兵营，炸毁几座仓库。〔1〕

当陆军一步步靠近中方防线，英军舰队就暂停进攻。陆军攻克要塞后，霞毕上校立即派出舰队中的汽船和小船，开赴安逊湾(Anson's Bay)的浅水区，进攻停在那里的多艘中国战船。"复仇神"号是英军唯一的汽船，它驶向中方战船，射出的第一发飞弹就把仓库炸毁，还击沉一艘敌船。中方还有十三艘战船，其中十艘被英军舰队的小船俘获并烧毁。英军刚要靠近，中方船员就马上弃船而逃。

就在海峡东侧爆发这些战事的同时，斯科特上校率领港埠部队(Port Division)对大角头要塞发动进攻。这支分队慢慢靠近大角头要塞，在十时二十分开炮。十分钟后，守军才开始反击。英军船只停在和要塞齐平的位置，距离约200码，发出猛烈的火力。几分钟后，要塞上的炮台便不再开炮。十一时二十分，要塞的墙面出现一道非常明显的裂口。英军舰队的小船配备充足的人手和武器，一支小分队在"萨马兰"号鲍尔上尉(James P. Bower)的指挥下，借助"摩底士底"号附属小船的支援，上岸围攻那道裂口。鲍尔上尉的队伍虽然遇到一定程度的反抗，但很快就击退守军。"都鲁壹"号和"哥伦拜恩"号距离大角头要塞较远，在他们抵达战场并占领要塞前，守军已逃到后方的山丘上。大约在上午十一时三十分，英军攻下两翼的防御工事。"威里士厘"号、"伯兰汉"号和"麦尔威厘"号等军舰没有参战，而是沿着珠江上行，开到穿鼻洋面。

在这些战役中，英方的损失相对较轻，中方无论在人员还是物资方面都损失惨重。包括战舰上的枪炮在内，中方当天被毁的武器数量多达191件，大炮口径从6磅到18磅不等。穿鼻一带架设

---

〔1〕"Despatches," *Annual Register*, Vol, 83, p. 468. Ch. Report X, p. 37. Bingham, *Narrative of the Expedition to China*, Vol. 2, p. 103. McPherson, *The War in China*, p. 67.

的大炮都被英军封堵，炮耳也被移除。英军用帆布把大角头要塞的炮弹裹住，紧紧塞进炮管，再将大炮丢进海里。英军还烧毁穿鼻要塞和大角头要塞的炮架，炸掉部分仓库，把仓库里的弹药投到海里。

穿鼻战役是中国军队第一次和欧洲军队激战，他们展现出的勇气令人难忘。中方指挥官是一名官阶为协台*（相当于中校）的军官，他在士兵面前当场身亡。这些士兵虽然第一次直面炮火，但一直坚持战斗，直到近四分之一人员战死才投降。

中国人曾普遍认为，一旦落入英方手中，就会被处以死刑或沦为苦力。但英军总司令当晚下令，释放被捕的中国俘虏，他相信此举有助于消除中国人的偏见。

* 原稿如此，清武职中无此官名，参本书所附《中国职官表》，应指副将。

第十一章 占领要塞、香港和舟山撤军后的谈判：1841年1月8日至2月24日

1月8日上午，一天前刚占领穿鼻要塞和大角头要塞的英军开赴珠江上游，继续进攻横档岛和阿娘鞋岛以内的防线。[1] 抵达敌军要塞前，舰队先派一名中国人送信给水师提督，清楚地解释白旗在欧洲战争中的使用情况及表示投降的含义。 1841年

中午一过，舰船抵达指定方位。英军刚向要塞发射几枚炮弹，守军就把挂着的旗子降下，一艘插着白旗的中国小船从岸边驶过来。

“威里士厘”号也升起白旗，并发出信号停止进攻。中方小船带来虎门指挥官、水师提督关天培的休战信，试图争取时间和广东钦差大臣进行沟通。伯麦爵士征求义律上校的意见后，派“威里士厘”号上的马他仑上尉通知关天培，同意休战三天，但在休战期间须暂停一切备战活动。

“萨马兰”号、“海阿新”号和“哥伦拜恩”回到英军控制的穿鼻岛，斯科特上校被委任为当地临时指挥官。接着，这些船上的水兵和炮兵队奉命去摧毁中方的防御工事。次日，“摩底士底”号开赴大角头，轰炸那里的要塞。 1月9日

9日，有人看见中方在阿娘鞋岛搭建一座战壕营地。英军立

---

〔1〕*Annual Register*, Vol. 83, p. 469.

即通知他们,休战期间不得进行任何军事行动。

1月 10日,英军继续进攻中方要塞。“哥伦拜恩”号也来到大角头,加入“摩底士底”号的行列。没过几天,中方工事便无一幸存,只剩下高高堆起的废墟和毁坏的枪炮。

1月 11日,即双方约定的三日休战期结束的时候,钦差大臣琦善和义律上校重新谈判。琦善已在8日上奏给皇帝,报告珠江口外的沙角(Shakok)炮台[1]和大角(Tai-kok)炮台在一天前失守。琦善在奏折中提到,他来广州后与英方保持密切沟通,只是极其有限地满足英方的条件,但英国人未必会满意。琦善还禀告皇帝,他已采取种种措施增加兵力,并提升广州守军的装备水平。

在这期间,琦善唯一能做的工作就是调停,而他本人的性格也对调停起到很大的作用。义律上校曾描述过他的性格。这位全权代表说,在军事活动之外,“琦善很擅长处理困难局面,这有赖于严谨诚恳的品格。正是有了这位优秀的中国官员,我们的谈判才能继续下去。”[2]双方会谈的内容在1月20日公布,初步方案如下:

一、中国把香港本岛和港口割让给英国。

二、中国向英国政府支付六百万元赔款。

三、双方在平等的基础上建立官方、直接的沟通。

四、在中国农历新年(2月2日)后的十日内恢复广州贸易。

全权代表义律上校同意立即撤走舰队,并将穿鼻要塞、大角头要塞和舟山岛要塞还给中方。

这些条款是通过书信达成的,信上盖着钦差大臣琦善的印章。义律上校没有急着要求中方马上履行这些条款。

---

〔1〕即位于穿鼻的下方要塞。

〔2〕Ch. Report X, p. 63.

根据协议规定，英军舰队于 1 月 21 日撤到大屿山西侧停靠。当日，英军向中国水师提督交代完必要的事项后，就把所有要塞交还给中方军官。

23 日，“哥伦拜恩”号开赴舟山。英军下令，由布耳利准将和 1月
胞祖上校负责把岸上的全体部队和储备物资接到船上，把舟山岛还给中国人。英方还带了这道军令的副本上岸，交给中方官员。随着英军撤出舟山，关押在宁波当局手上的安突德上尉等人也即将获释。但中方会不会执行这道赦免令，则完全取决于他们是否“严谨诚恳”。

达成初步协议后，伯麦爵士率领“加略普”号、“拉恩”号、“海阿
新”号和“摩底士底”号在 24 日返航，前往澳门。卑路乍中校 1月
(Edward Belcher)乘坐“硫磺”号(Sulphur)前往香港，勘察这座岛屿及其港口。[1] “硫磺”号在 1 月 25 日上午抵达香港，整支舰队
次日到达，随即正式控制该岛。在伯麦爵士和舰队军官的见证下， 1月26日
香港升起大不列颠联合王国国旗，各艘军舰致以皇家炮礼，海军陆战队在岸上列队鸣枪。

中英双方曾经商定，为了方便英国人在香港长期定居，英国全权代表和中国钦差大臣须举行一次会谈。在占领香港当天，义律上校率领“加略普”号、“拉恩”号、“复仇神”号和“马达加斯加”号赶赴虎门谈判，邓达士和马他仑[2]两位舰长以及所有可以出席的海陆部队军官陪同前往，还有法国领事和法国“达内德”号(Danaide)快舰的舰长豪撒迈勒(François J. Rosamel)。这场会谈安排在浮莲塔(Second Bar Pagoda)附近举行，距虎门约 15 英里。英国船只抵达穿鼻岛后，义律等人改乘汽船前进，“加略普”号和“拉恩”号停

〔1〕 Belcher, *Narrative of a Voyage Round the World*, Vol. 2, p. 147.

〔2〕 马他仑舰长向钦差大臣琦善转达伯麦爵士的致意。伯麦爵士的官衔是英军总司令，不是英国全权代表，故认为自己不能参加谈判。诚如前文所述，伯麦爵士这时已动身前往香港。

在外海。汽船向江口的各座要塞鸣笛示意，沿江而上，傍晚六时抵达指定地点。数名中方官员登上英船，告知次日会谈的地点位于珠江某支流上游约 0.25 英里处。

1月27日 陪同全权代表义律上校的是皇家海军陆战队 100 名士兵组成的仪仗队，以及“威里士厘”号上的船员。上午九时，全体人员乘坐几艘小艇和琦善提供的木筏登岸。跟上次与琦善在白河岸上的谈判比较，这次会谈的安排并没有太大的不同。[1] 会议所在地距离登陆点大约 300 码，中方在空地上围起一圈浅色的竹栏，上面插着鲜艳的彩旗。

义律上校登岸后，由海军陆战队员组成的仪仗队列队护送，走进空地外侧的帐篷，与钦差大臣琦善见面，并向他介绍每一名随员。琦善邀请义律等人移步到内侧的帐篷，先举行非正式的谈话。接着，双方开始讨论如何拆除九龙炮台等问题，但都没有达成明确的解决方案。会谈期间，外面的大帐篷举办着丰盛的宴席，义律及其随员受到热情招待。随后，琦善又请英方仪仗队表演多项节目。这些演出非常精彩，在场所有中方官员不禁大声惊叹和表示钦佩。双方互相致意后，英军回到船上。这次会谈商定，琦善应在十日内考虑清楚所有事项，然后在条约上正式盖章。

“马达加斯加”号载着海军陆战队沿江而下，全权代表义律上
1月 校和其他人员改乘“复仇神”号，停留到 28 日。当天，两名中方高官登船，正式回访义律。值得注意的是，在前一天义律上校赴约后，琦善并没有亲自拜访。或许可以看出，琦善正是利用这个不起眼的小伎俩，彰显他自以为高人一等的自大心理。下午三时，“复仇神”号起锚，当晚回到铜鼓湾。

琦善向朝廷报称英方已下令归还舟山，中方夺回穿鼻岛和大角头要塞，英军战船全部撤到外海。皇帝向琦善传旨，要求他采取

[1] 见页 57【原稿页 54】。

积极措施，彻底清除英国势力。但琦善希望通过外交策略达成目的，尽量不使用武力。[1] 至于割让香港一事，琦善非常谨慎地保持沉默，只是表示“冒昧量准哄夷代为吁恳恩施，当经节次奏请，将奴才从重治罪在岸”。此外，琦善还这样描述他与义律上校的会谈。[2]

> 今自该夷遣人赴浙江缴还定海，并将粤省各件献出，兵船全行退出外洋后。又据义律求与奴才晤面，奴才以虎门海口尚未亲往查勘，且现在奉调各省官兵均尚未到，不宜稍露形迹，致令起疑，先行滋扰。故奴才即借查勘虎门为由，[批准此次晤面]。
>
> [奴才]于初三日[英方记为1月25日]出省，舟次狮子洋河面[英方记为‘大蚝与蚝墩浅之间水域’]，据义律乘坐火船前来求见，仅只随从数十人，并未带有兵船，是日情词极为恭顺，惟据呈出所拟章程草底数条，约贸易琐务居多。并据议及嗣后夹带鸦片，以及漏税走私，均将船货没官。而其中间有行之室碍者，奴才当加指驳，该夷即求为酌改，兹已允其另行更定。容俟拟就，录呈御览。[3]

1月29日天刚亮，“复仇神”号就离开铜鼓湾，迅速开往香港。义律上校发布公告，[4]宣布由他代表英国女王在香港岛上组建政府。2月1日，他又颁布一份更详细的声明，承诺会保证当地居民的生命和财产安全，并保留其自由行使宗教仪式、庆典礼仪和社会风俗的权利。

---

〔1〕 Ch. Report X, p. 236.

〔2〕 Ch. Report X, p. 237.

〔3〕 译者注：本段文字录自《钦差大臣琦善奏为义律缴还炮台船只并沥陈不堪作战情形折》(道光二十一年正月初十日)，《鸦片战争档案史料》，第3册，页38—39。

〔4〕 公告正文见附录E，页323【原稿页315】

大约在这个时候，琦善到虎门视察防御工事。此行再次证实他的一贯看法，这些工事根本经不起英军的进攻。于是，他向朝廷禀报枪支总数不足，性能良好且能用于战斗的枪支数量更少。这些枪械粗制滥造，射程太短，难以守卫航道，无论是数量或质量都远远不及外国船上的枪支。他又提到，当地两座要塞的炮孔大如房门，完全不能为守军提供防护，毫无用处。此外，镇守防线的部队也靠不住，因为琦善得知，他们曾在 1 月 7 日战斗打响后要求朝廷支付军饷，否则就立即解散，指挥官只好典当自己的衣物和其他财产，满足下属的要求。琦善还报告称，广东人的品格和性情很难让人信赖，他们虽然愿意出资出力抵御英军，但往往经不起诱惑，转而帮助侵略者。

2 月 6 日，英军许可的十日考虑期结束，中方没有发布任何恢复广州贸易的声明。义律上校得知钦差大臣琦善还在虎门，准备
2月11日 乘“复仇神”号赶赴那里。“复仇神”号在安逊湾停靠过夜，第二天上午在例行的礼炮声中驶入虎门，停在阿娘鞋岛北侧，紧邻琦善的船队。琦善和义律在其中一艘船上再次会谈，历时很久，但仍未达成令人满意的成果。琦善对手中的军力已有非常公允的判断，没有
2月12日 贸然提出强硬要求，否则极有可能引起英军的惩罚。双方在第二天继续会谈，但义律只肯把宽限期再延长十天，让琦善拟好条约终稿。

与义律一同赴约的海陆两军军官[1]乘坐“复仇神”号返航。途中，他们向伯麦爵士报告称，虎门正在大规模修建军事设施，中方部队已在高地上集合，珠江两岸修好战壕营地，北横档岛变成一个炮兵阵地。[2]

---

〔1〕“都鲁壹”号的士密舰长、第 26 团的普拉特中校和皇家陆军的诺尔斯上校(J. Knowles)。

〔2〕伯麦爵士信函，参见 *Annual Register*, Vol. 83, p. 474. W. D. Bernard, *The Nemesis in China: Comprising a History of the Late War in that Country; with a Complete Account of the Colony of Hong-Kong* (London: H. Colburn, 1846), p. 143.

伯麦爵士正在刚刚占领的香港整顿秩序。得知这些战争的迹象，他立即决定从英军舰队中调派一支小分队前往澳门水道。他本人也在2月13日赶到那里，与义律上校商量对策。到了澳门，“复仇神”号已带着双方同意的条约草案前往虎门，并奉命停留到18日，等待中方备好正式协议后将其带回。

澳门当地的华人中流传着一些谣言。他们嘲笑琦善未经皇帝允许就把香港拱手相让，其实皇帝绝对不会同意割让任何领土。1月7日，当战争的情况传到北京，皇帝颁下几道圣旨，清楚地表示绝不容忍任何求和的举措。不仅如此，中方还派出多支部队前往广州。钦差大臣琦善奉命和水师提督采取一切措施消灭外国人，尽快收复失守的要塞。〔1〕

“复仇神”号将条约草案交给中方，由琦善信任的一位密使保管。这人名叫鲍鹏，〔2〕长期在琦善和义律之间送信。鲍鹏在虎门上岸回营，“复仇神”号则奉命在停泊点下锚，等他把条约带回来。在等候的过程中，“复仇神”号派出一艘小船考察各条水道。当小船靠岸时，横档岛上的某一座炮台向它射出一发炮弹，〔3〕不过没有造成人员伤亡。

英军一直等到2月18日晚上，仍然没有收到鲍鹏的消息。“复仇神”号只好起锚，第二天回到澳门。事实上，鲍鹏已在18日夜里从广州直接赶到澳门。但他并没有带回签好字的正式条约，而是转达了琦善想要再宽限十日的请求。〔4〕 2月19日

2月19日上午，“加略普”号舰长霞毕与舰队的小分队前往虎

〔1〕Ch. Report X, p. 119. 这份圣旨是在1月30日颁布的。但直到2月11日，也就是琦善与义律上校会谈当日，他才收到圣旨。

〔2〕译者注：鲍鹏(1792—?)，原名亚聪，号望山，广东香山人，买办出身，多次在中英交涉中担任中方通事，后人多疑为汉奸。

〔3〕Bernard, *The Nemesis in China*, p. 147. 根据 Bingham, *Narrative of the Expedition to China*, Vol. 2, p. 131，这艘小船插着一面白旗。但这个说法不太可能成立。

〔4〕Bingham, *Narrative of the Expedition to China*, Vol. 2, p. 132.

门,一同前往的还有“加略普”号、“萨马兰”号、“先驱者”号、“鳄鱼”号、[1]“硫磺”号和“复仇神”号等舰船。霞毕下令,英军在主力部队到达之前不得行动,以免出现不必要的险情,同时应尽可能地阻止中方采取进一步的防御准备。义律上校和霞毕一起来到虎门,伯麦爵士则乘坐“马达加斯加”号抵达香港。香港的舰船得到“皇后”号和“马达加斯加”号的增援,实力有所加强。“都鲁壹”号、“朱庇特”号和其他运输船随后赶到,但当地的兵力仍然十分有限,不足以确保香港的安全。于是,霞毕上校决定把全体部队和储备物资转移到船上,并撤下英国国旗,撤离香港岛。这项工作于 2 月 22 日上午完成。中国居民害怕遭到中方官员的惩罚,成群结队地跟着英军舰队一起撤离,在三板洲上形成一个临时小镇,“朱庇特”号正停靠在这里。中国方面并没有修缮穿鼻和大角头一带的工事,英军就在霞毕上校的带领下,在 2 月 20 日派出一支小船队,占领南横档岛附近的区域。另一支小分队在 21 日登上北横档岛,考察岛上的防御情况。英军船队的到来使中方无法继续修建防御设施。2 月 23 日,霞毕上校得知阿娘鞋岛东侧的三门溪(Junk Creek)水道被封,决定探查它的具体位置和实际情况,于是乘坐“复仇神”号赶去那里。义律上校率领“加略普”号、“萨马兰”号、“先驱者”号和“鳄鱼”号等船只也加入这次行动。船队沿着三门溪向上游航行,一路畅通无阻,直到遇到几堆废弃物和木筏才停下。就在清理河道的时候,暗处里有一座 20 门炮的中方炮台忽然向船队开火,“复仇神”号随即还击。紧接着,另一支英军小分队登岸,虽然遭遇轻微的抵抗,但很快就把守军赶出炮台。他们炸掉仓库,捣毁大炮,将 60 支枪和炮台里的部分武器卸掉弹药。这次行动中,中方有 30 人阵亡,英军没有任何伤亡,当晚便回到南横档岛。“摩底士底”号赶赴南横档岛增援,并在大角头截获多艘满载货物

[1] “鳄鱼”号于 2 月 15 日从舟山驶来。

的中国船只。第二天，“复仇神”号等舰船再次来到三门溪。船队清除障碍，疏通航道，继续往上游航行，没有遇到中方部队。 2月24日

由于一路上有微风，虽然英军汽船全力拖着其他船只前行，但整支舰队和“都鲁壹”号运输船直到 24 日才抵达虎门。夜幕降临之前，全体参战队伍终于集结完毕，开始讨论作战方案。

就在中国南方发生这些战事的时候，舟山撤军的准备工作也在积极进行。2 月 10 日，“哥伦拜恩”号抵达定海，负责把舟山岛还给中方。三小时后，英军把一份信函副本交给岸上的守军。前文提到，英军船员的病情十分严重，但到了 10 日，这些病情已经消除，物资也非常充足。与此同时，当地居民开始感受到英国人管理舟山岛的种种好处。有传言说，浙江钦差大臣伊里布已收到皇帝的严令，要求立即把外国人赶出舟山。这道新的谕令是裕谦不断上奏的结果。裕谦是蒙古人，曾在伊里布暂居宁波期间[1]代理两江总督一职。他抓住一切机会，批评伊里布支持的求和政策（琦善也一样支持）。因此，虽然舟山岛即将交还给清政府，但局势却十分紧张。布耳利准将和胞祖上校按照英军的指令，立即着手移交舟山岛。

英方决定把舟山岛交给伊里布，但要以中方释放英国俘虏为条件。伊里布得知后拖延数日，最终同意放人。北京曾下令将俘虏押送进京，示众后再处以死刑，但这些俘虏连日来已获准接收舟山友人的来信，而且也没有受到虐待。

当英军即将撤离的消息传到舟山岛时，当地居民担心日后遭到中国官员的惩罚，成群结队地离开舟山。街道变得一片荒芜，只

---

〔1〕杭州是浙江省府，但在英军占领期间，两江总督居住在宁波。

有盗贼留下来，洗劫那些空无一人的房屋。英军撤离的准备工作进展迅速，到 2 月 22 日晚，全体部队已登上运输船，只留下护卫队把守城门。当天，一家由医疗传教会（Medical Missionary Society）创办的医院正式关闭。这家医院是在 1840 年 12 月为中国人开办，共救治过 3 502 名病人。

2 月 22 日，宁波当局通知英国俘虏前往舟山。他们坐着轿子来到镇海，只有第一位被俘的人（即那位买办）没有随行。[1] 宁波方面以他是中国人为理由扣留，英方便没有再要求释放他。到了镇海，安突德上尉和其他俘虏被带到伊里布面前盘问，随后乘船送
2月 往舟山。他们在 23 日上午七时抵达，随即登上英国船只，终于回到安全的环境。[2]

伊里布任命几名专员接管舟山岛，包括伊里布的一名私人奴仆、两位指挥官和一位下等官。他们很快到达，英方随即移交定海城，降下英国国旗，撤走护卫队。中方没有派人替换英军护卫，暴徒便趁机占领这座毫无防备的城市，并把典当商存放在孔庙里的物品洗劫一空。

英军官兵纷纷登船，战舰和运输船全体起锚，驶向珠江。另外还有几艘船只载着孟加拉志愿兵，奉命前往新加坡。

就这样，舟山回到中方手中，但这种和平收复的方式并没有得到朝廷的批准。英军之所以撤离舟山，是担心中方已经准备好对广东的英军发起毁灭性的打击。伊里布没能消灭英国侵略者，朝廷批评他工作怠慢，把他从内阁中除名，摘除他的顶戴花翎。继任者是裕谦，他的立场更接近朝廷中占上风的主战派。

---

〔1〕 见页 46【原稿页 44】。此时的俘虏人数已经锐减，原来六名海军陆战队员中的五人和一名男孩在关押期间身亡。

〔2〕 Ch. Report X, p. 202.

第十二章 珠江上的行动：1841 年 2 月 25 日至 3 月 6 日

1841 年

2 月 25 日，英军舰队停在虎门要塞附近。虎门要塞由三部分组成，包括珠江西侧的小大角头要塞、东侧的阿娘鞋岛南北要塞，以及航道中间的北横档岛工事。

小大角头岛的炮台上架起 22 门重炮，防御工事上配备 17 门大炮，战壕里有 1 500 到 2 000 人。

阿娘鞋岛北要塞有 40 门炮，南要塞有 102 门炮，其中 42 门架在一座花岗岩炮台上，围成约三分之二圈弧形，位于防线最外侧，其余 60 门架在南北要塞之间的一字型工事里。另外还有 30 门炮，位于南要塞不远处的两座炮台中，架在许多沙袋上。南要塞的后方是几座小山丘，山上的兵营里大约有 1 200 人。

北横档岛全长 500 码，距离阿娘鞋岛北要塞 1 100 码，距离小大角头岛 1 900 码。守军在北横档岛上建起三座主战工事：岛屿西端的重炮工事配备 40 门大炮，包括侧翼的 17 门炮；中央的山丘上有一座圆形工事，架设多门大炮；东端还有一座重型炮台，上下两层各有 15 和 40 门炮。据统计，仅横档岛上就有 167 门炮，虎门一带部署的各口径大炮共计 339 门。

从虎门穿行的船只通常走东侧水道，但这条水道已被几艘木筏堵住。这些木筏拉起一条长长的绳索，两端分别绑在南横档岛和阿娘鞋岛附近的石头上。船只经过时，必须把阿娘鞋岛那一端的绳索放下才可通行。阿娘鞋岛和北横档岛之间也曾设有类似的关卡，但已经被海浪冲走。从前有人认为，横档两岛西侧的水深不足以让大型轮船驶过，但英国皇家海军开莱特上尉（Henry Kellett）经过反复调查，证实双层甲板战船也可以畅通无阻。

英军舰队最终决定不派战舰炸毁东侧水道的关卡，改从西侧水道围攻北横档岛要塞并登岸。南横档岛上本来也有一座炮台，但中国人已经把它撤走，这种缺乏远见的举措真是令人不解。

2 月 25 日午后，英军做好登上南横档岛的准备。傍晚，诺尔斯上尉和皇家炮兵团、马德拉斯炮兵团的士兵把两门 8 英寸榴弹炮、一门 24 磅榴弹炮和一门火箭筒抬上岸，海军陆战队和马德拉斯土著步兵第 37 团的部分士兵为他们提供掩护。夜里，英军炸毁守军赶建的一段土墙，把榴弹炮抬到墙体后面。中方虽然炮火不断，但没有起到任何作用。

2月 26 日天刚亮，英军马上从南横档岛炮台向北横档岛的守军开火。炮弹和火箭弹射向中方的要塞和野外工事，战果非常显著。一座装配 18 门大炮的炮台曾向英军炮兵队反击，这时已不再开炮。北横档岛东端的中国海关大楼和部队营地中弹起火，中国士兵被英军的火力赶入防御工事里，损失非常惨重，阵亡人数相当庞大。

守军从南横档岛的炮台上反击。英军舰队本想投入战斗，但上午海面十分平静，几乎没有浪潮，战舰很难借助潮水前行。直到十一时，海面上才起风，英军随即派舰队参战。这些舰船编成两支小分队：一支由“伯兰汉”号、“麦尔威厘”号、“皇后”号和四艘火船组成，在辛好士爵士（Humphrey F. Senhouse）的指挥下围攻阿娘鞋岛要塞；另一支由“威里士厘”号、“加略普”号、“萨马兰”号、“都鲁壹”号、“先驱者”号、“鳄鱼”号和“摩底士底”号组成，由伯麦爵士指挥，进攻北横档岛北端的炮台和航道西侧的要塞。

攻打阿娘鞋岛的小分队从海上发起围剿。“皇后”号率先开炮，并与几艘火船占据安逊湾主航道东侧的有利位置。“伯兰汉”

号直接驶向阿娘鞋岛，一直开到距离南要塞600码以内，朝着要塞的炮火发起反击。“伯兰汉”号放下船尾的锚，下令右舷的多门大炮同时开火。大约十分钟后，“麦尔威厘”号采取相同的策略，从“伯兰汉”号的左舷边上经过，在距离要塞约40码处停船开火。英军“皇后”号和几艘火船距离海岸很远，避开中方炮火。另一方面，英军舰船还向中方战壕连续发炮，猛烈追击逃窜的士兵。在英军战舰的炮火下，中国士兵陆续撤出要塞，朝着安逊湾的方向逃命。面对“伯兰汉”号和“麦尔威里”号的猛烈攻势，南要塞和附近的防御工事坚持反击。虎门守军总指挥、水师提督关天培亲临南要塞，士兵受到很大的鼓舞，作战更加勇猛。但北要塞的主力部队并没有受到这么明显的激励，在英军多次进攻后便撤出工事，逃往东边的山丘。英军舰队的火力持续一个多小时，南要塞的守军开始撤离，中方各座炮台终于停火。辛好士爵士率领大约300名海军陆战队员和一小支武装分队，从南侧炮台登岸，拔出刺刀作战，彻底赶走清军。英军只用一发炮弹，就把要塞的大门击落，不费吹灰之力进入要塞。但要塞中央却有一支部队整装集合，由一位优秀的将领指挥反抗，英军后来才得知他就是水师提督关天培。中英两军人数相当，这位英勇的老兵冲在队伍前头，很快就被刺刀捅死，〔1〕他的部队随即投降。紧接着，英军占领南北要塞以北的一字型工事。下午一时，英军的旗帜已飘扬在阿娘鞋岛防线上。〔2〕

就在虎门东侧发生战事的同时，英军舰队的另一支小分队正围攻北横档岛和小大角头岛上的要塞。由于风很小，浪很低，英军舰船只能缓缓前行。除中方要塞和南横档岛的榴弹炮台上偶尔射出几发炮弹，珠江岸上没有开炮。英军舰船慢慢靠岸，只见四艘中

---

〔1〕根据麦克菲尔森(Duncan McPherson)的记录，水师提督关天培是被步枪的子弹击中胸口而身亡，但其他官方资料都说他是被刺刀捅死。McPherson, *The War in China*, p. 99.

〔2〕*Annual Register*, Vol. 83, p. 475. Ch. Report Vol: X, p. 176. Bingham, *Narrative of the Expedition to China*, Vol. 2, p. 143.

国小船离开北横档岛，沿江而上，朝着大虎岛驶去。出乎英军意料的是，设在海关大楼里的要塞竟向逃跑的船只开火，只不过没有击中。英方后来查清，那些逃难者正是中方军官及其亲信，他们在离开前就堵住要塞的大门，免得守军阻拦他们逃命。

英军主力舰“加略普”号沿着西侧水道一路前行，[1]开到与小大角头岛齐平的位置朝岛上开火。“加略普”号从南横档岛的西边驶过，遭到北岛多座要塞的猛攻。西侧要塞的步枪不断射击，但“加略普”号仍平稳前行，并用左舷的大炮回击。“萨马兰”号、“先驱者”号和“鳄鱼”号紧随其后，集中火力围攻西侧要塞。“威里士厘”号在航道中占据有利位置，一面用左舷火力进攻横档岛，一面用右舷火力进攻小大角头岛。与此同时，小大角头岛要塞还遭到“都鲁壹”号和“摩底士底”号的攻击，大约半小时后就停止开炮。可是，岛上的其他工事却依然奋力反抗。英军的大炮继续进攻约一小时，守军终于停火，从阵地上逃走。在步兵第26团普拉特中校的指挥下，英军各级官兵约1 000人组成登岸小分队，乘坐“复仇神”号和“马达加斯加”号的小船赶赴战场。[2] 十二时刚过，英军发出登岸的信号，这些小船便抵达北横档岛西南角，“威里士厘”号的弗莱彻中校(John V. Fletcher)亲自督战，小分队成功登岸。

这批士兵一路冲上山坡，没有遇到任何阻碍。另一批水兵分队带着一排排绳梯也加入战斗。英军从后门进入西侧要塞，直奔山上的工事，很快就赶走山顶的守军，迫使他们退到山下的海军大楼。英军在部分逃难者的带领下冲进大门，占领大楼。中国士兵虽然身陷绝境，但仍负隅顽抗。他们有的被英军击毙，有的被刺刀捅死，还有不少人逃到海上，抱着船上的梁柱或竹片随波漂浮。其余约1 300人沦为俘虏，包括大约100名伤员。

下午一时许，英军终于攻克横档岛。差不多这时候，阿娘鞋岛

---

〔1〕后称为“伯麦航道”(Bremer Channel)。

〔2〕关于登岸分队的细节，见附录B，页233【原稿页228】。

上的工事也落入英军手中。[1]

四时左右，“威里士厘”号多艘载着海军陆战队员的小船，由“复仇神”号快速拖往小大角头要塞。当天较早时候，这座要塞已经在“威里士厘”号、“摩底士底”号和“都鲁壹”号的炮击下停止反抗。中方部队在要塞上方的山坡上镇守一条战壕，不时从营地上炮击英军舰船。“复仇神”号瞄准营地反击，海军陆战队员借着炮火的掩护上岸，随即登上高地赶走守军，烧毁营地，把要塞里的大炮封起来。英军没有人员伤亡，安全返回。

当天，英军攻克横档岛和阿娘鞋岛上的多座要塞，共缴获 339 门大炮，其中几门原本用在穿鼻岛的防线上。英军在七周前拿下穿鼻岛后，就用长钉插进这几门大炮的炮筒，使它们不能开炮。现在看来，中国人在炮筒的另一头凿出新的炮口，并在炮筒外侧套上牢固的铁圈，以此替代被打烂的耳轴。

英方决定派一支小分队沿江直上，前往广州，主力舰队则留在虎门。英军很快就把各座防御设施一一摧毁，只有北横档岛要塞还在中国人手中。英军在横档岛活捉一大批战俘，留下其中的 100 人协助掩埋战场上的死尸，其他人则被带到大角头，当晚就予释放。

“萨马兰”号把占领虎门要塞的消息送到澳门，并接替“海阿新”号的守备任务。伯麦总司令发布公告，通知英商及其他外国商船随时可以前往虎门，只要江上没有中方布设的障碍物，就可以一路航行。[2]

2 月 27 日上午六时三十分，“加略普”号舰长霞毕率领一支小编队离开虎门，沿江直上。这支小编队的成员包括“加略普”号、“先驱者”号、“鳄鱼”号、“摩底士底”号和“硫磺”号等军舰，以及“复

---

〔1〕*Annual Register*, Vol. 83, p. 476; Bingham, *Narrative of the Expedition to China*, Vol. 2, p. 148. Ch. Report X, p. 178.

〔2〕Ch. Report X, p. 116.

仇神号”和“马达加斯加”号两艘汽船。这样，留在虎门的海军就剩下“威里士厘”号、“伯兰汉”号、“麦尔威厘”号、“都鲁壹”号军舰和“皇后”号汽船。全体陆军抵达虎门，围攻虎门要塞，并尝试摧毁守军的武器装备和储备物资。当天，中方将一面休战旗和水师提督关天培家人的请愿信送到阿娘鞋岛，希望能带走关将军的遗体。这项请求立即得到批准。英军此前没认出关天培，只好和其他尸体埋在一起，直到这时才重新挖出来。在关将军家人运送遗体的时候，“伯兰汉”号鸣炮致意，炮声次数与这位长者的年龄完全一致。[1]

与此同时，英军小编队朝着珠江上游进发。虎岛要塞空无一物，枪炮很可能转移到横档岛，因为横档岛已成为中方重点防御的地方。英军行驶到虎门上游 20 里的大蚝（First Bar）后停了下来。[2] 义律上校非常了解沿途浅滩的状况，他搭乘“加略普”号，率领船队顺利前进。十时五十分，小编队通过蚝墩浅，到当天正午，他们距大蚝仅有 3 英里，从竹林的上空可以看到中方军舰“甘米力治”号（或称“切萨皮克”号）[3]的桅杆，主杆上飘着一面中国统帅的旗帜。

霞毕上校和义律上校离开船队，改乘汽船，继续勘察中方阵地。他们发现，主航道上有几艘船只沉没，北岸（即左岸）的多座炮台仍然镇守航道，“甘米力治”号和其余 40 多艘战舰停在横跨航道的木筏后面。英军汽船刚靠近，就遭到中方炮火猛攻。英军立即予以回击，取得一定成效。霞毕上校坚信能攻下中方的阵地，遂下令让队中其他船只继续前进。“硫磺”号开在最前面，马上和其他四艘船只列成阵势，瞄准岸上的中方炮台、江上的主力舰以及其他

---

〔1〕 McPherson, *The War in China*, p. 99.

〔2〕 “大蚝”（First Bar）和“蚝墩浅”（Second Bar）两个名称用于称呼河床中的两处浅滩。

〔3〕 见页 31【原稿页 29】。

战舰开火。这阵攻势持续约一小时，守军防线基本停止开炮。霞毕上校率领大约 400 名水兵和海军陆战队员登岸，继续猛攻岸上的工事。两座炮台由一条尚未竣工的战壕连成一体，后方还有一座大型战壕营。中方有 2 000 人，据说是经过精挑细选来守卫这个重要据点。他们虽然殊死抵抗，但英军水兵和海军陆战队员还是奋勇登岸，随即冲进炮台，大约半小时就将守军赶走，击毙 300 余名士兵。

就在登岸部队展开行动的同时，"加略普"号军舰上的沃森上尉(Rundle B. Watson)坐上一艘小船，清除阻碍河道的木筏，再把"加略普"号拖到珠江对岸。随后，沃森上尉亲自登上中方"甘米力治"号军舰，跟舰上的清军士兵作战，很快夺下这艘军舰。中方大批船员被猛烈的炮火击毙，"甘米力治"号的甲板俨然变成一座"屠宰场"。英军降下中国统帅的旗帜，作为战利品送给伯麦爵士。沃森上尉奉命把"甘米力治"号烧毁，随后回到自己的船上。登岸部队赶走敌军，集中火力攻打各座要塞的大炮，炸毁仓库，撤下旗帜，最后在下午七时撤离。大约在这时，"甘米力治"号上的弹药仓发生爆炸，中方仅有的大型战舰就此解体。英军当天缴获 98 支枪，其中 34 支来自"甘米力治"号，还有 10 支来自另一艘战舰。[1]

2 月 28 日，英军用了一整天才把阻塞航道的沉船和木筏清理干净。这条大木筏宽约 14 英尺，厚 3 英尺，由冷杉木拼成，用数条绳索绑在一起，非常结实。据行商说，它的制造成本高达 20 万美元或 4.5 万英镑。

3 月 1 日上午，伯麦爵士继续沿江而上，与"马达加斯加"号派出的先遣队会合。"马达加斯加"号是在 2 月 27 日返航的，还带回

〔1〕 *Annual Register*, Vol. 83, p. 478. Ch. Report X, p. 179. Bingham, *Narrative of the Expedition to China*, Vol. 2, p. 153. McPherson, *The War in China*, p. 103. Keith S. Mackenzie, *Narrative of the Second Campaign in China* (London: Richard Bentley, 1842), p. 68.

一份关于战斗起因的报告。英军决定向先遣队增派兵力,“马达加斯加”号便拖着“索菲亚”号运输船,把第 26 和 49 团的士兵送到战场。同时,马他仑舰长乘坐“威里士厘”号,率领多艘战船,运来 100 名轻武装士兵以及海军陆战队的军需品。“老鹰”号(Eagle)运输船上载着来自“伯兰汉”号、“麦尔威厘”号和“都鲁壹”号军舰的海军陆战队员,由“皇后”号汽船拖行。这些战舰的附属小船载着几门枪炮和榴弹炮一路同行。

霞毕上校没有等候伯麦爵士率兵抵达,自己乘坐“复仇神”号勘察周边的环境。他发现那条名叫三门溪的航道,上游被一支木筏、几艘沉船和两排木桩封堵起来。在这片禁航区附近,一支人数众多的中国军队已经集结完毕。

3 月 1 日,英军先遣队的船只在大蚝的关卡上打开一个缺口,但还是决定先检查航道,再继续行驶。3 月 2 日,卑路乍中校奉命乘坐“硫磺”号,驶向三门溪上游。在西蒙斯上尉的指挥下,“威里士厘”号的三艘小船拖着“硫磺”号前行。当他们绕过航道南侧的一个据点时,“硫磺”号和几艘小船忽然遭到一座隐蔽炮台的攻击。那座开炮的工事有 25 门大炮,掩藏在茂密的灌木丛中。西蒙斯上尉按原定计划,命令部队带着大炮登岸,随即把拖船的绳索砍断。[1] 守军约有 250 名精兵,但“硫磺”号埋伏在丛林里,开炮把他们赶走。与此同时,登陆小分队摧毁炮台上的火力,炸掉仓库,把所有能烧的物品全部烧光。在这场战役中,中方有 15 到 20 名士兵阵亡,英方只有一名海员受重伤牺牲。

经“硫磺”号勘察,航道的通航情况令人十分满意。英军派“先驱者”号、“鳄鱼”号、“摩底士底”号战舰以及“老鹰”号、“索菲亚”号运输船开赴前线,和“硫磺”号一起停靠在黄埔岛。在这个停泊点

---

〔1〕“Sir Gordon Bremer's Despatch,” *Annual Register*, Vol. 83, p. 480. 卑路乍中校的记载与上述文献略有不同。Belcher, *Narrative of a Voyage Round the World*, Vol. 2, p. 158.

上，舰队的炮火可以射到浩官要塞（Howqua's Fort），还可以看到广州的城墙。

3月2日，英国皇家海军"巡洋"号加入舰队，船上载着不久前刚出任陆军统帅的郭富爵士（Hugh Gough）。[1] 当天下午，"康威"号和"卑拉底斯"号从舟山赶来，进一步增强舰队的实力。随后，"卑拉底斯"号和"巡洋"号奉命赶赴浩官要塞附近，增援那里的先遣队。

3月3日，卑路乍中校报告称，中方已在前一天晚上放弃浩官要塞。郭富爵士随即下令，由普拉特中校率领步兵第26团和第49团的小分队占领要塞。浩官要塞是一座方形石头建筑，要塞上架设30门大炮，以便从侧翼守卫珠江防线。防线另一头（即珠江左岸）有一座寺庙，中方在那里占据有利位置，并源源不断地补充兵力。不过，艾利斯上校率领的海军陆战队很快便攻克那座寺庙。

另一方面，一支水兵分队也在加紧清理被中方封堵的航道。清理完毕后，英军就可以通行无阻，继续攻打珠江上游一英里处更强大的守军。但中方当天送来一面休战旗。下午三时，广州知府余保纯与英国女王的全权代表义律上校举行会谈。余保纯提出，无论双方在白河达成过哪些协议，目前讨论的新问题极为重要，只能由北京最后决定，所以须暂停一切军事行动。英军接受这次休战。于是，双方一直停火到5日正午，后来又延长到6日上午十一时。

这次休战期间，"复仇神"号勘查了河南岛（Honan Island）南侧的航道，还驶入澳门水道要塞（Macao Passage Fort）的视野范围，舰队主力则留在原地。浩官要塞和那座寺庙分别由普拉特中校和艾利斯上校率领的小分队把守。郭富爵士在海军陆战队的陪

〔1〕郭富爵士在一两日前从马德拉斯赶到，他在马德拉斯时担任指挥官。

同下勘察珠江左岸，发现当地居民对英国人没有丝毫愤怨的情绪。[1]

英军在开赴广州的途中遇到守军阻挠。中方的防御工事分布很广：中间支流中有一座小岛，小岛的低地上建起一座坚固的堡垒；支流两岸各有一座炮台，火力非常强大；左右两条航道都已被木筏和沉船封堵；江中的要塞由石头堆成，架起36门大炮。五年前，中方修建这座要塞，正是为了记住律劳卑爵士的溃败和身亡。[2]侧翼的两座炮台是用泥土建成，分别配有35门和44门大炮。

3月6日午时，双方商定的休战期结束。英军派步兵第26团和第49团的部分士兵前往左岸，与郭富爵士带领的海军陆战队会合，向北翼炮台发起进攻。与此同时，英军舰船编队起锚出发，趁着涨潮逆流而上，在浩官要塞的防线上攻破一个缺口，从中穿过前行。英方第一艘船只刚靠近律劳卑要塞，守军就丢盔弃甲，乘着木筏渡江逃命。当所有船只抵达时，工事里的守军早已撤空。英军不费一枪一炮，在珠江最后一道防线上升起英国国旗。

郭富爵士和大部队缓缓穿过泥泞的稻田，见到飘扬的英国国旗，便停下脚步，不再前行。经过疲惫的跋涉，英军重新占领此前丢失的阵地。舰队上的水兵攻入律劳卑要塞和两座侧翼炮台，移除所有枪炮，这些工事上就见不到任何装备。

至此，英军完全控制广州城一带。在数名行商的陪伴下，广州知府再次与义律上校会面。中方表示，钦差大臣琦善已被贬职，[3]但新任钦差尚未就任，所以广州方面无法和英方商定各项条款。义律上校向广州居民发表声明，警告凡是抵抗英军的人都

---

〔1〕*Annual Register*, Vol. 83, p. 492.

〔2〕见页33【原稿页32】。

〔3〕对琦善的指控可参见附录E，页406【原稿页316—317】。

会受到严厉的处罚。他还作出提醒，如果有人阻碍英商或其他洋商的贸易自由，广州的所有贸易活动都必须中止。为了顺利实施这项举措，义律上校下令，伯麦爵士和郭富爵士的部队不得再靠近广州城。于是，英军便停止前进。

第十三章 “复仇神”号前往内河航道；珠江行动：1841 年 3 月 7 日至 31 日

1841 年 3 月 6 日，英国海陆联军拿下律劳卑要塞，接着占领整条防
3 月 7 日 线。伯麦爵士和郭富爵士停留至 10 日，当天回到虎门，并采取一系列措施确保珠江入口的安全。黄埔港的先遣队交给“加略普”号舰长霞毕指挥，“鳄鱼”号停靠在浩官要塞。

根据全权代表义律上校的要求，此前在黄埔附近上岸的部队重新登上运输船，一路顺流而下，最后在虎门集合。布耳利将军率领部队从舟山出发，8 日抵达虎门。

3 月 10 日，义律上校前往澳门。12 日，他向海军高级军官、“萨马兰”号舰长斯科特提出，如果攻下澳门至黄埔的内河航道，就
3 月 13 日 可以赢得巨大的优势，所以决定先对这条航道展开勘察。第二天上午，英军从澳门派出一支勘察队。

由于这条内河航道水位很浅，只有“复仇神”号的吃水量才能通行。斯科特上校和全权代表义律上校选乘“复仇神”号汽船出发，海军陆战队员和携带轻型武器的士兵搭乘“萨马兰”号汽船和“阿特兰特”号的小艇，跟在“复仇神”号后航行。“萨马兰”号的小艇上架着 12 磅短炮，“阿特兰特”号的小艇上也有多门 12 磅榴弹炮。

凌晨三时刚过，“复仇神”号起锚出发，由数艘小船拖行，穿过对莲山岛（Twi-lien-shan）和大角头岛之间的浅滩。英军找到一位

中国领航员,很快就驶入磨刀门(Broadway)航道(或称香山航道)。上午八时,“复仇神”号进入磨刀要塞(Motao Fort)的视野,半小时后向这座要塞开火,取得不错的战果。英军船只刚靠近,中国守军就已逃走。要塞上的13门大炮立即被拆除,建筑物也被烧毁。英军把一条导火线引到仓库,将其炸掉。随后,各艘小船重新和“复仇神”号会合。

英军船队再次起航。在东西两条航道中,东侧航道是由珠江在后河头(How-Hoak-Tou)冲刷而成。船队沿着东侧航道行驶,十时三十分抵达大亚角(Tai-Yak-Kok)。在大亚角,守军在珠江左岸的高地上建起一座炮台,上面架设14门大炮。“复仇神”号在炮台四周环行时,一发炮弹朝它射来。英军舰船立即开炮反击,各艘小船在岸上轻火力的掩护下迅速开出,准备攻克中方侧翼的炮台。但没等小船上的士兵登岸,工事里的守军就已逃走。岸上小分队穿过水田中的小路,冲进炮台。他们找到一些枪支和储备物资,将其全部销毁。

就在斯科特上校率队执行这项任务的时候,另一支小分队正在摧毁河对岸的一座军用仓库。英军的两艘小艇和一艘汽船沿江而上,不久“复仇神”号也加入船队,共同追击一艘不断开火的中方战船。下午一时许,中方战船穿过横跨河面的木栏,与停在远端的另外八艘战船会合,木栏上的通道随即关上。“复仇神”号慢慢靠近敌军,中国战船和右岸的蠔涌要塞(Hochung Fort)朝它开火。蠔涌要塞是一座花岗岩工事,四周挖好潮湿的水沟,要塞上架着14门大炮和6支抬枪,与河上的围栏齐平,从侧翼提供良好的防护。中方还建起另一座炮台,设有20个炮眼,但炮台上没有大炮。

不过,“复仇神”号还是成功回击了中方战舰和要塞上的炮火。几艘小船开到河上的围栏边,移除障碍物后迅速前行,攻打中方的要塞和战船。船员组成小分队直奔要塞,几乎没有遇到抵抗就攻下来,然后马上淌过水沟,进入要塞。中方战船上的船员眼看要塞失守，非常慌张，想方设法躲开英军舰船。但他们实在太过混乱，九艘战船中仅有两艘成功逃脱，其余七艘搁浅，船员纷纷跳船逃命。

英军舰队的指挥官是“萨马兰”号上的鲍尔上尉，他下令追击那些逃窜的战船，却忽然遭到左岸飞沙角要塞的散弹猛击，随即停止追赶，转而进攻飞沙角要塞(Fie-Sha-Kok Fort)。他调派部队横穿县城，从背后攻陷要塞，赶走守军，并把要塞连同七门火炮全部摧毁。下午三时，英军所有船只与“复仇神”号会合。“复仇神”号凭借高超的指挥，从河上的木栏间穿行而过。英军点燃那些搁浅的中国战船，最终将其炸毁。随后，“复仇神”号和其他船只离开飞沙角。

1841 年 3 月 13 日

“复仇神”号途经两座毁坏的要塞，下午四时左右抵达香山镇。由于当地小船数量太多，“复仇神”号只能小心穿行，但船体外侧还是躲不开漂在河道两边的废弃物。当地人挤进镇上的楼房和船只，争看这艘陌生的轮船，神情既不惊惶，也无敌意。数名中国官员坐上自己的小船，跟随英军的两艘战舰一路航行，渐渐驶出河道。其中一艘战舰遭到中方突袭摧毁，船员们眼看要被中国人俘虏，迅速把船开到岸边，从船上跳下来。

中方一面攻击这艘战舰，一面从 200 码开外的上沙要塞(Sheang-chap Fort)朝英军开火。上沙要塞掩盖在树木丛中，从未被人发现，但这阵炮火随即遭到英军的反击，上沙要塞也受到“萨马兰”号海军陆战队员的猛攻，架在上面的八门大炮被摧毁。一支清军试图赶去增援，但被英军打得四处逃散。接着，英军放火烧掉多栋建筑。“复仇神”号继续向前航行，下午六时刚过就抵达一条狭窄的浅水航道，当晚在这里停靠。

3 月 14 日破晓，英军舰队继续前行。他们选择的航道水位不深，无法满足“复仇神”号的吃水要求，不时触到河底，将近八时才抵达坑口村(Hong-How)。在坑口村的北侧，中国守军已横跨河面搭起一条坚固的屏障。这道屏障由宽 20 英尺的木桩组成，中央开口处则用巨大的废弃物堵住，里面填满石头，沉入水中。在左岸的侧翼防线，有一座要塞遭到“复仇神”号炮击。这座要塞虽然予以回击，但守军在英军小分队靠近时就落荒而逃。小分队摧毁要塞上的九门大炮，把整座要塞炸毁。

在接下来的四个多小时里，英军努力从障碍物中开出一条通道，在“复仇神”号汽船的桅杆上装上滑轮，把河上的木桩拉走。在这次行动中，大约有 200 名当地人前来帮忙。显然，他们都非常渴望清除河道上的堵塞物。

下午四时，英军抵达一座军事据点，只用一发炮弹就赶跑守军。随后，他们摧毁多处建筑，还击沉一艘载有一门 9 磅炮和两门抬炮的中国战船。

傍晚六时，“复仇神”号停船过夜，次日天亮再次启程，在七时 3月15日
十五分抵达广袤的潭州村(Tam Chow)。这里的中国军队装备火绳枪，但还是被英军的火枪击溃。英军途经三座被毁的要塞，最后抵达赤坭镇(Tse-Nai)，当地的海关大楼已经倒塌。还有一艘战船虽然配备七门大炮，船上的人员却在英军靠近时弃船而逃。“复仇神”号又经过三座空无一人的要塞，接着驶入莲花塔南侧的主航道，下午四时抵达黄埔。

在过去的三天里，英军按照斯科特上校的命令，共摧毁 5 座要塞、1 座炮台、2 个军事据点和 9 艘战船，以及 115 门火炮和 8 支抬枪。英军取得这些战果不费一兵一卒，仅有三名水手受了轻伤。[1]

就在英军勘察内河航道的时候，广州城附近的另一座要塞已被先遣部队攻克。至于河南岛南面的航道，“复仇神”号曾在 3 月 5 日首次到那里骚扰，“摩底士底”号和“司塔林”号(Starling)后来也作过一步勘察。英军获悉，中方已在澳门水道的要塞上修好新

〔1〕 *Annual Register*, Vol. 83, p. 483. Bingham, *Narrative of the Expedition to China*, Vol. 2, p. 168. Bernard, *The Nemesis in China*, p. 179 &. c.

3月12日 的防御工事，一批木筏已横跨河面就位，另一批易燃的木筏也在部署中。这些战备活动都违反了广州知府在6日与英方达成的停战协议。[1] 霞毕上校将这些情况报告给伯麦爵士，并通知中方暂停所有备战活动，否则英军就要攻打要塞。从英军发出通知开始，中方有一天时间落实英军的要求。3月13日午后，也就是这一期限截止时，中方仍未表现出任何求和的意向。于是，霞毕上校在下午五时左右发动进攻。

澳门水道要塞坐落在河中的一座小岛上，是一座圆形工事，上面有22门大炮，一批木筏在其正面组成一道防线。侧翼的河南岛上还有一座炮台，配备八门大炮。霞毕上校的舰队船只包括"摩底士底"号，由"马达加斯加"号和"司塔林"号拖行，另有隶属于"布朗底"号、"康威"号、"先驱者"号、"宁罗得"号、"卑拉底斯"号和"巡洋"号的多艘小船。这次进攻非常成功。虽然中方的猛攻富有针对性，但不到半小时，英军就攻陷所有工事，只有三人受伤。

英军认为暂时不必摧毁澳门水道要塞，遂派海军陆战队先占领要塞，并在木筏的西端设岗守卫。陆战队留在要塞里，负责对付中方的火船。另一支部队部署在要塞和河南岛之间的地带，他们
3月14日 在第二天撤离。

3月 如前所述，义律上校乘坐"复仇神"号在15日抵达黄埔。次日，他下令派一艘船挂上休战旗，沿着澳门水道开往上游，与广东
3月 方面接洽。16日午后，"复仇神"号便奔赴澳门水道要塞，在距离当地防御工事约1.25英里处停下，升起一面事先准备好的白旗，准备与岸上展开对话。"复仇神"号派一艘小船开过去，同样也插着休战旗，但没等这艘小船靠岸，左岸的一座中方炮台就率先开炮，同时开炮的还有当地守军的一支舰队，他们停在河上木筏防线的远端。英军立即收起休战旗，"复仇神"号频频发炮，随即返回澳

---

〔1〕见页98【原稿页96】。

门水道要塞,当晚便开往黄埔。霞毕上校接到义律的命令,再次向中方宣战。

义律上校认为,中方对休战旗做出无礼的举动,应立即受到惩罚。虽然伯麦爵士还在虎门的“威里士厘”号上,英军先遣队不等他的批准,早已做好进攻中方要塞的准备。

3月17日上午,义律上校、霞毕上校和其他海军军官离开黄埔,与澳门水道要塞的部队会合。他们达成一项总计划,决定调集所有战舰,把它们编成四支小分队,向中方发起进攻。其中三支小分队负责主攻,另一支小分队护送已经驶入航道的“海阿新”号继续西行,包围一天前见到的多艘中国舰船。英军判断,那些舰船很可能会沿着小河逃往佛山。

霞毕上校担任这次联合行动的总指挥,“布朗底”号的胞祖上校统领舰队,“康威”号舰长比休恩出任副官。三支小分队在东侧水道行动,分别由巴罗中校(Charles A. Barlow)、克拉克中校(Thomas J. Clarke)和库尔森上尉(Coulson)指挥。第四支小分队,也就是西线分队,由卑路乍中校和沃伦中校调遣。卑路乍中校亲自驾驶“海阿新”号,在复杂的水道中敏捷地穿行。

3月18日中午左右,除了还没抵达的“先驱者”号,整支队伍从澳门水道要塞出发,进攻敌军的各座炮台。起初,英军主要进攻木筏附近的戈登炮台(Gordon Battery)(22门大炮)和后方高地上的另一座炮台(9门大炮)。尽管守军顽强抵抗,但胞祖上校率领着英国水兵和海军陆战队员,掀起狂风暴雨般的攻势。大约半小时左右,这些炮台又遭到300码外“摩底士底”号的正面打击,同时在侧翼还受到“马达加斯加”号和“复仇神”号的炮击。马德拉斯炮兵团的军官坐上“马达加斯加”号和“复仇神”号,亲自监督两艘船只开炮。[1] 另一方面,“阿尔吉林”号和“司塔林”号穿过炮台对面

〔1〕“马达加斯加”号上的大炮由福尔斯中尉(Foulis)指挥,“复仇神”号上的大炮则由摩尔上校(Moore)和加比特上尉指挥(W. M. Gabbett)。

的木筏防线，在“青春女神”号(Young Hebe)和“路易莎”号的护航下，围攻战场上的中国舰队。英军舰队陆续攻克花园炮台(Garden Battery)和上方炮台(Upper Battery)，主力部队随后加入战斗。广州南面的防御工事只剩下码头上的一座沙袋炮台、红炮台要塞(Red Fort)、弹药库炮台(Arsenal Battery)和荷兰佬要塞(Dutch Folly)，这些炮台最终都被英军拿下。卑路乍中校和沃伦中校率领他们的船队从花地溪(Fa-Ti Creek)出发，占领西侧的沙面要塞(Shameen Fort)。下午二时三十分左右，广州城已完全落入英军舰队之手。〔1〕

伯麦爵士从霞毕上校那里得知英军的行动计划，随即乘“海阿新”号的快艇从虎门动身。但当他抵达战场时，战斗已基本结束。义律上校乘坐“复仇神”号进入封锁区，拜访英国商行。大约下午四时，英军再次升起英国国旗，距离上次升旗已近两年。〔2〕

3 月 19 日，中英双方重新开始谈判。在此之前，琦善的职位已被其他人取代，他本人奉命前往北京，后来和家眷一起被处以死刑。〔3〕 20 日，义律上校和琦善的继任者、钦差大臣杨芳达成停战协议。当天，杨芳宣布开放广州贸易，并允许当地居民和外国人自由接触。义律上校也通知英商，中方不会像上次谈判那样要求签订保证书。〔4〕 义律并不反对中方处罚进口违禁商品或从事走私的行为，甚至可以按英国国内的类似罪名量刑，但必须免除人身拘留等刑罚；他还宣布，英方同意支付常规的口岸费用和其他已经确定的税费。〔5〕

为了让贸易区的中国居民树立信心，义律上校向海军高级军

---

〔1〕 *Annual Register*, Vol. 83, p. 488. Bernard, *The Nemesis in China*, p. 196.

〔2〕 义律上校于 1839 年(译者注：原文记为 1869 年，应有误)5 月 27 日离开广州。见页 23【原稿页 22】。

〔3〕 这项死刑后改为流放。

〔4〕 见页 21—22【原稿页 19】。

〔5〕 Ch. Rep. X, page 181.

官霞毕舰长下令,[1]把18日以来就停在城外的战舰调离停泊点,与澳门水道要塞的距离拉长一倍。霞毕立即执行命令,但实际效果并不能令人满意。贸易活动在三月底就陆续恢复,英军撤离部分兵力,其实是因为自身实力不足,中方也丝毫没有减弱对侵略者的敌意,这种情绪可以从3月26日晚发生的一件事得到印证。当时,一艘英国小船驶向澳门水道的“伯兰汉”号军舰,途中撞上一艘中国船只。英国小船上有两名海军军官,名叫图尔(Toole)和布莱(Bligh)。他们的同伴菲尔德先生(Field)发现船只下沉,立即跳到中方的船上,随后渐渐驶远。但两名英国军官从此失踪,菲尔德先生的尸体则在4月1日冲上澳门海岸,身上留有搏斗的伤痕。[2]

长期以来,英国人都很少得到中国人的尊重。许多人生活在中方的管制下,随时面临着潜在的危险。3月28日,英军从舟山收到一条消息,进一步证实这一点。正如第十章所述,舟山岛的英军在2月23日就已撤离。3月20日,一艘名叫“佩斯汤基·伯曼基”号(Pestonjee Bomanjee)的船只从英国出发,载着供给海军舰队和陆军使用的物资,一路航行到舟山停靠。指挥官史蒂德船长(Stead)没有看见英军的踪影,便上岸向中国人了解情况,并接取一些淡水。就在这时,他和同伴遭到当地居民的袭击。史蒂德船长倒在地上,看上去已经丧命,受伤的船员便回到船上。随后,这艘船又遭到多艘中国战舰和武装小船的攻击,只好在第二天往南 3月21日
航行。[3]

英军获悉这个消息,立即派“哥伦拜恩”号前往舟山和镇海,向其他从英国开来的所有船只发出预警,并把大英女王全权代表的一封照会交给中国官员。

3月26日,“麦尔威厘”号离开中国,部署在中国南方的英国

---

〔1〕伯麦爵士已返回虎门的“威里士厘”号军舰。

〔2〕Ch. Report X, p. 291.

〔3〕Bingham, *Narrative of the Expedition to China*, Vol. 2, p. 181.

海军力量减少。自从 1840 年 7 月在舟山遇袭以来,“麦尔威里”号
的状况始终堪忧,不得不返回英国检修。“萨马兰”号在 29 日跟着
1841 年 3 月 回国,“马达加斯加”号和“皇后”号分别在 30 日和 31 日前往加尔
各答。伯麦爵士乘坐“皇后”号前往印度,希望尽快与印度总督商
讨未来的行动计划。[1]

---

〔1〕关于这个问题,麦克菲尔森写道:“迄今为止,英国海陆两军指挥官的活动多次受到义律上校的妨碍并阻挠,英国国旗频频遭到中国人的轻视和侮辱。英军的行动尚未得到大英帝国的褒奖,并给清政府带来长远而有益的影响,英军的所有行动就中断了。指挥官决定立即前往加尔各答,向印度总督反映事态发展的情况。” McPherson, *The War in China*, p. 111.

第十四章 1841年4月1日至5月23日事件

面对英军的坚船利炮，广州城毫无抵抗之力。英军此时却在 1841年4月1日
全权代表的指示下，选择按兵不动，目的是希望尽早恢复贸易。他
认为，即便英方占领广州城，建立新政权，管治也会岌岌可危，倒不
如维护中国地方官权威，这对于恢复贸易来说是最佳选择。此前
一直在澳门的义律上校返回广州，暂住英国商馆，由海军陆战队护 4月5日
卫。第二天，广州知府余保纯到商馆与义律商谈恢复贸易事宜。 4月6日
广州城贸易得以恢复如常，仍由行商[1]经办。行商宣布，对外商 4月12日
贸易征收的税费与上一年持平。[2] 当日，商人霍雷肖（Horatio）
带着货物从黄埔港起航，他是自广州城被围后第一位离港外商。

如前所述，这时候中方在广州的最高统帅是杨芳。他是三月
初琦善被革职后道光帝新任命的四位钦差大臣之一。另两位大臣
奕山[3]和隆文，坐轿经陆路抵达广州。为避开英国海军，他们不 4月14日
走惯常的水路。与二人同行的还有新任署理两广总督祁埙。最后
一位是曾任四川提督多年的齐慎，他稍晚一些才抵达广州。

目前广州城的三位大臣里，最有影响力的是杨芳。尽管他已经70多岁，精力却比几位年轻的同僚更加充沛。奕山是皇侄，颇

---

〔1〕 见页9—10【原稿页6】。
〔2〕 Ch. Report X, p. 234.
〔3〕 奕山被道光帝授“靖逆将军”封号。

得道光帝宠信，传言称[1]他无恶不作，纨绔成性。他正值壮年，却耽于享乐，胆小怯懦，毫无指挥才能，因此，他的“首席钦差大臣”的头衔只是徒有虚名。隆文出身满族，是皇帝的亲信，和奕山一样，因力主抗英而获得任命。

4月16日 广州知府余保纯再次拜访义律上校，转交钦差大臣杨芳的照会。照会表示，新到任的几位钦差大臣将会继续依约履行此前与英方全权代表达成的临时停战协议。余保纯还告知义律，杨芳已发布一份安抚贸易的公告。义律闻讯后以个人名义发表声明称，任何有关英方正在备战的传言都是恶意造谣，并表达对广州城居民的友好态度。[2]

4月17日 义律离开广州，前往澳门。贸易已经基本恢复正常，但同时大批中方部队又进驻广州城外高地，且数量持续增加，这令人十分不安。中方官员的解释是，这些援军在停战消息送到前就已被皇帝派出，他们必须等圣旨到来才能返回驻地。

4月初，英方就已重新占领香港岛。这时候，英国军队正有条不紊地在岛上驻扎下来，同时兴建一些防御工事，早前“麦尔威厘”号返航英国时曾留下十门大炮。[3] 岛上的城镇土地被规划为建设用地后公开拍卖。5月1日，《香港政府宪报》(*Hongkong Government Gazette*)创刊。该报当日报道，第26团上尉凯恩(William Hull Caine)担任香港治安长官(Chief Magistrate)，有权依据《军纪法》《海军法》对不服从治理人员进行处罚，处罚形式包括监禁并处苦役(三个月以下)、罚金(400元以下)及笞刑(100鞭以下)。

1841年 5月初，广州贸易活动十分兴盛。部分原因是商人们担心通

[1] Davis, *The Chinese* I, p. 101.

[2] Ch. Report X, p. 234.

[3] 香港当时的战备状态并不紧张，伯麦爵士在报告中称，1841年8月时岛上一门大炮都没有架起。*Admiralty Records*.

商状态随时会因战事而中断，备战是众所周知的事实，这一阶段的中外关系因而异常紧张。甚至，一名中国人因公开谈论时局，竟在广州街头遭到当众杖罚。 5月8日

尽管欧洲人在广州的活动范围不能超出商馆，但他们得到可靠消息称，广州城附近驻扎的中国军队正在增加，佛山铸造厂锻造的大炮正经由水路运至广州，有的装备给旧工事，有的装备给商馆后面正对珠江的新工事。5月初，前任钦差大臣林则徐率2 000名士兵离开广州，驰援宁波及其附近区域。随着林则徐的离开，广州驻防确实有所减弱，但并不能以此断定，杨芳及其同僚领导下的部队会因人数减少而大受影响。

义律上校乘坐“复仇神”号回到广州，义律夫人同行。[1] 在中 5月10日
方官员眼中，义律的这一行为表明他相信中方是善意的。然而，第二天，他与广州知府会晤，加之收到线报，令他发现广州的钦差大臣们仍在准备打仗，当下的和平关系能否维系是未知数。

面对这种情况，义律随即决定当晚离开广州，乘坐“复仇神”号 5月12日
抵达香港，与英国海军和陆军指挥官商议。商议的结果是，暂时推迟本来准备在几天后启程的厦门远征，[2]英军必须做好在广州一带重新开战的准备。“哥伦拜恩”号于11日从东面归队，该舰舰长发来的报告进一步反映出中国官员对英国人的所作所为。此前它从舟山前往镇海时，克拉克中校曾向中国官员送达英国全权代表的照会，但未收到复照，中方还禁止与“哥伦拜恩”号进行任何沟通。等待24小时后，“哥伦拜恩”号开往香港。这次巡航的主要收获是确定有关舟山和镇海的备战报告完全属实。

义律从香港前往澳门，再次奔赴广州。广州城这时候已经乱 5月17日

---

〔1〕此前外国人不得携家眷进入广州，义律夫人是第一位踏足广州城的欧洲妇女。

〔2〕计划参与厦门行动的舰船包括“伯兰汉”号、“布朗底”号、“硫磺”号、“海阿新”号、“宁罗得”号、“巡洋”号、“司塔林”号、“阿特兰特”号以及多艘运输船。参见Belcher, *Narrative of a Voyage Round the World*, Vol. 2, p. 177. 原定起航日期是5月12日。

成一片，中国官员完全不再掩饰战备状态，大批广州居民因战争将至而出城避难，外商也纷纷开始转移财物。从佛山运来的大炮架设在新建的炮台之上，内河沿岸炮台从城郊的一端绵延到另一端，形成一道几无缝隙的火力线。随着越来越多的士兵和枪炮进驻河边的庙宇和仓库，义律上校向中方官员发出抗议，认为这种行为公然违背原本可以令广州城免受战火的停战协议，但他收到的只是中方一系列显而易见的托词。在这种情况下，英军舰队重返广州
5月18日 显然已刻不容缓。除了伤兵和马德拉斯土著步兵第37团的部分士兵留守外，驻港英军全数上船。所有战舰和运输舰均集结完毕，无奈风速太小，风向不定，直到19日才得以起程。在此之前，英国战舰从未尝试越过虎门。但此前完成的详细勘测表明，河道可以容纳这一吨位的船只通航前往广州。于是，“伯兰汉”号跟随着“阿特兰特”号，一路沿江北上。抵达大蚝后，“伯兰汉”号驶离主航道，即黄埔水路，绕过法国人岛（French Island）和哈丁顿岛
5月21日 （Haddington Island）最南端，进入澳门水道，在距离广州城6英里的位置下锚。

先前制定的战略是从黄埔水路一侧和澳门水道一侧同时围攻广州城，因此，海军兵分两路，“伯兰汉”号、“布朗底”号、“硫磺”号、“海阿新”号、“宁罗得”号、“摩底士底”号、“卑拉底斯”号、“巡洋”号、“哥伦拜恩”号、“阿尔吉林”号、“司塔林”号，加上汽轮“阿特兰特”号和“复仇神”号共同组成左侧分队从澳门水道作战，而“加略普”号、“康威”号、“先驱者”号和“鳄鱼”号组成右侧即黄埔分队。

与此同时，广州城内外国人的情形十分危急。尽管署理知府[1]5月20日发布指令，保证任何伤害外商的行为都将受到严惩，但义律上校认为还是有职责建议商馆中的所有英国及他国商人在日落前撤离广州城。中方闻讯后又再次公告，向外国居民保

〔1〕此处官员指余保纯，在3月3日、3月6日的珠江战役中一直与义律上校保持对话。

证他们是绝对安全的，呼吁外商留在商馆内。然而，外商们更愿意接受义律上校对时局的看法，不相信中国官员的态度。外商基本全部撤离广州城，只有两家美国公司的几个人留下，他们认为在美国商馆里待上一晚并无风险，故打算推迟到第二天上午再离开。

英军舰队中的小型舰船，即“摩底士底”号、“卑拉底斯”号、“阿尔吉林”号和“复仇神”号，沿着澳门水道北上，大约下午6时在沙面炮台(Shameen Battery)南侧下锚。义律上校自己登上“复仇神”号，英国商领邓特的两艘商船——“路易莎”号快艇和“曙光”号(Aurora)纵帆船——也停泊在英国商馆前，商馆里的护卫队已先行撤离。日落前，除前述几位美国人外，所有外国人均已撤离，广州城里一片死寂。军舰上的士兵发现，沙面炮台已经用沙袋加固，附近又建起两座新炮台，其中一处竖立着一门大型火炮。英军确知，这些炮台的守军是一支精选的先锋队，指挥官是四川老将段永福。

夜晚悄悄过去。但在晚上10时至11时左右，“摩底士底”号前甲板的哨兵发现几艘小舢板正顺着潮汐漂过来。这些小船连成一线，瞬间起火。哨兵这时方才看清楚，它们都是火船，由铁链两两相连，船上满载火药。这次进攻被英军防住，未造成任何损伤。驾驶火船的中国水勇直到靠近“摩底士底”号时才乘小舟撤离，许多人在撤离时被海军陆战队射中，沙面炮台和其他炮台一齐向英军舰队开火。英舰立即反击，但夜色昏暗，难以瞄准炮台的确切位置。起初，“路易莎”号和“曙光”号未遭沿岸炮台攻击，但中方的一支武装部队随后冲进商馆区域，对准两艘商船开火，船上索具稍有损坏，但幸运的是，两艘船最终逃至澳门水道的安全位置躲避。

两方交火持续一夜。期间，中国军队又一次试图用火船进攻英国船只，但和前次一样，还是以失败告终。广州的这一系列进攻显然有预谋，因为位于三门溪浩官要塞附近的“鳄鱼”号也同时遭到类似袭击。“鳄鱼”号历经千辛万苦才击退这些相连的火船，其中一些火船一度逼近，距舰首仅有10码。[1]

5月22日 22日天一亮，在“加略普”号舰长霞毕的指挥下，“摩底士底”号、“卑拉底斯”号、“阿尔吉林”号和“复仇神”号一同向沙面炮台进发。在一支先头登陆部队的配合下，英军把沙面要塞的炮台完全摧毁。随后，“复仇神”号溯江而上，抵达缯步(Tsing-pu)，在这里发现了一支由火筏和战船组成的中方小船队。“复仇神”号击毁32艘火筏和43艘战船，上午8时返回广州。[2]

中国方面在数日后公布对此次战役的记录，可笑地反映出当时中方官僚谎报军情的情况。奕山呈给道光帝的奏报首先详细描述了进攻外国人的战备部署，接着有这样的语句：“须臾火焰冲天，帆樯船舵，随风旋转，逆夷呼号之声，远闻数里，纷纷落水。自子至寅，共烧西路白鹅潭逆夷大兵船二只，大三板船四只，小艇三板数十只，此外东路二沙尾烧小三板数只。”[3]

在英军舰队进攻沙面炮台和中方船队的同时，外国商馆正遭到广州暴民和奕山手下约2 000名官兵的袭击，后者表面上是派来搜寻武器装备，其实却和暴民一样大肆抢劫。回城时，军官们下马步行，马背上则装满劫掠来的财物。

前一晚选择留宿商馆的美国商人共有五人，分别是莫斯先生(Morss)、柯立芝先生(Coolidge)、米勒先生(Millar)、泰勒先生(Taylor)和古特雷斯先生(Guiterres)。21日晚上9时，停在黄埔的美国商船“莫里森”号(Morrison)在二副的指挥下派出两艘小船前来商馆。22日早上6时，米勒先生、泰勒先生和古特雷斯先生动身前往黄埔。因此，当暴民袭击商馆时，只有莫斯先生和柯立芝

[1] *Annual Register*, Vol. 83, p. 508. Bingham, *Narrative of the Expedition to China*, Vol. 2, p. 195.

[2] 指挥官霍尔(W. H. Hall)称，此种情形下在缯步登陆是可行的。Bernard, *The Nemesis in China*, pp. 215 - 216.

[3] Ch. Report X, p. 347. 译者注：中文录自《靖逆将军奕山等奏为乘夜焚击在粤省河英船折》(道光二十一年四月初三日)，《鸦片战争档案史料》，第3册，页445。

先生在馆内，莫斯先生急忙登上“复仇神”号，逃过一劫，但柯立芝先生却被俘，押往奕山的指挥部。他在那里发现乘船去黄埔的几名同伴也沦为俘虏，他们戴着镣铐，其中几个人还受了伤。原来，他们的船离开商馆没多久就被清军截获。尽管他们声称自己是美国人，但清军不相信，仍然将他们关进大牢，戴上镣铐，还用铁链把他们捆绑在一起。〔1〕

傍晚时分，在商馆大肆劫掠的奕山部队被召回，暴民则被行商手下的一帮带枪苦力暂时控制住，随后被官差遣散。

义律上校当天向广州居民发布一则告示，提醒他们英方对这座城市已是第二次手下留情。他明确提出，如果钦差大臣及其军队不在12小时内撤离，英军将对广州城实施军事管制，届时广州城的所有财物都将被收缴归于英国女王。

英国舰队直至早晨才全数开抵广州城附近，海陆两军的指挥官换乘小船前往广州城刺探军情，并同英方全权代表进行商议。 5月23日
这时候，北上河道的通航能力还不明确，卑路乍中校自告奋勇前去探路，得到辛好士爵士的批准。当日他便动身，侦查部队共由9艘船组成，包括“都鲁壹”号的舰载艇〔2〕、“皮纳斯”号(Pinnace)、两艘警卫船、“硫磺”号的快艇以及“摩底士底”号、“卑拉底斯”号、“阿尔吉林”号和“司塔林”号的多艘警卫船。其中，“都鲁壹”号的舰载艇和“皮纳斯”号配有火炮。

卑路乍中校乘坐“硫磺”号的快艇，主要负责侦查工作，小分队的其他船只由戈德史密斯上尉(George Goldsmith)指挥，负责保护。靠近泥城(Nei-ching)时，那是前一日部分清军火筏和战船编队被毁的地方，他们发现另有许多清军船只停驻在水面，意图阻止英军通过这一水域。舰载艇上的火炮立即开始扫除障碍，短短几

〔1〕根据某一份文件的说法，曾有人提议将这些商人斩首，因为用英国人的首级可以换取赏金。

〔2〕这艘工作艇实际装备在“伯兰汉”号上，“都鲁壹”号军舰则在香港。

分钟，13 艘快船[1]、5 艘战船和 10 只小船灰飞烟灭，残余力量沿西面的一条支流溃逃。这条河道两岸停驻着众多由铁锁相连的备战火筏，但英军无暇将其摧毁。

由于清军占领着不远处的山头，卑路乍中校不能暴露他的小队人马，所以，他用绳索把自己吊高到最大一艘船的桅顶，这个高度足以令他侦查四周环境。通过此次侦查，他确定陆军部队选择在这里登陆完全可行。只要有炮兵队助攻，登陆部队必定势不可挡，就能从这里攻打广州城北面高地上的炮台。

卑路乍中校返航时在缯步登陆，将该处一座炮台的 5 门小炮钉死，未折损一兵一卒，并俘获 1 艘 60 桨的大型快船，然后在晚间 11 时与舰队会合。[2] 此外，有几艘当地船只在这次日间行动中被俘获。这些船能够运送 2 000 兵力外加杂役和补给品，一路顺流而下，漂往舰队下锚地。

---

〔1〕一种细长形状的船，划桨众多，由于速度快而得名。
〔2〕*Annual Register*, Vol. 83, pp. 505, 508.

第十五章 广州之战：1841 年 4 月 24 日至 6 月 1 日

确认在广州西北角登陆的方案可行后，郭富爵士和辛好士爵士决定在 5 月 24 日展开行动，海陆两军总司令都希望用这一方式来庆祝女王的生日。 1841 年

中方官员显得十分忧虑。天一亮，一艘挂着议和旗的小船驶近“海阿新”号，但英国全权代表拒绝接受任何提议，钦差大臣派来的几名通事只好返回城中。

由于作战计划未能在午前制定完毕，英军先将一批中文告示带上岸，在靠近河南岛的一侧发放，告知中国民众：为庆祝女王生日，届时将鸣放礼炮，他们无需惊慌。作战命令在上午下达，部队将在正午时分登陆，将士们配有两日的行军干粮。

英军对广州城内和附近郊县的情况知之甚少，所以事先无法制定十分精准的行动方案。但英军决定登陆的主要位置选在广州城西北侧，派一纵队攻取商馆，并与海军力量相配合，针对已经延伸到广州城整个南面的中方河上防线发起进攻。

正午，舰船鸣响皇家礼炮。下午 2 时，士兵用餐完毕，部队从澳门水道的停泊点出发。“硫磺”号沿着北侧航道（North Channel）一路领航前往缯步。同时，由沃伦中校率领的小型舰队驶入珠江，目标是迅速拿下广州城南。这支舰队包括“海阿新”号、“摩底士底”号、“巡洋”号、“哥伦拜恩”号、“宁罗得”号和“卑拉底斯”号，其中“宁罗得”号和“拉底斯卑”号受命攻打沙面炮台，“海阿

新”号停在英国商馆水域，掩护部队登陆，其余三艘战舰往东移动，攻打荷兰佬炮台及更远处的防御工事。

进入珠江后，风速减弱，加之水流湍急，舰队行进缓慢。部队几乎未遭遇抵抗，只是在经过红炮台时遇到五艘清军火船的攻击。英方舰队轻而易举地击退这些火船，其中三艘士兵在北岸着陆，并放火引燃岸边的几座兵器库和房屋。在执行这项任务的过程中，舰队还受到北岸荷兰佬炮台附近据点的火力攻击，[1]随后马上发起进攻。经过半小时左右的交战，这些据点全部没了动静，守军溃逃。

确定英国商馆没有清军防守后，英军向“阿特兰特”号和“阿尔吉林”号发出预制信号，促其驶近岸边。大约在下午5时，普拉特中校率领的纵队[2]从汽船上岸，未遇到任何抵抗就占领商馆。普拉特中校派兵驻守商馆四周，义律上校也抵达商馆，继续勘察周围情况。突然，普拉特中校听到公所[3]方向传来哭喊声，进去发现是柯立芝先生及其他被俘的同伴。[4] 他们饱受折磨后获释，在当天早些时候被人带到这里。这群人中有五人伤势严重，随即被送上军舰接受治疗。

“阿尔吉林”号由于吃水较浅，经过“海阿新”号时，奉命继续驶向荷兰佬炮台的东侧，负责攻打荷兰佬炮台和法国佬炮台（The French Folly）之间一处正在兴建的工事。尽管英方将士极其英勇，但中方炮火十分猛烈，打击精准。“阿尔吉林”号是一艘双桅横帆船，船上火力有限，无法招架。“海阿新”号和“摩底士底”号的舰载艇受命赶去增援。得到增援之后，尽管已是傍晚7点30分，天色几乎全黑，“阿尔吉林”号舰长梅森上尉还是决定联合两艘舰载

---

〔1〕3月18日该炮台被拿下，此后未再派驻防。

〔2〕详情参见附录B，页237。【原稿页233】

〔3〕行商主要的办公场所。

〔4〕见页113—114。【原稿页112】

艇对岸上工事发起猛攻，又派出一支小分队登岸，负责赶走守军，将炮台上的火炮封钉。完成任务后，几艘舰船在返航途中遭到沿岸几栋相邻房屋里清军抬枪和火枪的猛攻。每艘船上均有五六名士兵重伤，“摩底士底”号舰载艇上一名士兵阵亡。[1]

前文已经提到，黄埔的海军要配合澳门水道海军的行动。5月24日近午，海军高级军官霞毕舰长接到辛好士爵士的命令，向他介绍当日的作战计划，并要求他参与行动。霞毕上校于是带领“加略普”号和“康威”号全体人员沿河直上，奔赴“鳄鱼”号所在的浩官要塞。“鳄鱼”号奉命越过律劳卑要塞，北上行进。霞毕上校和比休恩上校则率舰尽可能推进，并未遭到清军火力打击。接近日落，只见“阿尔吉林”号一路东行，攻击岸上炮台。霞毕上校急于增援，遂与比休恩上校一同上前，但船身不幸被法国佬炮台射出的火炮击穿，不得不暂时撤退。

等到天一黑，比休恩上校就带着一支分队增援“阿尔吉林”号。其他人马在霞毕上校的率领下，在25日凌晨2时许赶赴现场。霞毕上校是高级军官，这时候负责指挥全军。勘察清军防线后，他认为重型机枪比“阿尔吉林”号搭载的舰载炮更适合用来夺取岸上据点。于是，他下令让其他船只继续向东行驶，自己着手联络正在岸上攻打英国商馆的普拉特中校。荷兰佬炮台附近有一片沙洲，舰队要去支援“阿尔吉林”号，但即使吃水最浅的“摩底士底”号也不确定能否顺利通过。霞毕上校于是决定装备三艘小型炮船，[2]这些小船从清军那里俘获一直停在海军船坞。装备工作在白天完成，期间“阿特兰特”号曾试图拖行“海阿新”号和“巡洋”号穿过暗礁，但三艘船在荷兰佬炮台附近全部搁浅。“摩底士底”号试着穿行到它们南侧，也在河南岛岸边搁浅。这些船只有等待下一次涨

5月25日

[1] Ch. Report X, p. 418.
[2] 32磅炮，25英担。

潮才能移动。[1] 当日，位于荷兰佬炮台西侧的“宁罗得”号和“卑拉底斯”号炮轰广州城中心和郊区，流弹引发大火，火势持续数小时。

5月26日 26日清晨，“摩底士底”号终于顺利通过暗礁，联合“阿尔吉林”号和另外三艘炮船前去攻打法国佬炮台。这座工事在早上9时开火还击，但很快就被打得静下声来。同时，炮台侧面起火，大火引燃沿岸邻近郊区一些在建的新炮台。比休恩上校带领登陆部队，一举摧毁这些据点。

这样，广州城最后一个沿岸防御工事也落入英军手中，英军已完全掌控通往黄埔的直接水路交通。

5月24日 5月24日下午，驶向北侧航道的舰船包括“硫磺”号、“司塔林”号和“复仇神”号，其中“复仇神”号率领一支由70至80只运输船组成的编队，船上除士兵外，还载有弹药和物资。这些船只大小不一，装载量从50人到200人不等。像大多数的中国渔船一样，它们船身中部有船舱，能够为士兵遮挡阳光。由于队伍庞大，“复仇神”号行进速度十分缓慢。整个过程中英军没有遭遇任何敌方火力。下午6时，船队抵达缯步。在选定好的登陆点附近，卑路乍中校下令让“硫磺”号下锚。由于天色已晚，仅派出“复仇神”号上的第49团登陆。郭富爵士带领步兵团中一些人手从岸边出发，往内陆进行勘查。尽管清军前哨近在眼前，但一路上他们只遇到一些清军散兵。天黑时分，郭富爵士和步兵团探路小分队回到缯步，占领村庄，在营地东面设立岗哨。

5月25日 这一夜主要工作是装卸弹药和物资。25日天一亮，队伍开始前进，共派出4支队伍，构成如下：[2]

---

〔1〕Bingham, *Narrative of the Expedition to China*, Vol. 2, p. 222.

〔2〕兵力情况详见附录B，页241及以下【原稿页233】。

第 4 旅(左翼)…………第 49 团莫里斯中校指挥
第 49 团……………斯蒂芬斯少校(T. Stephens)指挥
马德拉斯土著步兵第 37 团……达夫上尉(Daniel Duff)指挥
孟加拉志愿兵队……………………米上尉指挥
第 3 旅(炮兵)………………皇家炮兵团诺尔斯上尉指挥
皇家炮兵团……………………斯宾塞中尉(Spencer)指挥
马德拉斯炮兵团………………安突德上尉指挥
工兵和坑道兵队………………科顿上尉(Cotton)指挥
12 磅榴弹炮 4 门、9 磅野战炮 4 门、
6 磅野战炮 2 门、5.5 英寸迫击炮 3 门、
32 磅火箭弹 152 发
第 2 旅(海军)………………皇家海军胞祖上校指挥
　海军第 1 营…………………皇家海军马他仑上校指挥
　海军第 2 营…………………皇家海军巴罗中校指挥
第 1 旅(右翼)………………布耳利准将指挥
　皇家爱尔兰第 18 团………亚当斯中校(Adams)指挥
　皇家海军陆战队……………艾利斯上校指挥

部队从缯步开出后，广州城北高地逐渐出现在视线里，高地上修有四座坚固的炮台，另有依山而建的城墙，共同拱卫着广州城所在的平原。缯步与广州城之间是高低不平的丘陵地带，低处是梯田，高处是墓地，炮兵的行进速度因此异常缓慢。先行抵达炮台附近的步兵团奉命暂停前进，原地隐蔽，炮兵部队到达。早上 8 时，炮兵部队的两门 5.5 英寸迫击炮、两门 12 磅榴弹炮、两门 9 磅榴弹炮已投入战斗。他们的打击目标主要是西面的两座炮台，这两处炮台在步兵团隐蔽期间炮火持续不断，不过并未给英方造成伤亡。

广州城外的这四座炮台由砖石建成，互不相连，构成一个不规

则的四边形，西面的两座位于一条南北向的山脊上，靠近广州城；东面两座离城墙较远，建在另一条与城墙几乎平行的山脊上。[1]两条山脊相距约半英里，城墙的地势比这两处略高，距最远的一座炮台约 700 码。因此，英军西面的部队在行进中配有双重防线，以抵御来自高处城墙上的猛烈炮火。

炮兵部队进攻的同时，步兵的作战方案已制定完毕。根据清军炮台的地理位置，步兵计划组成梯队从左面进攻。在马德拉斯土著步兵第 37 团和孟加拉志愿兵队的掩护下，第 49 团受命沿着最左侧前进，首先攻占耆定堡北侧的山头，随后进攻耆定堡。布耳利准将同时率领第 18 团进攻前方一座由重兵把守的山头，继而占领永康台，攻占西侧两座炮台则是海军旅的任务。就在战役即将打响之际，西侧城郊突现一大波清军，威胁海军部队的侧翼安全。因此，海军陆战队除负责帮助第 18 团外，还要派出一部分力量来掩护右后方部队。

5 月 25 日上午 9 时 30 分

一切准备就绪，战役正式打响，三支队伍同时出发。面对第 1 旅和第 4 旅的进攻，东侧炮台的清军并未坚持正面迎战，而是借着发射火箭弹的硝烟撤退到山坡背面。相比之下，西侧炮台的抵抗坚决得多。凭借侧面城墙的防御优势，清军一直浴血奋战，死守炮台，直至被英军用云梯攻占。至此，广州城外炮台在开战后仅半个多小时已被英军悉数占领。

上午 10 时 30 分

炮台交火期间，一支清军部队从广州城西门出发，沿一条狭窄的堤道前往缯步。当时，位于登陆点的英方守军只有第 18 团和第 49 团的 60 名士兵以及马德拉斯土著步兵第 37 团的 14 名印度兵。发现情况紧急，停泊在缯步附近的“硫磺”号和“复仇神”号立即派出登陆部队增援。他们成功击溃清军，将其携带的野战炮封钉。清军阵亡及重伤约 30 人。

英军占领的城外地带大都位于城墙火力的射程之内。城墙上

〔1〕这些炮台分布如下：西侧山脊上是拱极台（Kung-Keih-Tai）和保极台（Paon-Keih-Tai）；东侧山脊上是永康台（Yang-Kang-Tai）和耆定堡（She-Ting-Pao）。

的炮火旷日不断，英方人员多有伤亡，海军部队伤亡尤重。一路埋伏作战的清军发动几次突击，多从东侧进攻，意图袭击英方左翼，但被第49团成功击退。敌方突击队以附近一座村庄为大本营，再次攻击英军的侧翼和后方力量。第49团受命驱散驻扎的清军，表现十分英勇。一小时后，一位中方高级将领[1]抵达突击营，很显然，他们计划发动新一轮进攻。郭富爵士随即决定，尽管天气炎热，必须摧毁清军突击营。任务交由皇家爱尔兰第18团、第49团以及一部分海军陆战队执行，由布耳利准将指挥，目标是一举挫败清军的突袭计划，追踪他们的营地。前往清军大本营的唯一路线是一条狭窄的沿河堤道，这条路完全暴露于高处城墙的火力之下。英方在突围途中损失惨重，[2]但他们顽强奋进，最终击溃驻扎的清军，焚毁营地和房屋，炸毁所有武器弹药，但清军仍然没有从城墙撤退的迹象，布耳利准将受命暂且退回高地。

下午2时许

丘陵地势使得物资运输异常困难，直到这时候，只有少量最轻便的武器和一小部分弹药运至高地。不过，在永康台架起的5.5英寸迫击炮已成功摧毁城墙上的两座主要弹药库。郭富爵士希望乘胜追击，一举攻下城墙，夺取这片能够俯瞰全城的战略要地。然而，没有炮兵部队的协助，这一计划显然无法实现。运送枪炮的部队起码要等到第二天才能穿越泥泞的沼泽，再经崎岖的山路抵达。这种情形下，前锋部队只好暂且安营扎寨。

5月26日

上午10时许

除城墙上的零星炮火，这一夜过得很平静。早晨，英军翘首以盼炮兵部队的到来，这样夺取高地的任务才能圆满完成。然而，枪炮还未就位，广州城墙上忽然竖起白旗。郭富爵士派译员罗伯聃前往确定原因。一名中方人士表示，中国官方希望停战。郭富爵士回应称，他与辛好士爵士只接受与中方最高将领谈判；为了让对方愿意前来，英方将在谈判进行的两小时里悬挂白旗休战。郭富

〔1〕事后确认该将领是满清将军杨芳。

〔2〕4名军官和若干士兵在此受伤。

爵士还补充一点，即英方全权代表此时正率领英国海军部队停驻在广州城南，如果两小时内全权代表没有收到他的消息，或是他未能与中方将领达成令人满意的和谈，白旗将被降下。

这一信息在中午时分送出，但因双方一直在沟通，英国的白旗直到下午 4 时还在飘扬。郭富爵士见对方迟迟没有露面，下令将白旗降下。不过，中方却没有跟着降旗，白旗一直飘在城墙上。郭富爵士在发回英国的报告中称："这（中方挂白旗）倒挺方便，这样我可以指挥枪炮开火，而不用担心我的士兵受伤。"

不料天气突然大变，暴雨如注，原定于下午或傍晚大举进攻的计划被迫取消。不过，第二天一早攻城的准备工作已就绪。除一门 12 磅的野战炮因运输车故障无法参战，其余所有火力均严阵以待，定于 7 时开火，攻城行动则在一小时后开始。行动由四支纵队配合展开：海军陆战队组成的最右侧纵队将穿过一座废弃的小村庄，攻取圆形堡垒西侧，这座堡垒守卫着广州城北门；右路纵队是海军部队，主攻圆堡东侧；由皇家爱尔兰第 18 团组成的左路纵队目标是五层楼附近的城墙；而第 49 团组成的最左侧纵队将攻打五层楼东面的另一座堡垒，这座堡垒正对面就是永康炮台，受炮台火力掩护。马德拉斯土著步兵第 37 团和孟加拉志愿兵队留守高地，用步枪协助各纵队深入。左路纵队计划攻取的这段城墙约 28 至 30 英尺高，不过在英军猛烈的炮击之下，估计很快就会坍塌。

5月27日　27 日清晨，停战的白旗依然飘扬在广州城头。因 7 时即将开
上午6时15分　火，郭富爵士正准备派译员前去说明，英方并不认可停战。这时候，一名英国海军军官来到营地，带来一封全权代表致他和辛好士爵士的信函，内容如下：

英国皇家海军"海阿新"号军舰

广州

5 月 26 日晚 10 时

先生们：

我很荣幸向你们介绍我与中国政府官员商谈并就解决本省诸多难题而达成下述事项：

1. 钦差大臣及所有外省军队限6日内退至广州城外60里；

2. 7天内向英方交付600万银元；其中100万在明日日落前兑付；

3. 全部款项付清前，英军原地待命；款项付清后，英军撤出虎门，并交还横档要塞；直至双方就所有问题达成一致，中方才能重新派兵驻防；

4. 7天内赔偿英国商馆和西班牙帆船"米巴音奴"号[1]的损失。

为完成上述安排，特此要求你们在中午前暂停军事行动。

（签名）义律

英国全权代表

郭富爵士与辛好士爵士收信时的心情不难想见。此时距离开战仅45分钟，按原计划他们一定能拿下广州城，但义律上校未与作为海陆指挥官的他们二人商议，就定下停战方案，导致他们的部队不得不继续在城北高地停留数日，完全暴露在城墙炮火之下。

作战计划因此取消。郭富爵士与辛好士爵士会见了一直要求和谈的杨芳将军。会谈冗长无趣。郭富爵士向杨芳说明，他正在等待全权代表的进一步消息，后者此时正在与当地官员重新磋商。中午，义律上校返回，双方商谈结果是英方决定暂停一切主动军事行动，高地上的部队开始安营扎寨。 上午10时

英国商馆自24日起已被英军占领。第26团从英国商馆出发，前往广州城北，除留下一支侧翼留守缯步外，其余悉数加入高 5月26日

[1] "米巴音奴"号在1839年9月12日被中方误认作鸦片走私船而焚毁。Ch. Report VIII, p. 271.

地大军。[1]

与中方官员的会晤在天黑前结束，和谈条件与义律上校发回的信函内容基本一致，只是增加一项附加条款：延迟兑付将导致赔款额增加。[2] 停战协议由大将军奕山、钦差大臣隆文和杨芳、两广总督祁𡎴、广东巡抚怡良联名签署，细节事宜则交由广州知府余保纯处理。[3]

5月28日 正午，余保纯与郭富爵士在城下会谈。此时，外省大军的撤离计划已制定完毕；一名中方官员获准穿过英军防线，为撤军安排驻地。

5月29日 义律上校允许中方外省部队携带武器从东北城门撤离，但不得挂旗或奏乐。29 日当天，三分之二的赔款已支付，这些银两被运上军舰，放在甲板上。一切迹象表明，停战协议正在如约完成。据悉，所有赔款最终由行商支付，中国当局只是为行商们先行垫付，也就难怪他们付钱如此干脆了。[4] 奕山等人在给道光帝的奏折中报称，协议中的 600 万赔款只是某些行商欠英商的货款，因行商无力支付，故由当局垫付 280 万两（折合约 400 万元），行商将分

---

〔1〕 *Historical record of the 26th Regiment*, p. 191。

〔2〕 *Annual Register*, Vol. 83, p. 513.

〔3〕 奕山及其同僚上奏道光帝时，解释他们与入侵者和谈的理由如下："迨初七日，城内居民纷纷递禀，吁恳保全阖城民命。又据守陴兵丁探报，城外夷人向城内招手，似有所言，当即差参将熊瑞升埤看视，见有夷目数人以手指天指心。熊瑞不解何语，即唤通事询之。据云：要禀请大将军，有苦情上诉。总兵段永福喝以我天朝大将军岂肯见尔？奉命而来，惟知有战。该夷目即免冠作礼，屏其左右，将兵仗投地，向城作礼。段永福向奴才等禀请询问，即差通事下城，问以抗拒中华，屡肆猖獗，有何冤抑？据称：㖞夷不准贸易，货物不能流通，资本折耗，负欠无偿。因新城之外两边炮火轰击，不能传话，是以来此求大将军转恳大皇帝开恩，追完商欠，俯准通商，立即退出虎门，交还各炮台，不敢滋事等语。旋据众洋商禀称，该夷央该商等转圜，只求照前通商，并将历年商欠清还，伊即将兵船全数撤出虎门以外等情。"译者注：中文录自《靖逆将军奕山等奏报英军攻击省城并权宜准其贸易情形折》，《鸦片战争档案史料》，第 3 册，页 462—463。

〔4〕 Ch. Report X, p. 403.

四年归还。[1]

广州城周边居民并不接受钦差大臣签订的停战方案。英军登陆缯步后不久,附近村庄居民自发组成民兵队,16 岁至 50 岁之间的男性全员参加,这支队伍自称为"义兵",目标是剿灭"番鬼",原因是英国军队滋扰他们的祖坟,这一行为令他们极其愤怒。一大群义兵集结在城北高地英军后方约三四英里处。 5月30日中午

这支队伍不断靠近,人数持续增加。很显然,他们的目的是要驱逐英军。假如城内的中国军队此时不顾停战协议再次突袭,那么,我们的防守将异常艰难。布耳利准将下令全军警备,随时应对从城内发起的进攻;同时,郭富爵士带兵往北驱散民兵。参加此次行动的英军部队包括第 26 团右翼、第 49 团和马德拉斯土著步兵第 37 团的 3 支连队。孟加拉志愿兵队和皇家海军陆战队留守,协助应对可能出现的突袭。

在撤离高地的途中,郭富爵士一行遇上约 4 000 名民兵,对方占据着沿河堤岸的有利地势。普拉特中校奉命率第 26 团突围,第 37 团从后协助,这群民兵很快就被击溃。第 26 团还找到他们在附近村庄的大本营,炸毁他们的弹药库。甫一开火,中国民众就丢盔弃甲,四散而逃,英方未损一兵一卒。

骄阳似火,第 49 团、孟加拉志愿兵队和皇家海军返回营地,郭富爵士率领苏格兰卡梅伦步兵团和马德拉斯土著步兵第 37 团继续向北前进,密切侦查占领高地的民兵。[2] 民兵数量在两小时内激增,根据视线里的旗帜数量推断,人数已达七八千。中午行动未能及时用上的火箭炮,此时已经安置完毕。中国民兵大举逼近,郭富爵士下令开炮,但收效甚微。见到暴风雨将至,对方又士气高昂,完全不同前次,郭富爵士决定立即出动一个步兵团驱散。恰好 下午3时

---

〔1〕 Ch. Report X, p. 406. 道光帝批准了这一做法。钦差大臣们声称,这笔贷款有足额担保,因此必能如期归还。

〔2〕 期间,副军需长比彻少校(R. Beecher)因中暑不治身亡。

孟加拉志愿兵队归队，可以增援现有兵力，他们由郭富爵士的副官戈夫上尉(J. B. Gough)指挥，听到中方军队刚刚集结的消息，随即加入战斗。[1] 第 26 团从左侧进攻，任务是拿下前方的几座小山头；第 37 团的目标则是清军主力部队，他们已重新占领白天被捣毁的营地。第 37 团的右后侧由孟加拉志愿兵队掩护，志愿兵队此前已成功驱散一座军事要塞的清军，现奉命前来保护正在最前线奋战的第 37 团。英国军队稳步推进，中国民兵团节节败退。第 37 团在主力部队左侧派出一支小分队，与第 26 团的右翼互相配合。

下午 4 时

这时候暴雨倾盆，燧发枪大多被雨淋湿，无法施展威力。郭富爵士认为，这种情况下继续追击并不明智，于是下令部队撤退回营。第 37 团派出的联络小分队本应与第 26 团会合，但 5 时左右队伍集合时，却发现他们并未加入第 26 团，下落不明。燧发枪被淋湿后，第 26 团曾受到民兵团的大肆袭击。因此，比较合理的解释是，小分队也遭遇敌人围攻。由于皇家海军陆战队是唯一装备有撞击式步枪的队伍，陆战队随即派出两支连队寻找失踪的小分队。

下午 8 时

步兵第 37 团指挥官达夫上尉随同前往。黄昏时分，救援队伍在距离营地约六英里处发现失联的第 37 团小分队，几千名中国民兵已将他们团团围住。[2] 海军陆战队一阵扫射过后，敌人很快溃散。相比之下，第 37 团连队的印度兵纪律井然，在几无伤亡的情况下顺利脱身。下雨天火枪无法使用，中国民兵装备的长矛和弯钩具有优势，他们在向英方防线底部突围时，擒住并杀死英军一名士兵。除此之外，英军仅有 15 人受伤，其中一人是军官。所有部

晚上 9 时

队返回大本营。

---

〔1〕戈夫上尉因中暑身体不适，民兵首次被驱散时，他返回营地休息。但得知敌人再次进攻，他立即返回战场，途中遇孟加拉志愿兵队。

〔2〕这支小分队的指挥官是哈德菲尔德中尉。郭富爵士在给英国政府的报告中写道："这些印度兵在极其艰难的情况下依然纪律严明，服从指挥，我尤其要感谢哈德菲尔德中尉、德弗罗中尉和伯克利少尉。"

第二天一早，郭富爵士派人告知广州知府，如果再次出现来自中方的攻击或类似的挑衅行为，双方的战争状态将立即恢复。义律在中午抵达。同时广州城传来消息，广州府将与英方全权代表和海陆司令在城下会谈。 5月31日 12时

这天一早，北面小山上暂未发现新的敌人，前一晚他们在那里被驱散。但不久后，又出现大量类似义兵的民间部队。上午，根据义律的停战协议，约 7 500 名外省大军从广州城内撤出。由于这些士兵持有武器，郭富爵士确信，他们势必会加入村民的组织。这群民间队伍的数量已达到 15 000 人。面对随时可能出现的袭击，一方面，英军做好全方位应对准备；另一方面，郭富爵士与到访的广州知府面谈。对方孤身一人来到英军营地，就凭这一点，郭富爵士认为，撤出广州城的军队与那群集结的村民之间并无关联。在会谈中，广州府也断言这群民兵是无知之辈，他们的行为与中国官方的愿望完全相悖；如果英方愿意派出一名官员，他也会派一名官员一同前往，劝说村民放弃斗争，就地解散。孟加拉土著步兵(Bengal Native Infantry)第 34 团副军法署长(Deputy Judge Advocate General)摩尔上校自愿前往，广州府派出署理知府余保纯同行。广州府的命令一到，村民们立刻解散，自此之后英军未受到任何义兵侵扰。当天傍晚，中方已付清 500 万元。义律上校对于余款的担保情况比较满意，倾向于让英军部队从广州城外高地撤离，返回军舰。鉴于中方外省部队也如期撤离，[1]郭富爵士同意义律上校的决定，部队开始为回舰做准备。 下午2时

白天，枪炮弹药运往缯步，中方派出 800 名苦力协助运送。[2]护送弹药的部队包括第 26 团、皇家海军陆战队、马德拉斯土著步 6月1日

〔1〕截至此时，约 14 500 名士兵已出城，另有 3 000 名被河道阻挡，剩余部队在等待接驳船只抵达后撤离。

〔2〕这些苦力的费用由英方承担。Bingham，*Narrative of the Expedition to China*，Vol. 2，p. 243.

兵第 37 团和孟加拉志愿兵队。中午，英国国旗降下，剩余部队与海军旅一同撤出要塞，返回缯步。下午 3 时，所有部队登舰完毕，同前次一样，由“复仇神”号负责领航。晚上，部队各自回到所属军舰。[1]

〔1〕*Annual Register*, Vol. 83, pp. 493 - 514. Bingham, *Narrative of the Expedition to China*, Vol. 2, p. 195 & c. Ch. Report X, pp. 390, 402. *Historical record of the 26th Regiment*, p. 192.

第十六章　华南形势——璞鼎查接替义律：1841年6月2日至8月24日

6月初，广州城北的大部队沿河南下返回香港。香港宣布为 1841年
自由港。作为军事基地，香港起初感觉比舟山宜居。然而，在广州 6月7日
一直健康的部队回到香港后纷纷染病，不是热病，就是疟疾或痢疾。那些在舟山幸免于难的士兵终究还是没能敌过肆虐的病魔。气候原因加之连日辛劳，一大批病员最终不治，其中包括海军高级
军官辛好士爵士。他在香港“伯兰汉”号军舰上离世，6月17日下 6月13日
葬于澳门。[1]

伯麦爵士乘坐汽轮“皇后”号自加尔各答回到香港。一份发布 6月18日
的公告称女王任命他为新一任联合全权代表。 6月22日

英军撤离后，贸易恢复如常。6月中旬，12艘外国商船出现在黄埔港，其中两艘是鸦片船。广州城很平静，人们回归日常生活。随外省部队一同撤离的有靖逆将军奕山和参赞大臣隆文，隆文不久即病逝。[2] 离开广州前，奕山和他的同僚向道光帝提交了一份联衔奏折，叙述战事经过。这份奏折摘录有上文第125页协议的部分内容，另附一些补充材料。奏折称，尽管广州战败，但经过他们有效的外交斡旋，广州城最终得以保全，外国军队被迫退出

---

〔1〕根据*Annual Register*, Vol. 83, p. 209，他去世的主要原因是“胜利在前而意外停战”令他感到屈辱。

〔2〕Ch. Report X, p. 424.

虎门。

早在4月就已制定的厦门作战计划，因为广州战事紧急而一度搁置，如今重新被提上日程。但由于军中病疫，进攻厦门的计划不得不再次推迟。海军病员太多，军舰根本无法出海，有些军舰看
6月30日 起来不像作战船，更像是医务船。陆军情况也不容乐观，据统计，2 900多名作战人员中542名染病。[1]

7月21日 7月21日和26日接连刮了两场台风，令军中病情雪上加霜。第一场台风吹垮了临时搭建的医务室，可怜的病员苦不堪言。不仅如此，这场台风还导致伯麦爵士和义律上校乘坐的"路易莎"号在从澳门返回香港途中沉没，两位全权代表差一点被中国人抓走。7月20日，"路易莎"号从澳门起航时天气很好。但21日清晨，当它正预备驶向大屿山西南侧时，忽然间北风狂作，"路易莎"号无奈下锚。但她停泊的位置不佳，北风越吹越猛。上午10时，她只得弃链减重。这一海域小岛棋布，"路易莎"号数次成功躲过沿岸嶙峋的礁石；但不幸最终于下午在一座小岛边触礁沉没，幸好船上人
7月22日 员都安全爬上小岛。[2] 第二天一早，岛上居民发现了他们，其中一名澳门船夫带他们来到一座小村庄，并把他们扣押在那里。直

---

〔1〕病员详情如下：

马德拉斯炮兵团	精兵206人，病员11人；
皇家爱尔兰第18团	同上845人，同上122人；
第26团	同上360人，同上57人；
第49团	同上384人，同上59人；
孟加拉志愿兵队	同上170人，同上8人；
马德拉斯土著步兵第37团	同上639人，同上261人；
印度枪炮兵队	同上75人，同上2人；
马德拉斯工兵团	同上250人，同上22人；
	合计：2 929人　542人

海军方面，据伯麦爵士7月7日报告称，几日前海军约700名病员，仅"康威"号一艘上的病员就有67名。

〔2〕包括伯麦爵士、义律上校、波克勒克勋爵(Amelius Beauclerk)、海军准将副官摩根先生(Morgan)、仆从、船员等，共计23人。这天一早，副舰长欧文(Owen)被海浪冲下甲板，不幸丧生。Ch. Report X, p. 407.

到7月23日，两位全权代表、一名副官及一名仆从才得以坐船返回澳门。一艘中国船只经过，他们藏身在席子下才躲过一劫。其余人员直到7月25日才返回澳门。

整个7月，香港的陆军力量在接收总部和第55团增援后得到加强；海军新到"飞礼则唐"号(Phlegethon)，这是一艘与"复仇神"号极为相似的船。随着7月6日"加略普"号、7月17日"康威"号的离开，军舰力量又有所减弱。这两艘军舰各载有约200万元赔款。义律上校留下约33万元，打算作为1839年3月被毁鸦片的赔偿金，[1]但这一安排随后被英国政府驳回。[2]

台风导致香港许多士兵居无定所，苦不堪言。加之他们希望获得较好的医疗救护和居住环境，导致抱病人数激增。7月底，全部3 380人中竟有783名病号。[3] 然而，医院情况恶劣。一些人出现可怕的溃疡，最终发展成坏疽；一些人已经愈合的伤口又裂开。印度土著兵团似乎病情最为严重，马德拉斯土著步兵第37团一度只剩下100名左右可作战士兵，2名军官丧命，剩余16名军官中仅一人能够指挥战斗。大家赶工为病员建造营房，好抵御昼夜温差变化，结果在建房过程中个个发烧。从前在广州城北高地驻扎时，他们也经历过类似极端的温差。[4] 7月31日

"飞礼则唐"号抵港时，消息传到中国当局：义律上校的行事

〔1〕见页23—34【原稿页21】。

〔2〕*Annual Register*, Vol. 83, p. 284.

〔3〕

部队	精兵	病员
马德拉斯炮兵团	精兵206人	病员34人；
皇家爱尔兰第18团	同上837人	同上136人；
第26团	同上352人	同上45人；
第49团	同上381人	同上58人；
第55团	同上568人	同上23人；
孟加拉志愿兵队	同上166人	同上65人；
马德拉斯土著步兵第37团	同上609人	同上391人；
印度枪炮兵队(Gun Lascars)	同上76人	同上4人；
马德拉斯工兵团(Madras Engineers)	同上245人	同上27人；
	合计：3 380人	783人

〔4〕McPherson, *The War in China*, p. 168.

引发英国政府不满，[1]璞鼎查爵士(Henry Pottinger)将接替义律
8月10日 上校成为新任全权代表，并兼任首席商务监督。璞鼎查在海军少
将巴加爵士(William Parker)的陪同下，在6月5日离开伦敦，巴
加爵士接替懿律少将新任海军总司令；随后他们乘坐英国东印度
公司汽轮“西索斯梯斯”号(Sesostris)，8月10日晚上抵达
澳门。[2]

8月11日 这时候，义律上校和郭富爵士都在澳门。璞鼎查爵士到任第
二天即举行一系列会议。随后，他正式进驻首席监督办公室。巴
加爵士则继续前往香港，接管海军。

8月12日 巴加爵士返回澳门。全权代表与海陆指挥官举行会谈。璞鼎
查爵士发布告示，明确表示他到任的目标是尽快结束战争，为中国
带来体面而持久的和平。他警告所有外国人不得为中国政府效
力，并宣布香港相关事务须听候女王陛下的决定；义律上校此前的
一系列举措仍有效力。

8月13日 巴加爵士与郭富爵士一同乘坐“皇后”号前往香港。消息很快
传开，拖延已久的北上进攻计划即将开展。得知英军计划，广州知
8月18日 府余保纯赶赴澳门会见全权代表，意图劝说他们放弃计划，但璞鼎
查拒绝接见他。[3]中英官方对话在这一时期几乎完全停止，但广
州贸易十分兴盛。此后华东和华北地区的局势似乎完全不影响广
州，各阶层民众漠不关心，就好像那不过是一场别国参与的战事。

8月21日 英军从香港出发北上。璞鼎查同一时间乘坐“皇后”号离开澳
8月22日 门，到访香港，并在22日加入北上大部队。晚间，“阿特兰特”号悬

---

〔1〕对璞鼎查爵士的任命日期是1841年5月14日。义律与琦善1月20日签署协议，导致舟山重归中国人控制，英国政府闻讯后决定立即撤换义律。

〔2〕Ch. Report X, p. 475. 7月28日，“西索斯梯斯”号曾在槟榔屿(Penang)附近偶遇皇家海军“宁罗得”号，璞鼎查爵士由此得知5月广州之战的情况。

〔3〕Davis, *The Chinese*, Vol. 1, p. 153.

挂着伯麦爵士[1]的三角旗离开大部队，驶向澳门。该船从澳门前往孟买。船上除伯麦爵士外，还有卸任的全权代表义律上校及其家属。 8月24日

〔1〕1841年3月，伯麦爵士因健康问题提出申请回国，8月12日辞职。他获准在东印度地区继续悬挂三角旗。

第十七章 厦门的军事行动：1841年8月25日至9月4日

1841年 8月21日从香港出发北上的舰队构成如下：测量船“班廷克”号(Bentinck)[1]开道，左右两艘领航船分别是“都鲁壹”号和“布朗底”号，其余舰船分为三队。

左路分队：“皇后”号、“飞礼则唐”号、“哥伦拜恩”号、7艘运输船和“卑拉底斯”号；

中路分队：“威里士厘”号、“伯兰汉”号、“马里昂”号(Marion)、6艘军需船和“巡洋”号；

右路分队：“西索斯梯斯”号、“复仇神”号、“摩底士底”号、8艘运输船和“阿尔吉林”号。

8月25日 天气很好，航行顺利。晚间，舰队在厦门外港下锚，期间与厦
8月26日 门外围群岛上的清军发生零星交火。第二天清晨，璞鼎查爵士在巴加爵士和郭富爵士的陪同下，登上“飞礼则唐”号视察周遭情况，发现厦门的设防不堪一击。

厦门城坐落在厦门岛南岸，与西侧小岛鼓浪屿相隔一道狭长的海峡。海峡两侧地势高，靠近厦门的东侧高出海平线约200至300英尺，崎岖而陡峭。厦门城南连绵的山峦是一道天然屏障，城郊和乡镇则沿海峡东侧分布。沿岸建有长达一英里的花岗岩炮

---

[1] 这艘船是东印度公司的测量船，被称为“威廉姆·班廷克夫人”号(Lady William Bentinck)。今年早些时候，伯麦爵士在加尔各答对其进行评估后，安排其转入皇家海军服役。此后，该船改名为“伯劳弗”号(Plover)。

台，共有96门火炮，炮口上方架有石板和泥灰建造的防护台，结构类似碉堡，守兵能藏身其间。炮台南面有一道依山而建的石壁，从与海岸线平行的一座高山上顺势而下，向内陆延伸约半英里。

海峡另一侧与厦门相隔仅600英尺的鼓浪屿岛上也遍布炮台。为阻断两侧炮台的配合作战，英军决定同时进攻海峡两岸，并同时开展登陆作战。

从“飞礼则唐”号返回途中，海军和陆军的下一步作战计划已制定完毕。就在部队为进攻做准备时，中方一名小官乘坐悬挂白旗的小船前来，质问英军派大批部队进驻内港的缘由。该官员补充道，如果英国人不是来做生意，那么应在“触怒天威前”离开。英军交付来使带回一份由全权代表签署的致福建水师提督的最后通牒，内容是鉴于去年英方在天津提出的要求未得到履行，现要求中方立即投降，让出厦门。[1]

下午约1时15分

风向正好。因未收到中方回音，舰队起锚开动，向目的地进发。领航的“西索斯梯斯”号立即遭遇中方猛烈炮火，“皇后”号随即加入战斗，两艘船向海峡东侧炮台发动攻击。不久，“班廷克”号联同“威里士厘”号、[2]“伯兰汉”号加入，在距离主炮台约400码的位置抛后锚停泊。“巡洋”号、“卑拉底斯”号、“哥伦拜恩”号和“阿尔吉林”号继续向南行驶，主攻左侧防线，为陆军在附近登陆做准备。

下午1时30分

进攻鼓浪屿的任务由“布朗底”号胞祖上校负责，“都鲁壹”号与“摩底士底”号协助。三艘军舰在开火。经过1小时20分钟的炮战，打哑了岛上3座清军主力炮台。登陆命令下达。登陆部队包括“都鲁壹”号和“布朗底”号上的海军陆战队以及运输船上的第26团人员。命令下达后，行动立即展开。由于军舰距离岸边更近，海军陆战队率先登陆，在第26团到达前已占领岛上的东侧炮

下午2时

下午3时20分

---

〔1〕见页54—55。

〔2〕璞鼎查爵士和巴加爵士在“威里士厘”号上。

台。第 26 团的三支连队负责协助陆战队占领其他各处炮台，并驱散清军残部。除东侧炮台有些许抵抗外，整座岛屿几乎没有防守，许多守军不战而逃，乘船去往厦门。英军未损一兵一卒，占领全岛。

进攻厦门岛的行动同时展开。"威里士厘"号和"伯兰汉"号于下午 2 时 30 分开火，许准备登陆。登陆部队由汽轮船"复仇神"号和"飞礼则唐"号运送，包括第 18 团、第 49 团、炮兵队和工兵团。登陆地点位于清军防守石壁 400 码开外的一处海湾。第 18 团的任务是翻越石壁，第 49 团则要穿越花岗岩炮台与海岸线之间的狭长地带，越过炮口上方的防护台，夺取各炮台。行动十分顺利，清军几乎完全无招架之力，炮台守军纷纷溃散，逃往厦门城内。[1] 英军追击至厦门城郊，"威里士厘"号和"伯兰汉"号上的一部分水手和海军陆战队员加入炮兵队。郭富爵士命令队伍占领前方一座崎岖的小山，在这里仍能听到岸边的隆隆炮声。

下午 3 时

这时候，依靠炮兵和工兵部队协助，火炮已架设完毕。指挥官郭富爵士下令进攻厦门城外的高地，扫除攻城的最后一道障碍。右翼的第 18 团负责拿下一座陡峭的峡谷，峡谷由两座炮台防守；第 49 团受命穿越城郊，夺取西面山头，打通与舰队的联络途径。期间，清军几乎未开火还击就选择逃逸。黄昏时分，英军占领城外高地，厦门城完全暴露在英军炮火之下。

拿下鼓浪屿后，胞祖上校命"都鲁壹"号留守小岛，"布朗底"号率"摩底士底"号和"阿尔吉林"号驶向内港。[2] 途中，军舰摧毁沿岸的一些炮台，俘获 26 艘战船和 128 杆火枪。

---

〔1〕 Ch. Report X, p. 525. Bingham, *Narrative of the Expedition to China*, Vol. 2, p. 323. 另一种说法是，"'威里士厘'号和'伯兰汉'号共开炮超过 12 000 发，其他护卫舰、汽轮和小型船只的火力不计。然而，炮台完好无损，最深的弹孔仅有 16 英寸深。"Ch. Report X, p. 621.

〔2〕 结果"布朗底"号不幸搁浅，在"摩底士底"号之后才抵达。

第55团由于天气原因和汽轮返程略有耽搁，清晨才登陆，[1] 8月27日
随即加入在高地驻扎的部队。目前厦门城的平地一面已完全失防，在东北侧高地上，众多建筑拱卫着一座大本营，里面是清军司令部和其他政府机构。周围有20至30英尺高的城墙，四面各有一座城门，城门外设工事，出入口位于侧面。

勘察地形后，郭富爵士确信尽管民众从北门出入，但北门并无守兵；东门情况由工兵团的指挥官科顿上尉负责查探，第18团受命在第49团协助下攻取东门，第55团暂时按兵不动。第18团的前锋队到达东门时发现城门设有屏障，于是就近取材，用梯子登墙，轻而易举进入内城，清除路障，将大部队迎入城内。清军大本营早已空无一人，一群暴民正大肆劫掠公物。

第18团和工兵团负责驻守厦门司令部，第49团驻守一座通往厦门岛内陆的关卡，炮兵队驻守城南高地，第55团驻守附近的其他政府机构。由于鼓浪屿是拱卫厦门港的咽喉之地，英军必须暂时控制这里，决定派出约翰斯通少校率领第26团的三支连队、第18团的一翼以及一支炮兵队前往岛上驻扎，由"都鲁壹"号、"卑拉底斯"号和"阿尔吉林"号三艘军舰护卫。

由于条件恶劣，无法长时间在厦门停留，英军决定全力摧毁在 8月28日—30日
大本营军械库里发现的枪支和战备物资，这项工作在几天后完成。但由于逆风天气，直到9月4日下午2时30分，才发出登船出发的信号。在占领厦门的八日里，英军举止可谓典范。虽然大部分房屋荒无人烟，发现大量烈酒，但士兵们很少出现不端的行为。登船信号发出后4小时内，所有士兵和随员上船，没有发生一起醉酒事件。

---

〔1〕登陆过程中，1艘船沉没，5名士兵遇难。

第十八章 舟山和宁波的军事行动：1841年9月5日至10月18日

1841年 英军从厦门城撤离，福建官员立刻把这一消息吹嘘成他们打了胜仗。在发给道光帝的奏折中，他们声称厦门守军大胜英夷，只字未提被占的鼓浪屿。

9月5日 舰队继续北上，途径台湾海峡时，遭遇一阵强烈的东北风。这时正是沿海东北季风开始的时节。舰队被强风吹散，航速非常缓慢。9月16日，“复仇神”号因燃料短缺不得不在石浦(Shei-pu)靠岸，在上岸寻找燃料时与沿岸炮台守军交火，最终将对方歼灭。[1]船员收集到40吨木材；除摧毁炮台外，另焚毁3艘清军战船。

为防舰船失散，舰队在离开厦门前即约定：各船在舟山与宁波甬江入海口之间的中途岛会合。[2] 自9月18日起，各艘军舰
9月25日 陆续集结，但直到一周后才全员到齐。根据原计划，首个任务是攻
下位于宁波入海口的镇海，再沿江而上，夺取宁波。但由于天气恶
劣，巴加爵士建议先攻打受东北季风影响较小的舟山一侧，郭富爵
9月26日 士赞同这一方案。海陆司令二人一同侦查舟山的防御情况。他们
乘坐“飞礼则唐”号，由“复仇神”号护送，两艘船均从西水路驶入定

---

〔1〕 Bingham, *Narrative of the Expedition to China*, Vol. 2, p. 329. Bernard, *The Nemesis in China*, p. 302.

〔2〕 1840年战争期间，英军也曾在此停驻。中国重新收回舟山，英国政府听到消息后立即下令英军重新夺回舟山。

海港，途中受到岸上炮击。

在英军撤离舟山的 7 个月里，中国当局一直抓紧修缮被毁的防御工事。东岳山上筑起一座坚固的炮城，沿岸从东侧的工兵角(Sapper's Point)至西侧的东岳山以西建起一道城墙。然而，这样规模浩大的防线却是由泥土筑成，土城上设有约 270 个炮口，但架起的大炮不足 80 门。土城西端高地上有围城一座，城墙脚下有一座未完工的炮台，可架设 8 门大炮。从"飞礼则唐"号和"复仇神"号上只能观察到这些情况，由于无法再靠近岸边，两艘船于当晚回到中途岛停泊点。[1]

大雾，天气恶劣，大部队无法出动。在"摩底士底"号艾尔斯中 9 月 27 日
校(Harry Eyres)指挥下，"摩底士底"号、"哥伦拜恩"号和"复仇神"号出动，任务是攻克沿海土城西端未竣工的石炮台，并驱散高地上围城的守军。然而，三艘船甫一离港就遇上风暴，只得在舟山附近下锚过夜。

第二天早上，艾尔斯乘"摩底士底"号出发巡视，发现高地上围 9 月 28 日
城有重兵把守，而石炮台尚无守卫。与清军短暂交火之后，"摩底士底"号返回，率领"哥伦拜恩"号和"复仇神"号一同加入战斗。在吃水允许的情况下，舰船尽可能靠近岸边，向围城发起猛攻，很快摧毁这些临时搭建的设施，在长长的土城防线上打开一个缺口。

艾尔斯中校与"哥伦拜恩"号的克拉克中校率领 50 名士兵从岸边登陆，到达工兵角，从那里能够侦查长长的海上炮台。确定石炮台上没有架枪，他们又返回船上。军舰上发射的炮弹令中国军队无法靠近，因此他们这次并没有与敌人正面交锋。"复仇神"号载着艾尔斯舰长的报告，在向总司令送信的返程上遇到正驶向舟山的"威里士厘"号。船上是巴加爵士和郭富爵士，他们离开旗舰
换乘汽轮去往定海内港。这时候作战计划已制定完毕。第二天下 9 月 29 日

[1] Bernard, *The Nemesis in China*, p. 309.

午，舰队在港口集结后，陆军即从特兰伯尔岛（Trumball Island）[1]登陆。诺尔斯上尉带领炮兵队在岛上开建野战炮台，整个行动由“布朗底”号、“摩底士底”号和“皇后”号火力保护。

9月30日 特兰伯尔岛上的炮台完工，当晚运抵1门8磅榴弹炮和2门24磅铜管榴弹炮。在炮台建造期间，清军持续炮击。但该岛距离东岳山800码，清军火炮射程太短，完全不构成威胁。

郭富爵士作出登陆行动安排：登陆地点选在工兵角，捣毁土城的一端。加上特兰伯尔岛已有的兵力，登陆部队将编为两支纵队。右路纵队由第49团陆军中校莫里斯率领，包括第49团、海军陆战队、海军营、工兵分队和炮兵部队，加上4门山地榴弹炮和两门5.5英寸迫击炮；左路纵队由第55团陆军中校克雷吉率领，包括第55团、第18团、马德拉斯土著步兵第37团的来复枪队、工兵团、炮兵队和2门9磅榴弹炮。

10月1日 清晨，特兰伯尔岛上的野战炮兵开始炮轰东岳山上的清军炮城。一发试射后，英军精准地计算出射程，接下来弹无虚发，很快拿下炮城。“摩底士底”号和“皇后”号在岸边协助攻打东岳山。但“布朗底”号受潮水影响，无法顺利抵达预定的位置，停泊在外港的运输船上的陆军随后准备登陆。“飞礼则唐”号负责运送左路纵队至登陆点，其中第55团搭乘“飞礼则唐”号，其余部队搭小船依次跟进。海军陆战队和海军营外的右路纵队人员乘坐的“复仇神”号在靠岸时不幸搁浅，登陆稍有延迟。

登陆行动由“威里士厘”号、“巡洋”号、“哥伦拜恩”号和“西索斯梯斯”号火力掩护，清军完全无力阻挡，但在28日清军溃逃的沿海土城和高地那里，这次防守的炮兵和步兵力量大大加强，尤其是率先登陆的第55团刚上岸就遭到高地火力的猛烈袭击。郭富爵士当机立断，不等后续部队赶到，立即进攻前方清军。前锋力量只

---

〔1〕又称“麦尔威厘岛”（Melville Island）。

有三个连队，后续部队跟进支援。这些将士们在枪林弹雨中顺着陡坡奋力推进，在岸边军舰炮攻辅助下，最终成功占领高地，击溃全部守城清军。

高地一旦被拿下，沿海防线两端和后侧的清军就完全暴露在英军枪炮之下。英方炮兵部队一登陆就架起两门轻型火炮，对准海防长线开火。根据原定计划，攻打沿海炮台的任务由右路纵队负责，但因“复仇神”号搁浅，人员未能及时登陆，第18团接到命令横渡内河上的一座小桥，转道进攻沿海炮台。尽管这次不同以往，清军的防守意志极为顽强，但终究因损失惨重被迫撤离。前有大海，后是稻田，第18团沿着这条狭长的土城墙一路驱赶清军，来到东岳山下。经过特兰伯尔岛和岸边军舰的炮攻之后，第18团轻而易举地拿下东岳山。璞鼎查爵士和巴加爵士随即从“复仇神”号下船，登上东岳山顶坐镇，指挥攻打定海城的行动。

在第18团行动的同时，为保护其左翼，郭富爵士派出第55团的两支连队前往占领定海西门附近地区。随后，这支队伍连同第55团余部和马德拉斯步兵队，一起直扑西北高地。炮兵队在安突德上尉的指挥下已抵达高地山顶。清军此时已放弃西门防守，转从北门和东门方向撤退，炮兵队对准撤退清军开火。

郭富爵士率领的纵队抵达定海城下，马德拉斯工兵团架设好云梯，攻城易如反掌。下午2时，英国军队再一次登上定海城墙。

第49团这时候也成功登陆，跟随第18团沿土城一路前进，占领定海南门。整个定海城已被英军牢牢控制，城内民众闭门不出，对英军倒不害怕，也无仇视。这次未发生前次洗劫商店和民宅的行为，英军在广州和厦门的优良军纪得以保持。〔1〕

---

〔1〕 *Bulletins of State Intelligence* (1842), pp. 136 - 163. John Francis Davis, *China, during the War and since the Peace* (London: Longman, Brown, Green, and Longmans, 1852), Vol. 1, p. 190. Bernard, *The Nemesis in China*, p. 311.

清军海陆总指挥，一位葛姓将军[1]在土城率军抵抗第18团过程中英勇牺牲，另外两位将领随后自杀。从北门和东门溃逃的清军四散，混入民众之中，郭富爵士派出的搜寻小分队没有发现任
10月2日 何清军。第二天，一支由第18团和马德拉斯土著步兵第36团组成的纵队从定海城出发，前往岑港。跟停靠当地的两艘军舰会合
10月3日 后，纵队横跨舟山岛前往西岙。由第49团300名士兵组成的另一支纵队被派往东侧的沈家门（Sinkea-Mun）港口，那里停靠着另一艘军舰；第55团的3支连队翻越北侧群山，抵达北蝉（Pih-Tseuen），后去往干览（Kanlan）和马岙（Ma Aou），最后从另一条路线返回大本营。尽管这些纵队在巡岛过程中并未发现清军，但大队人马在各处出现，一个很大的作用是向岛上居民宣告英国军队
10月6日 的强大力量，更愿意归顺。璞鼎查爵士签发告示，宣布英国军队接管舟山，在大英帝国政府的要求得到认可并完全履行之前，军队将一直驻扎在这里。[2]

10月7日 此前狂暴的天气终于缓和下来，风向也变得适宜航行。除留
10月8日 下400名士兵驻守定海，主力部队再次登船出发。清晨，大部队几乎全部在中途岛集结，海军和陆军统帅与璞鼎查爵士乘“复仇神”号和“飞礼则唐”号前往视察甬江口情况。

镇海县城位于甬江口北岸，即左岸，[3]是大城市宁波的港口，宁波城距离镇海12英里。镇海县城同大多数中国城市一样，四周有坚固的城墙环绕，县城旁紧邻是一块海拔近200英尺的岬角，地势险峻，最高处筑有炮城。甬江沿岸还有几处防御炮台。右岸山势比左岸更高。据报，右岸高地上的据点有汉军和八旗重兵把守，数量约8 000至10 000人；而对岸镇海县城的守军是700人，城内部队3 000人。甬江入海口江面宽约600码，当中有木桩阻碍，仅

〔1〕译者注：葛云飞（1789—1841），字鹏起，又字凌召，号雨田，时任定海总兵。
〔2〕Ch. Report X, p. 625.
〔3〕译者注：当时英军作战地图方向是左北右南。

留有一处狭小入口，且在两侧岸上炮台的射程之内。右岸清军防守位置的右侧有一条小河，入口处也有木桩，不过可以确定的是，距离这条支流入海口不远处还有两座桥通行。在巡查过程中，“复仇神”号和“飞礼则唐”号多次遭岸上炮轰，但当晚归队后舰只未再受到任何袭击。

晚间，所有军舰和运输船只抵达镇海，随时准备开战。根据作战计划，军舰和右纵队负责攻打镇海及其大本营一侧，主力是船员和海军陆战队队员；郭富爵士率陆军部队攻打对岸，人员分成两队，左路纵队从小河东侧一处登陆，中路纵队则从小河河口靠近河桩处登陆。[1] 10月9日

天一亮，登陆部队乘坐“飞礼则唐”号、“复仇神”号和“皇后”号及运输船抵达登陆点，在小河口处的一小队清军在舰船炮火下即刻溃逃。此外，上岸过程中也没有遇到任何清军。英军开始朝清军驻地前方的山脉推进。占领一处制高点后，周围的作战环境清晰地呈现在眼前。郭富爵士在这里部署下一步进攻计划。 10月10日 上午9时30分左右

清军在小河桥上设障。为拿下这座桥，马德拉斯步兵团在第18团的协助下，先行攻占河岸旁高地上的一些房屋。另一座桥在上游约1英里处，第55团在陆军中校克雷格率领下，从左侧切入，过桥后抵达清军右后方，与即将向敌人前侧进攻的中路纵队会合，这个集结点在清军火力射程之外。

下游桥上的路障被顺利清除。尽管打开的缺口仅能容纳一人通行，150码之外还有一座火力强大且位置隐蔽的清军炮台，但马德拉斯步兵团仍巧妙地躲过袭击，安全过桥，在左岸集结，然后沿着山脚逐步推进。第18团也以同样的方法过桥，继续行进。

这时候，第55团已到达作战位置，但因为地势缘故，无法架炮，只能在火箭弹的掩护下展开进攻。右侧的第49团遭到清军前

---

[1] 纵队构成情况详见附录B，页246—251。

所未有的强烈抵抗，在艰难的情况下仍沿山地稳步推进，扫除一个又一个清军据点后，最终占领山顶的堡垒和炮台，控制了河口。马德拉斯步兵团和第18团占领那座优势炮台后，继续深入左侧，穿过清军大本营。第55团此时正沿面向镇海一侧的山坡下行，途中击溃一支清军残部，约有1 500名曾经斗志昂扬的精兵。这些士兵大多选择跳江，试图游往对岸的镇远城，不少人不幸溺亡。另有一部分选择藏匿在山上，但随后山头也遭舰队炮击，约500人被俘。这样，在11时左右，小河右岸的清军阵地已全部落入英军掌控之中。

对岸的海军舰队同时也在鏖战。临近9时，“飞礼则唐”号、“复仇神”号就率“布朗底”号和“摩底士底”号停泊在岬角炮城以北的作战地点，以占优势的火炮大举进攻岸上据点。海面十分平静，退潮时水位降低，“威里士厘”号缓缓陷入岸边淤泥中，如同一座岸上炮台。尽管距离岸上目标射程较远，[1]但军舰炮击效果很好，岬角高地上的炮城和镇海城墙前临海的炮台被打哑，防御工事完全被毁。11时左右，当运输船运送右路纵队登陆，准备爬上高地进攻炮城时，对岸已经扬起英国国旗。登陆很顺利，基本没有遇到任何阻碍。海员和海军陆战队员们攀上陡峭的岩壁，一举拿下山顶的炮城，守城清军早已逃往县城。

右路纵队的霞毕上校现在考虑的问题是，是否应该一鼓作气向镇海县城发起进攻。他重整队伍，决定向前进发。城墙上有重兵把守，山脚下两座炮台亦有守军，正遭受对岸郭富爵士指挥的炮兵队的炮击。另外，在英军占领的山顶炮城火力围攻下，两座山脚炮台很快失守。现在，城墙是仅剩的目标。城墙高约26英尺，英军从两处攀上城楼，[2]很快就完全控制镇海城，守城清军从西门溃逃。郭富爵士很希望加入攻城，无奈甬江上所有船只都被敌人

〔1〕约1 300码。
〔2〕巴加司令是最早登城的人员之一。

撤走，他们无法过江，只能在对岸高地上见证这一过程。右路纵队有一些伤亡，是清军弹药库爆炸所致，两处在山顶炮城，一处在城墙附近。

甬江入海口障碍去除后，军舰与轮船驶入内江。下午，郭富爵士率部渡江，接管镇海城。上午攻城的海员和海军陆战队员各自回船。

我军在沿岸各炮台共收缴 150 门大炮，其中 60 门是铜炮，这些大炮质量均属上乘。根据“风鸢”号残骸中发现的武器残片推断，大炮和炮车都是仿英式制造的。

第二天，轮船和运输船转移到甬江口内一处供小型船只停靠 10 月 11 日
的停泊点，大型军舰则返回中途岛集结点。[1] 英军决定乘胜追
击，拿下宁波。巴加爵士乘坐“复仇神”号沿江而上，查看情况。上 10 月 12 日
游江面宽阔且没有浅滩，足够大型轮船和军舰通行。“复仇神”号行驶至宁波附近，发现宁波城毫无抵抗姿态，民众纷纷携家眷财物出城逃难。

为赶在暴民破坏前占领宁波，除留下“布朗底”号和一些守军驻扎镇海，全部舰队计划于次日清晨出动，沿江而上。大部分兵力搭乘“飞礼则唐”号和“复仇神”号，轮船“皇后”号和“西索斯梯斯”号负责护航，“摩底士底”号、“巡洋”号、“哥伦拜恩”号和“班廷克”号紧随其后。

宁波地处慈溪江[2]和甬江交汇、镇海上游约 12 英里处。由
于各种原因，舰队延误到下午 2 时后才出发。领航的军舰发现一 10 月 13 日
座船桥，右岸连通宁波城郊。英军立即占领船桥，直逼宁波城下。尽管有城墙作挡，但英军未响一枪，便破城而入，宁波城不战而降。

落入英军之手的宁波城属于大城市，人口约 30 万至 60 万，是浙江省除省会杭州以外人口最多的城市。

---

〔1〕“威里士厘”号离开时，巴加司令在“摩底士底”号升起了他的令旗。

〔2〕译者注：即姚江。

在英军抵达前，宁波所有官员已经逃离，只有一些有名望的商人留在城中。我们承诺给予他们最大的保护，如同中国政府理应做到的那样。英军贴出布告，呼吁民众重开店铺，信任逐步建立起来。部队驻扎在宁波府衙的两栋房子里，起初健康状况良好，但不
10月18日 久后出现霍乱。镇海的情况比宁波更严重，出现六宗死亡病例。

东北季风正盛，加上厦门、舟山、镇海和宁波的一系列驻防使得可用兵力不足，无法展开下一步军事行动。英国军队纷纷安营扎寨，准备越冬，等待春天到来，增援部队抵达，再重新投入战斗。

第十九章 英国军队在华情况：1841年10月19日至1842年3月17日

初到宁波时发生的霍乱疫情并不严重。在周到的食宿保障下，病员很快康复。驻军与当地民众的关系日渐融洽，英国军队一如既往地保持着优良军纪，令人称赞。 1841年10月19日

在宁波缴获的弹药武器远不如镇海的好。长达5英里城墙上仅有18门6磅炮，库房里另发现6门未架设的大炮。兵器库存放的大量抬枪、火绳枪、剑、矛以及火箭弹、火药都被销毁。金库发现价值约20 000英镑的银元，粮仓的大量存粮则以低价卖给当地居民。安突德上尉认出之前关押他和同伴[1]很长时间的那座监狱，他甚至还辨认出关押自己的那个囚笼，后来他要求将其作为纪念物带回英国，见证自己那一段残酷的经历。

前文提到，宁波地处两江交汇之地。巴加爵士和璞鼎查爵士分别乘坐“复仇神”号和“飞礼则唐”号前往西北支流即慈溪江巡查情况。江水较深，尽管有一些急弯，但不影响通航。下午约5时，舰队抵达距离宁波约40英里的余姚，被前方一座三孔拱桥拦住去路，司令和随员换乘小船继续前溯，沿途没有发现任何清军迹象。舰队第二天返回宁波。 10月20日 10月21日

英国军队的一系列行动震惊清廷上下。这时候的钦差大臣、两江总督是裕谦，接替此前因舟山失守而被撤职的伊里布。裕谦

[1] 见页61【原稿页59】。

是强硬的主战派，他反对伊里布交还“风鸢”号沉船战俘，可怜的史蒂德船长[1]落入他的手中，惨遭酷刑折磨，饱受摧残。

在裕谦的主持下，定海和镇海的防御工事重新修缮巩固。竣工时，他十分自信地向朝廷汇报这些工程固若金汤，皇帝自然很满意。无奈舟山最终失守，他在奏报中又强调，守军奋战 6 天 6 夜，最终不敌英军；天气恶劣又导致无法从镇海增援，然而，英军也损失惨重，不仅几艘军舰被毁，还有 1 000 多人阵亡。

镇海失守，身在现场的裕谦企图自杀，家丁将其救下，第二天在去往宁波的路上气绝身亡，也算遂了心愿。

10月24日 浙江巡抚刘韵珂收到道光皇帝就镇海失守、裕谦殉难一事的朱批。清廷终于意识到浙江一省的重要性，做出一系列新的任命。奕经[2]被任命为扬威将军，陈阶平、哈哴阿、胡超为钦差大臣。[3]但胡超的 2 000 名陕西兵中有半数随后奉命去往天津，仅有一半驰援杭州。杭州当地的防守也在加强。由于路途遥远，援军赶到尚需时日，刘韵珂不断催促，强调杭州及乍浦防守薄弱，只因为英军因病疫需休养调整，才能暂得安宁。

11 月悄然渡过。宁波郊外有很多消遣乐事，军官们常常外出狩猎，不过总是大队人马结伴同行，否则有被绑架的危险。各个驻地的粮食供应充足，士兵健康状况良好。只有香港情况不佳，医院病号几乎全是印度土著兵。[4]

---

〔1〕见页 106【原稿页 104】。

〔2〕奕经是皇族成员，是道光皇帝的侄子或表亲，军机处六大臣之一。

〔3〕Ch. Report XI, p. 62.

〔4〕1841 年 11 月的数据统计如下：

宁波驻军 …………	各级官兵 1 170 人，病员 91 人
厦门驻军 …………	同上　577 人，同上 0 人
舟山驻军 …………	同上　571 人，同上 0 人
镇海驻军 …………	同上　505 人，同上 25 人
香港驻军 …………	同上　1 115 人，同上 178 人
舰上驻军 …………	同上　214 人，同上 140 人
	合计：4 152 人，　434 人

璞鼎查爵士从宁波出发前往华南，浙江事务交由陆军海军两 11月11日
军司令负责。12月初，发现有民兵组织在余姚、慈溪、奉化集结， 12月
这几处地方距离宁波40英里以内，民兵队是要阻止当地居民为英
国军队提供补给。一直以来的潮湿天气在12月中旬终于结束，伴
随而来的是一场大雾，英军针对这些民兵队制定作战计划。第一
个目标是位于甬江西北支流附近的余姚。早在10月20日，英军
已经巡查过余姚防御情况。“西索斯梯斯”号、“复仇神”号和“飞礼 12月27日
则唐”号载着700名精兵（含海军和海军陆战队人员）沿江而
上。[1]“西索斯梯斯”号因支流水位过低无法抵达余姚，另两艘小
型汽船顺利通行，当晚在余姚附近下锚。郭富爵士立即率军登陆，
没有遇上任何守军。余姚城外半英里处是一座山，山上有一座设
有4门大炮的炮台，炮口对准甬江的支流河段。

白天，巴加爵士率领海军和海军陆战队员登陆，正准备攻城 12月28日
时，城里走出一些居民，告知守军已在昨晚逃离，余姚城不战而降。
英军分两路纵队从东门进入余姚巡城，海军和海军陆战队组成的
纵队负责向北方向，另一纵队负责向南方向。第一支纵队行至城
墙西北角，遇到一队中国人，约500名，他们从护城河外围用抬枪、
火绳枪向海军队员开火，但这样的攻击毫无效果。两支纵队集合
后从城墙上回击，对方瞬间溃散，逃入城外结冰的稻田里。英军继
续追击了七八英里，歼灭清军75至100人，俘虏28人。距余姚5
英里有一处军事哨所，英军焚毁哨所设施，销毁弹药、武器、衣物及
其他物品。英军当晚返回舰船，行动中唯一的一起受伤事故是“伯
兰汉”号的一名海军见习生，他被抬枪的一枚空弹壳击中，并无
大碍。

第二天，英军在余姚城内巡逻时发现一处大型官府粮仓，随即 12月29日
为当地百姓开仓放粮。“复仇神”号和“飞礼则唐”号返航，与“西索 12月30日

[1] 由镇海调来的第55团两支分队参与此次出征。

斯梯斯”号会合后向下游开动，停靠于慈溪附近一处河段，作进攻
12月31日 的准备。第二天一早，经过四五英里的航行，舰队抵达慈溪，当地官员和守城部队早已逃散，英军登陆后捣毁几处官府设施，开仓放粮，然后返回舰上，当晚回到宁波。

1842年1月1日 附录A的多个表格显示了1842年伊始英国在华兵力的构成和分布情况。海军方面，最主要的变化是旗舰“皋华丽”号(Cornwallis)抵达香港，汽轮“马达加斯加”号和运输船“纳尔不达”号(Nerbudda)损毁。“马达加斯加”号3月30日启航前往印度维修，9月13日才返回香港，随即奉命加入8月21日开始的北上作战。“马达加斯加”号9月17日离港，19日遭遇风暴。当晚船上燃煤仓起火，火势蔓延，无法控制，20日清晨，全体人员弃船逃生。海上波涛汹涌，两艘救生艇在风浪里失散，最终只有一艘靠岸。这艘小艇载有“马达加斯加”号舰长戴西和皇家爱尔兰第18团的格拉顿上尉，他们原本奉命将郭富爵士占领广州城高地的消息送往加尔各答。船上另有40名人员获救，其中有两名中国木匠；他们获救上岸后被中方扣押至1841年底，最后发现他们原来大多是美国人，于是，他们在1842年1月6日获平安送达香港。

运输船“纳尔不达”号载有一小队士兵和随军杂役，1841年9月在台湾岛北侧的基隆(Kelung)附近触礁沉没。船上全部欧洲人、2名菲律宾人和3名印度人乘坐救生船撤离，10月6日获救，被送往香港。“纳尔不达”号沉没时，船上还有240名印度人，他们大多在试图登陆时被杀。剩余一些人被中国政府抓获，在囚禁中饱受苦难，战争结束时仅有两人生还，后移送英国。[1]

原定的计划是在占领余姚、慈溪后，紧接着进攻西南方向的奉化。但由于天气不佳，直至1月10日才展开行动。“复仇神”号和“飞礼则唐”号以及后续运输船队搭载第18团、第49团、第55团、

---

〔1〕Ch. Report XI, pp. 683 - 684.

炮兵和工兵团、海军和海军陆战队人员，共计约500名，向奉化进发。郭富爵士和巴加爵士乘坐“复仇神”号同行。中午前后，汽轮被河中的一座桥拦住前路。郭富爵士和巴加爵士随即率领陆军登陆，在岸上前进，海军和海军陆战队坐小船继续航行。黄昏时分，两队人马在奉化会合。城中守军全无，英军再次不战而胜。部队 1月11日
在奉化城度过一夜。第二天一早，英军捣毁了官府设施，向当地居民开仓放粮，然后回到船上，返回宁波。 1月12日

浙江省的中心是杭州。它不仅是浙江省会，也位于京杭大运河的最南端，负责为北京输送粮食。为确保进攻杭州的行动能同宁波一样顺利，“飞礼则唐”号和“班廷克”号被派往杭州湾进行勘探，了解河口北侧卫城乍浦的防守情况。1840年，“阿尔吉林”号来过乍浦，[1]但现在的防御工事已经有显著提升。目前得到的情报是，舰队能够沿江开赴乍浦，轻松拿下，为进攻杭州打开一条陆上通道。但这时候潮水迅猛，汽轮无法逆流而动，无奈只能继续等待增援。一直等到2月，英军在华东地区的兵力才得到切实补充。第一批抵达的增援部队是第26团，他们在12月26日乘坐“朱庇特”号从香港前来。在英国招募新兵后，该团人数达到584人。部队装备方面，也因为用雷击枪取代老式燧发枪，战斗力大为提升。受东北季风的影响，“朱庇特”号到2月3日才抵达舟山，随即奉命开赴宁波。

行动这样急迫，是因为中方这时候有新动作。奕经在接到道光皇帝朱谕催促剿夷后，下令在宁波全城极力开展绑架行动，并威胁当地居民，不得以任何方式向英国人提供补给。百姓畏惧英军撤离后会被官府问罪，开始陆续出城，宁波逐渐变成一座空城，就像第一次被占领时的定海一样。另外，约35 000名清军在浙江集结，并制定详尽的作战计划，目标是包围英国军队，不让一个“夷

〔1〕见页62—63【原稿页60】。

人”逃脱。

苏格兰卡梅伦步兵团在2月7日抵达宁波。中方的作战计划尚未开始，这是英军训练新兵的好机会，部队在这时候进行集训，提升战斗效率。

2月底，有消息称，舟山驻地遭侵扰，清军试图在舟山附近的岱山(Ta-Shan)登陆。3月3日，郭富爵士和巴加爵士从宁波赶赴

3月7日 舟山。巡查过岱山后，[1]驻守宁波的侧翼部队奉命准备在3月10日乘坐“飞礼则唐”号前往舟山，但是这命令未能执行，因为3月10日一早，清军对宁波和镇海同时发动进攻。

黎明时分，清军开始进攻镇海。敌军悄悄靠近城墙，英军毫无察觉。他们主攻西门，但很快被驻守的第55团击溃，英军继续追出城外一英里，将躲进寺庙的敌人全部驱散。同时，清军试图以火船引燃停靠在镇海的英军舰船，但被“布朗底”号和“海阿新”号派船拖至岸边后爆炸，没有造成任何伤亡。

清军进攻宁波的情况与镇海很相似。凌晨2时，西南支流的江面上出现一些火船。英军着实花费一番功夫，才将这些火船拖离停泊位置最远的“西索斯梯斯”号。清军用火船进攻的同时，还用火绳枪和抬枪朝英方军舰射击，舰队立即开炮回击。宁波城西门和南门同时也遭袭击，南门清军里应外合，攻势极其猛烈，英军不得不暂时撤退，弃守南门。清军一路向城内逼近，一度抵达中心的市场。宁波驻扎部队早前已接到备战指令，听到第一声枪响后，队伍已做好武装准备。当南门失守的消息传来，在麦克安德鲁上尉(D. McAndrew)的率领下，第49团的一个连队在黑暗中沿街开赴城门。一阵扫射和拼杀后，街面上已不见清军踪影，失守的南门马上收复。

---

[1] 此次巡查由“复仇神”号执行。3月8日，英军发现一队清军后登岸作战，将其驱散，歼灭及重伤50人左右，俘虏8人，另缴获军用小金库，内有2 000元。详见Bernard, *The Nemesis in China*, p. 350. Ch. Report XI, p. 234.

英军南门守卫撤退至桥门工事一带，指挥马德拉斯炮兵团的蒙哥马利中尉(Thomas George Montgomerie)闻讯后立即带兵赶来，连同撤退的守卫前往南门。不过，在他们抵达前，麦克安德鲁上尉的第 49 团连队已经成功收复南门。蒙哥马利中尉于是继续前往西门。西门清军人数众多，但未能攻入城门。皇家爱尔兰第 18 团已先期抵达，增援西门守卫。同时，第 49 团一队人马获悉情况后发动突袭。清军不得不退出运河外，撤往郊区。郊区只剩下火枪和抬枪的零星炮火朝城墙方向发来。很明显，这一处的清军人数并不多。

蒙哥马利中尉一行到达西门时，天已经亮了。他下令两门榴弹炮立即向郊区方向开火。敌人随后退到射程以外。副参谋芒廷中校(A. S. H. Mountain)加入蒙哥马利中尉一行。两位长官商议，决定立即向郊外进军。目前，可作战的兵力只有约 140 人，包括炮兵队、第 18 团、第 26 团、第 49 团，外加两门榴弹炮，听从蒙哥马利中尉的指挥。[1]

这支部队从西门出发，行至郊外，起初未遇到清军反击。不过，离开西门约半英里之后，路上突然浩浩荡荡出现一大批清军，显然，他们决意抵抗。英军一边开火，一边不断推进。前排子弹射尽，后排立刻顶上替换，直至队伍最前端距离敌人只剩 10 到 15 步。清军后方有房屋阻挡，陷入绝境，死伤严重。一门榴弹炮架设好后，英军陆续发出三轮炮弹，清军队伍无法后退，被迫前移，但又无路可逃，场面极其惨烈。皇家爱尔兰第 18 团派出一支小分队攻打清军侧翼。他们沿运河蹚水而行，一出动就成功完成任务，清军在混乱中仓皇逃窜，顺着运河沿岸逃跑，英军紧随其后。这时候，宁波驻军指挥官陆军中校莫里斯率第 49 团部分人手前来增援。

---

〔1〕炮兵队：军官 3 名，其余人员 20 名，2 门 4.4 英寸口径榴弹炮；皇家爱尔兰第 18 团：军官 1 名，其余人员 25 名；第 26 团：军官 1 名，其余人员 13 名；第 49 团：军官 5 名，其余人员 76 名；合计：军官 10 名，其余人员 134 名。

不少中国士兵中途离队，但主力一路西行近 8 英里，逃往沙皮(Sapi)，在尝试渡江时被英军完全驱散。疲惫不堪的英军士兵随后返回，11 时 30 分左右才回到宁波。[1]

此前行动军舰基本没有参与。天亮后舰队开始出动，"西索斯梯斯"号和"飞礼则唐"号率领船队向西南方向支流移动，准备迎战清军，"皇后"号向北门移动，协助停靠在西北方向的"哥伦拜恩"号作战。早上 8 时左右，郊外的战斗基本结束，舰队开始在江面巡航。"摩底士底"号和"西索斯梯斯"号前往奉化沿线，没有发现清军；而"皇后"号和"哥伦拜恩"号率领附属小船巡查西北方向时，击毁大量清军火船。"皇后"号继续前行至 12 月 31 日攻打慈溪时的登陆点，[2]发现大大小小的火船满载易燃物，每艘火船配有小舟，同时还为水勇配备防火衣和皮帽。"哥伦拜恩"号派出船队，将这些火船及更远处的一些敌船悉数摧毁。南岸高地上的一处敌营见英军船队靠近，竟直接将营房焚毁。

这时候仍然留在舟山的郭富爵士和巴加爵士闻讯后赶回宁波。郭富爵士在 3 月 11 日早晨到达宁波，巴加爵士则再次率海军
3月12日 和海军陆战队深入勘察岱山。完成任务后，他带领"复仇神"号和"飞礼则唐"号与郭富爵士会合。在镇海时，"布朗底"号上的一些陆战队员和轻武器兵加入了海军团，这支队伍人数目前已达 410 人，统一由"布朗底"号胞祖上校指挥。

"复仇神"号和"飞礼则唐"号在 3 月 13 日抵达宁波。但这时郭富爵士已经率军前往奉化，阻击一支意图进攻宁波的清军。这支队伍据称有 7 000 名精兵，统帅是浙江提督余步云。英军兵分两路，其中一支队伍约 600 人，由第 18 团、第 49 团、马德拉斯步兵团外加 2 门大炮和 50 名工兵组成，沿左岸前进；另一支队伍则是第 26 团的 3 个连以及沿江移动的"西索斯梯斯"号上的一小部分

---

〔1〕 *Bulletins of State Intelligence* (1842), p. 575.
〔2〕 见页 151【原稿页 153】。

海员和陆战队员。队伍到达宁波城外约 7 英里处的一处小村庄李泽(Li-tso)。这时有确切消息传来，余部已在前一晚溃逃，翻山去往三宁(San-Ning)，英军随后返回宁波。

郭富爵士和巴加爵士部署新的作战计划，目标是慈溪城北半英里处的大宝山(Segoan Hills)，据称清军在那里集结。

3 月 14 日整日用来备战。翌日清晨，部队登上"皇后"号、"复仇神"号和"飞礼则唐"号出发。在驻扎宁波期间，马德拉斯炮兵团设法弄到一批本地马匹，可用来运送轻型野战炮。为了节约登船时间，这些马匹走陆路，先赶到慈溪登陆点对面的余姚，游过江后在对岸集结，等待轮船运送火炮抵达。 3 月 15 日

舰队约在正午时分抵达登陆点。下午 2 时，全部人马在岸上集合完毕，准备进攻慈溪。慈溪城后的高山上是清军营地。慈溪地势低洼，三面环山，另一面距河流约 4 英里，中间是稻田。下午 3 时 30 分，部队抵达慈溪城南郊，占领一处高地，可远眺慈溪南侧城墙和南城门。城墙上有一些零星炮火，但很明显，主力部队已经撤离城区，盘亘在四周的高山上。郭富爵士下令攻城，占领慈溪。这样，当英军穿过城区向山区进攻时，清军将无法逃入城中。

大部队分为三支纵队和一支储备队。第 18 团组成的右路纵队负责进攻城东北侧的一座山头，随后攻下北门。海军旅和工兵团在炮兵和马德拉斯步兵团的炮攻协助下爬上城墙。左路纵队第 49 团负责拿下南门；第 26 团是后备力量，奉命留守在火炮附近。

海军旅轻松占领城墙。郭富爵士率领的第 49 团发现护城河上的桥梁被毁，他们不得不右转从城外绕行，与城墙上的海军旅平行前进。这样，除炮兵和第 26 团的部分兵力，其余人手悉数在北门集合，针对高地清军的新作战方案可以立即下达。慈溪城西北数百码外的稻田里隆起一座地势陡峭的山脊，两端重峦叠嶂，清军就驻扎在这些山头上。清军左翼所在山头的东侧有一座地势更高的山峰，山顶能够看清楚清军左后部。第 18 团和马德拉斯步兵团

奉命从山石嶙峋的峡谷攀岩而上，拿下这座山头，以配合正面进攻。正面进攻由第 49 团和海军旅发动，第 49 团走右路，目标是清军左翼大营，另一侧则由海军旅负责。海军旅迎着猛烈的炮火前进，占领山脚的两处建筑后稍事休整。这时候，郭富爵士率领的第 49 团已抵达作战位置，准备进攻清军左翼。因地势艰险，后侧第 18 团和马德拉斯步兵团进度缓慢，指挥官郭富下令暂缓正面进攻。清军见英军停止前进，顿时士气大涨。下午 5 时，进攻信号发出，第 49 团立即冲上山头，摧毁防御工事。巴加爵士率领的海军部队则攻上西面更为陡峭的一座山头，扫清山顶的清军设施。就在海军旅登顶之前，郭富爵士发现有一队清军正从背面上山，显然不知道山的另一面英国军队正在逼近。郭富爵士派出第 49 团的部分兵力打击这队清军的左后侧。对方腹背受敌，很快被击溃，顷刻间平原上到处都是逃散的清兵。他们大多向北逃往长溪岭(Chang-Ki Pass)。早前未赶上参战的第 18 团和马德拉斯步兵团这时候顺势下山，切断清军往北的逃跑路线。可怜这些清兵被迫向西逃跑，却进入“复仇神”号和“飞礼则唐”号舰炮的射程之内。这两艘船在大部队登陆后向上游行驶，进入主河道的一条支流。“飞礼则唐”号以及“皋华丽”号和“布朗底”号的舰载艇，都是第一次进入这条航线，途中遭遇并击毁 5 艘清军战船和 14 只火筏，另摧毁 1 座弹药库和 1 座军械库。大批清军逃兵经过军舰附近时，“飞礼则唐”号和附属船只派出作战部队登陆打击，清军伤亡很大。

郭富爵士估计，这一天清军战死超过 1 000 人，其中大部分是军官。相比之下，英军的伤亡微乎其微。[1]

此后，英军又向余姚方向追击几英里，晚上 8 时后才回到大宝山营地。部队在清军营帐过夜，床铺和设施都十分舒适。

3 月 16 日白天，慈溪粮仓向当地居民开仓放粮。一日之内，

---

〔1〕见页 310—311。

粮仓尽空。中午 12 时 30 分，伤员和缴获军火被运送上船，郭富爵士率领大军前往长溪岭。据报，清军在长溪占据了一处有进攻优势的阵地，而且军队金库也在那里。经过三个小时的跋涉，英军抵达长溪岭。这里山势极其险峻，山顶又有重兵把守，几乎不可能发起正面进攻，迂回战术似乎比较可行。第 18 团从左侧山坡向上推进，第 26 团和第 49 团则主攻另一侧，沿树林掩映的山坡抵达山顶。到山顶才发现敌人已经携带武器和财物逃跑，只留下一些干粮和火药。英军在这里停留约 2 小时，将周围的房屋焚毁后返程，晚上 9 时后抵达慈溪。

第二天，全员返回宁波，只有第 26 团的两个连直接前往 20 英里外的镇海。这支队伍的任务是确认沿途的运河航线是否通畅，并肃清郊外的清军残兵。结果发现运河通航良好，无任何清军踪迹。[1]　3 月 17 日

---

〔1〕 *Bulletins of State Intelligence* (1842), pp. 583 - 600. Bernard, *The Nemesis in China*, p. 359.

第二十章 撤出宁波 攻占乍浦：1842年3月18日至5月31日

1842年 清军反攻镇海、宁波和慈溪的行动均以惨败告终，清廷上下所有武将对此束手无策。除绑架把戏和火筏进攻外，这些反攻行动未对英军造成任何影响。镇海附近水域有一些制造粗糙的鱼雷漂过。4月5日，一枚鱼雷爆炸，造成运输船“厄纳德”号上2名印度
4月14日 水手死亡。夜间，50至60艘清军火船以铁链相连，进攻镇海的英国舰队，但英军事先得到预警，用小船将火船拖离，没有造成伤亡。这批火船从东面而来，据称在西面岑港又另集结有一批火船。英军派出船队前往侦查，在贝尔岛（Bell Island）附近击毁清军火船约
4月15日 30艘。第二天清晨，“复仇神”号和“飞礼则唐”号出动，又击毁另外13艘船只。由此可知，对方的火船总数应超过100艘。[1]

尽管剿“夷”无方，但扬威将军奕经仍坚守在位。考虑到杭州的战略重要性，皇帝临时任命耆英为钦差大臣，与目前唯一在杭州的钦差大臣特依顺共同镇守杭州。此前失势的伊里布此时又重获青睐，以七品衔随耆英出京。[2]

4月，英军的增援部队抵达香港，随即北上。考虑到北上进攻
5月7日 在即，宁波的英国驻军撤出，中国政府官员早已撤离，宁波城交由当地最有名望的一些居民进行自治。[3] 英军的撤离被中方官员

---

〔1〕 *Bulletins of State Intelligence* (1842), p. 611.

〔2〕 Ch. Report XI, p. 675.

〔3〕 Bernard, *The Nemesis in China*, p. 375.

夸耀成他们英勇奋战的结果。在英军撤离前数周，刘韵珂就上奏道光帝称已经收复宁波。耆英宣布他已接管宁波，在水陆大军联合作战下，英国军队损失 5 艘军舰，阵亡超过 300 人。[1] 道光皇帝颁下各种赏赐，要求这批"勇士"尽早收复镇海。[2] 然而不久后，另一位正直诚实的官员，前定海同知舒恭受却向朝廷报告：英军意欲北上。他同伊里布一样是主和派，认为清军不可能战胜英国人，必须让道光皇帝明白目前局势，才有可能实现和平。这份奏折与英军增援香港的消息一同到京，朝中的主战派只好偃旗息鼓。

英军从宁波撤出时总计 1 863 人，包括皇家爱尔兰第 18 团的 5 个连、苏格兰卡梅伦步兵第 26 团全员、第 49 团、炮兵队、工兵团和马德拉斯步兵团；再加上从镇海和舟山撤回的一批士兵，预备全员北上作战。舰队再次集结于中途岛，准备进攻第一个目标：杭州附近的港口乍浦。

由于各种原因耽搁，舰队[3]直到 5 月 13 日才离开中途岛，抵达距乍浦 13 英里的一处停泊点。但受到风潮影响，舰队在那里停留了数天。

5 月 16 日，海军和陆军司令乘坐"复仇神"号和"飞礼则唐"号侦察乍浦防御情况，一度靠近乍浦县城。此时尚不能确定乍浦城中是仍有大量守军，还是清军主力部队已从乍浦撤离前往杭州。随后英军截获一艘中国渔船，从渔民口中得知城中有重兵把守。城东高地的情形也证实这一消息。距乍浦城约 3 英里处的山上遍布清军营地和防护墙，从轮船甲板上望去，能看到数千名清军士兵就在附近。尽管轮船经过的河段一直在对方火炮射程内，但英方未遭任何袭击。侦察顺利完成，英方已充分掌握船舶停靠位置和清军情况。

---

〔1〕Ch. Report XI, p. 455.

〔2〕Ch. Report XI, p. 470.

〔3〕舰队构成情况详见页 312—314。

侦察结束后，作战方案定为主攻清军左翼，登陆点选在距乍浦城约3英里的一处海湾。两艘轮船当晚返回舰队。

5月17日，天气好转。舰队向乍浦移动，在登陆点附近停靠。军舰停靠乍浦岸边，直面岸上炮台，运输船则停靠在外围靠群岛一侧。

5月18日 第二天早上，轮船"复仇神"号、"飞礼则唐"号和"皇后"号上的部队率先登陆。最先上岸的第一纵队[1]轻松占领一处制高点，掩护后续部队。早上8时前，全员登陆完毕。

根据事先制定的作战方案，史库德中校(James Holmes Schoedde)率领第三纵队前往敌人后方的山脚处，切断敌人与乍浦城的联络。蒙哥马利中尉奉命带领炮兵协助。第一纵队沿山脊前进，计划攻打清军左翼。郭富爵士所指挥的第一纵队暂停行进，军舰立即朝山上的炮台开火，很快清军被迫溃逃。几轮炮轰之后，清军左翼所在的山头已全无防守，清军逃向乍浦城。

巴加爵士率领一队海军和海军陆战队员抵达清军右翼。一支300人左右的八旗精兵遭第一纵队追击，同时又被海军纵队与第三纵队合围，退守入一座寺庙，继续顽强抵抗。为攻入寺庙，第18团中校汤林森(Nicholas Ralph Tomlinson)与另外几人不幸阵亡，另有多人受伤。最终，英军用炸药包和火箭弹将寺庙引燃。然而，这支清军异常顽强，苦守近3小时，誓死不降。最终，只有53人放弃抵抗，从火海被救出。

第一纵队主力向乍浦城移动。护城河上的桥梁被毁，无法从东门入城。于是，第三纵队和炮兵队奉命爬上城墙东南角的一处高地。高地与城墙之间的数座房屋为马德拉斯步兵团占领，他们负责掩护第55团的掷弹兵和工兵团去勘测城墙周围护城河的水深。河水太深无法游过去，幸好工兵团的戈登中尉发现一条小船。

---

〔1〕各纵队详情见页258。【原稿页244】

他乘船抵达对岸，又找到两艘较大的船；第 55 团的掷弹兵和工兵团随后成功渡河，直取城墙。守军毫无抵抗，巴加爵士率领海军和海军陆战队员登上城墙，与爵士司令会合。英军沿着城墙行进，轻松占领四侧城门。

有一支清军向杭州方向撤退，第 55 团奉命追击，但只抓到了一些掉队的士兵。

针对乍浦城东清军的进攻在上午 10 时发动，才不过两小时，郭富爵士已站在乍浦城墙之上。控制城门后，英军立刻对城内进行搜查，发现近四分之一的空间是一座独立的旗兵城，〔1〕专供八旗官兵居住。驻军已不在城内，但所有民宅都被毁，许多妇女听闻乍浦失守后杀死自己的孩子，然后自杀。英军在城内还发现大量弹药、一座火药厂和一座小型铸炮厂，不过这里铸造的大炮质量比其他地方的差很多，铜炮仅有 11 门。〔2〕

郭富爵士估计，参与乍浦及附近高地防守的清军总计 8 000 名，其中八旗官兵 1 700 名。清军阵亡人数约 1 200 至 1 500 人。〔3〕这是英国军队首次与八旗军队交锋。此外，在广州战役时，据说沿河炮台有一些守军是满清士兵，但当时那些人的表现和乍浦今日的守军完全不同。

英军占领乍浦城内的八旗营地，但没有像预期一样，拿下乍浦

---

〔1〕鞑靼人（Tatars）常被误认为凶恶的人（Tartars）。这个名称来自法王圣路易（即路易九世，Louis IX，1214—1270），他听闻鞑靼人在东欧的暴行后，感叹道："把他们称为'鞑靼人'吧，因为他们行事简直比地狱（Tartarus）还要残酷。"参见 *The Imperial Dictionary of the English Language*。

〔2〕*Bulletins of State Intelligence*（1842），p. 690；Ch. Report XI，p. 342. Bernard，*The Nemesis in China*，p. 378；Alexander Murray，*Doing in China: Being the Personal Narrative of an Officer Engaged in the Late Chinese Expedition，from the Recapture of Chusan in 1841，to the Peace of Nanking in 1842*（London：Richard Bentley，1843），p. 136；John Ouchterlony，*The Chinese War: An Account of All the Operations of the British Forces from the Commencement to the Treaty of Nanking*（London：Saunders and Otley，1844），p. 267；Davis，*China*，Vol. 1，p. 246.

〔3〕英军伤亡详情见附录 B，页 257—260。【原稿页 244—245】。

后立刻进攻杭州。

5月20日 根据他同僚的意愿，汤林森中校的遗体被运上“飞礼则唐”号进行海葬。不选择土葬是要防止日后墓地遭中国人破坏报复。

英军占据乍浦的同时，琦善从前的副官、人称“白千总”的守备白含章[1]挂着白旗前来议和。白含章声称，自己奉伊里布之命前来，希望与英方达成和解。如前所述，伊里布随耆英来浙，坐镇杭州。因璞鼎查爵士仍在香港，海陆司令拒绝对方的和谈请求，白的使命未能达成。

在作战方针上，耆英与伊里布并无分歧。他们都认为自己无力阻挡英国军队的进攻，只能尽力阻挡对方北上进攻京城。和谈遭拒，令他们更加确信：北京危在旦夕。此前的主战派成员、裕谦的支持者刘韵珂这时候也斗志全消，承认自己无力守城，自请送刑部领罪。

因英军无意在乍浦久留，俘虏的汉族和八旗士兵几日后便被释放。郭富爵士还下令让军医为他们看伤，并发给每人一笔钱。这些士兵前往杭州，给伊里布带去一封英方书信。信中告知，如果中国政府愿意接受英国政府的条件，那么当英国全权代表近期抵达舟山后，双方可就停战问题进行和谈。

5月27、28、29日 5月27日，英军开始撤离乍浦，28日早上完全撤出。舰队全体启航，29日抵达乍浦以东40英里外崎岖列岛(Rugged Islands)附近，开莱特舰长和科林森舰长(Richard Collinson)发现一处安全的停泊点。舰队在那里停留数日，等待先遣队勘测前方扬子江航道。

---

[1] 见页53—55【原稿页53】。

第二十一章 占领吴淞和上海：6 月 1 日至 23 日

1842 年 6 月 1 日筹划已久的扬子江战役终于定下方案，目的是一举迫使中国政府彻底投降。这一方案最早由鲍鹏向义律提出。此人原是邓特洋行在广州的一个买办。前文提到，1841 年 2 月，琦善曾派他以密使身份与英方谈判。[1] 1840 年 9 月，义律上校从白河返程，在登州（Tong Chou）与鲍鹏有过数次交谈。登州是山东半岛的一座大城市，当时"摩底士底"号时常去登州采买补给。[2] 鲍鹏向义律上校提出，北京当局对于远处城市的失守根本不在意，比如广州、舟山；但一旦英军进攻扬子江，切断大运河上粮草进京的生命线，清廷必定立即答应英方要求。[3]

据鲍鹏的说法，这种方案比直接进攻北京更加有效。6 月 5 日，战斗正式打响。舰队从崎岖列岛出发，6 月 6 日晚停靠在扬子江口外的阿美士德礁（Amherst rocks）附近。因天气原因，部队在这里停驻一星期，直到 6 月 13 日才继续向上游开动，抵达吴淞江与扬子江交汇处的吴淞口，停靠点距离防御炮台仅 2 英里。在英军面前的这座城市就是伟大的商业之都上海。

---

〔1〕 见页 84【原稿页 83】。

〔2〕 Bingham, *Narrative of the Expedition to China*, Vol. 1, pp. 256, 263, 279.

〔3〕 这一计划实际上最早在 1840 年 2 月已有人向英国政府提出。曾参与阿美士德使团的科尔切斯特勋爵（Lord Colchester, Charles Abbot, 1798—1867）在提交的一份备忘录中指出，在从北京返程途中他观察到，如想切断大运河的粮食运输，那么，大运河与扬子江的交汇处是最容易下手的位置。

抵达吴淞前，汽轮“阿厘厄登”号（Ariadne）突然失联。它在不久前刚刚随“博鲁多”号（Pluto）和“谭那萨林”号（Tenasserin）加入战队，原来，它在6月10日不幸误触暗礁，不得不返航舟山，终因受损过重沉入海底，无法寻回。它的位置由刚在6月8日新入编另一艘小型轮船“麦都萨”号接替。6月14日，郭富爵士和巴加爵士乘坐“麦都萨”号侦查吴淞口情况。[1] 吴淞镇在吴淞江入江口左岸，是清军主要防守阵地。这里维持着中国人一贯的守城风格：沿江建有一座长土墙，土墙上架设大炮134门，但土墙两侧依旧毫无防御。这座土墙从吴淞镇一直延伸至扬子江畔，有近3英里长，直至宝山县城，即守军的左翼阵地。东侧就是吴淞口右岸，有一座设有21门大炮的炮台；同时，对岸的吴淞镇和吴淞江支流的沿岸另设有10门大炮，共同护卫东岸炮台。

6月14日的侦查目的是寻找合适的登陆点，以便陆军上岸捣毁沿江土墙。但侦查后未能发现合适的地点，决定直接用军舰炮

6月15日 轰岸上炮台。14日晚及次日，英军进行水文测绘，在正对清军炮台的位置安插浮标，为炮击做好准备。过程中未遭遇攻击。

6月16日黎明，风潮适宜，大小轮船随军舰[2]一齐出动，清晨6时抵达炮台附近的各自作战位置。“布朗底”号领航，“皋华丽”号随后，两艘军舰停靠在吴淞口西岸，正对清军主力阵地。轻型舰队包括“摩底士底”号、“哥伦拜恩”号和“克里欧”号（Clio），依次向上游前进，主攻吴淞镇附近。“摩底士底”号则深入入前述吴淞江支流，专攻岸上10门大炮组成的半圆形炮阵，而“西索斯梯斯”号和“谭那萨林”号负责炮轰吴淞江东侧即右岸炮台。战斗打

〔1〕“阿厘厄登”号和“麦都萨”号是同型姐妹船，排水量432吨，航速每小时70英里。1841年，两艘船从印度被派往中国战场，但携带燃料不足，“阿厘厄登”号被迫返回马尼拉，“麦都萨”号返回新加坡。后者于1841年12月5日抵达吴淞。Belcher, *Narrative of a Voyage Round the World*, Vol. 2, p. 243.

〔2〕“皋华丽”号配“西索斯梯斯”号；“布朗底”号配“谭那萨林”号；“摩底士底”号配“复仇神”号；“哥伦拜恩”号配“飞礼则唐”号；“克里欧”号配“伯鲁多”号。

响时，“谭那萨林”号负责牵引皇家海军“北极星”号（North Star）进入吴淞口，完成任务后从吴淞口返回加入右岸作战。

军舰和岸上炮台之间的炮战异常激烈，持续近两小时。直到上午 8 时，岸上阵地被摧毁，守军溃逃。前锋位置的三艘战船派出一支登陆队，在指挥官沃森的率领下成功上岸，占领吴淞镇。与此同时，运输船上的海军和海军陆战队员也准备登陆，登陆点正对“皋华丽”号和“布朗底”号的停泊位置，上岸后他们沿土墙前往吴淞，与沃森部会合。

根据原先计划，一旦轮船引导军舰进入停泊点后，即刻前往运输船停泊位置载运等待登陆的陆军部队。但除“麦都萨”号能待命外，其余轮船全部搁浅，运输船上的部队只好留在船上观望战局。

中午 12 时左右，一些轮船成功摆脱浅滩，运送陆军部队从前述的海军登陆点上岸。郭富爵士听闻清军约有 1 500 名精兵正向宝山方向撤退，便派出史库德中校率一路纵队攻打宝山县城后方，而他自己就率部从正面沿土墙逼近宝山。宝山守军早已撤退，英军不费一弹占领宝山。

郭富爵士估计吴淞和宝山两处的清军有 4 000 至 5 000 人，巴加爵士估计有 5 000 至 10 000 人。阵亡的清军人数估计约 100 人，但事实上是否达到这个数字仍存疑。[1] 这日缴获清军战船中有一些明轮船，是根据英国船仿制，靠人力推进，时速可达 3.5 英里。吴淞炮台的大炮不仅数量惊人，而且质量上乘，战斗力明显优于其他各地的大炮，并配有移动炮车和瞄准装置。清军为防止英军占领这里后用大炮攻击他们正在撤退的部队，已经将部分炮口封钉。从英方军舰被击中的次数可以明显确定，清军仿造英军装备，战斗效率大有提升。英军旗舰不断被岸上大炮击中，“布朗底”

〔1〕“英军登陆后在阵地发现的清军尸体不足 30 具，这个数量可能是清军最高阵亡数。”Ouchterlony, *The Chinese War*, p. 298.

号被击中14次,“西索斯梯斯”号11次。[1]

16日夜间,英国部队占领清军阵地附近的一些寺庙和建筑过6月17日 夜。第二天,从印度出发的增援部队赶到。他们包括马德拉斯土著步兵第2团、马德拉斯骑炮兵队(Madras Horse Artillery)的部分连队和工兵团,一行在皇家海军“戴窦”号(Dido)护卫下,乘坐8艘运输船抵达吴淞。[2]

是日,“复仇神”号和“麦都萨”号对吴淞上游的上海县城进行侦查,发现上游约7英里处有两处碉堡。在“摩底士底”号指挥官沃森带领下,轮船“复仇神”号、“飞礼则唐”号、“伯鲁多”号引导战6月18日 舰“摩底士底”号、“哥伦拜恩”号和“克里欧”号开赴前方,次日抵达后才发现两处守军已撤。

现在的目标便是重镇上海,它是仅次于广州的商业中心。6月19日一早,海陆部队一齐从吴淞开赴上海。执行任务的战舰是“北极星”号、“摩底士底”号、“哥伦拜恩”号和“克里欧”号,前方引航的轮船是“谭那萨林”号、“复仇神”号、“飞礼则唐”号、“伯鲁多”号和“麦都萨”号,“麦都萨”号上搭乘的是郭富爵士和巴加爵士以及海军陆战队,其余轮船上搭乘的几乎是海陆全体可作战的部队。只有一支1 000人左右的精兵队,在马德拉斯炮兵团蒙哥马利中尉的率领下,沿吴淞江左岸的陆路前往上海。这支队伍包括炮兵队、第18团、第49团和工兵团的部分成员。

舰队于下午1时30分抵达上海,领航的“北极星”号立刻遭到来自县城附近阵地的远距离炮击。轮船立马散开,军舰横泊于岸边,与岸上阵地平行排布,开始反击,很快清军就被打垮。随后海

---

〔1〕*Bulletins of State Intelligence* (1842), pps. 757, 807. Bernard, *The Nemesis in China*, p. 393. Oucherterlony, *The Chinese War*, p. 294. Murray, *Doing in China*, p. 155.

〔2〕“戴窦”号16日晚也停泊在吴淞口。Granville Gower Loch, *The Closing Events of the Campaign in China: the Operations in the Yang-Tze-Kiang; and the Treaty of Nanking* (London: J. Murray, 1843), p. 36.

军和海军陆战队员登陆，捣毁清军阵营。轮船上的陆军部队也随后登陆，到达上海县城后，发现蒙哥马利中尉的队伍已经从西门入城，城中并无守军。

当地官员已于前日撤离上海县城，强盗开始大肆洗劫民宅。百姓大多出城逃难，留守城中的部分百姓对英国部队并无敌意，甚至为英军提供各类补给。

向军舰开火的大炮共有49门，外加在城墙上和军械库里发现的另一些大炮，英军在吴淞、宝山和上海三地缴获的大炮总数达406门，其中100门左右是铜制或黄铜制。

部队找到相当舒适的营地，在上海停留了几天。“飞礼则唐”号和“麦都萨”号继续前往扬子江上游侦察地形，最远到达距离上海约30英里的水域。随后两日，“复仇神”号加入“飞礼则唐”号和“麦都萨”号的侦查队伍，但未发现有用情报。6月22日下午，执行侦查任务的巴加爵士返回上海，会见刚抵达的璞鼎查爵士。

6月20日

6月22日

今年初搭乘“伯兰汉”号返回香港[1]的全权代表璞鼎查爵士6月13日乘坐“皇后”号离港，沿途到访厦门和舟山。见到其余增援部队已全部抵达舟山，他认为不可拖延，英军应该立即深入扬子江，直取中国心脏。

中方知悉英军的行动计划后，耆英和伊里布一直想尽各种办法，希望约见全权代表进行和谈，推迟英军在扬子江的作战计划。英军在乍浦释放清军俘虏后，耆英决定也同样释放英军战俘，计划将16人移交乍浦的英国军队，其中有欧洲人7名。但战俘未到，英军已经离开，当6月18日战俘抵达乍浦时，吴淞已被攻陷。6月20日，白千总带来伊里布的一封书信，信中指责英军不应攻占吴淞。郭富爵士和巴加爵士回信称，只有英国女王的全权代表才能代表英国政府进行和谈，况且他们无法确认伊里布是否能够代

[1] “伯兰汉”号于1842年2月1日抵达香港。

表中国政府;他们的职责就是在大批增援部队抵达后率领部队,大举进攻。

6月23日早上,上海县城的英军部队登上汽轮,前往吴淞。另一小队人马走的是陆路,包括第18团的两个连、马德拉斯土著步兵第36团以及炮兵团的战马,枪炮则由轮船运送。当晚,所有士兵返回所属运兵船,但舰队仍停泊在吴淞口外,等待其余舰船抵达,为即将打响的扬子江之战做好最后准备。

第二十二章 征战扬子江 占领镇江：1842年6月24日至7月21日

大部队前往上海期间及返回吴淞后，海陆两军均有增援部队陆续抵达。除跟“戴窦”号抵达的几艘船外，军舰增加“贝雷色”号(Belleisle)、“基尔德斯”号(Childers)、“安度明”号(Endymion)，汽轮增加“威克森”号(Vixen)、“伯劳西伯”号(Proserpine)、“奥克兰”号(Auckland)，陆军部队则增加了皇家炮兵团一个连、镇海的第18团一个连、第98团、第6团、第14团、马德拉斯步兵第41团和孟加拉志愿兵团。[1] 1842年6月24日

面对如此庞大的军团，伊里布再次试图延缓英军沿江而上的行动。6月27日，白千总再次到访，在“皋华丽”号上受到接见。他转交耆英和伊里布的一封求和信。来信目的明显，但和前次一样，并无结果。耆英如今不论在公开场合还是私下里，都迫切表示希望与英军达成和谈，因为清军很显然不是英军的对手。这些表态颇有影响，因担心英军北上，中国政府正准备迁都山西。[2]

---

〔1〕大军详细构成参见页187—224【原稿页194—221】。第98团和皇家炮兵团的半个连搭乘“贝雷色”号，1841年12月从英国起航。除索尔顿勋爵及其部下，船上有炮兵55人、第98团810人、妇女和孩童110人，加上船员和海军雇员，总计1 274人。“贝雷色”号是一艘设有74门大炮的运输船，排水量不到1 750吨。Lawrence Shadwell, *The Life of Colin Campbell, Lord Clyde* (Edinburgh and London: William Blackwood and Sons, 1881), Vol. 1, p. 114.

〔2〕Davis, *China*, Vol. 1, p. 269.

大军此行的目标是占领扬子江上的大城市。不过,目前为止,我们对这条浩浩荡荡的河流知之甚少。英国军舰从未进入过扬子江,手中仅有的地图是当年耶稣会士绘制的。“康威”号舰长比休恩在 1840 年封锁江口时曾做过一些测绘,但测量范围只及崇明岛西端。6 月 29 日,一支小型舰队派去进行测绘,包括军舰“司塔林”号、“伯劳弗”号、[1]“摩底士底”号和“克里欧”号,以及轮船“飞礼则唐”号。他们的任务是探测水深,并标记出适宜大型船只通航的水域。“伯鲁多”号和“麦都萨”号于 7 月 1 日前去增援测绘舰队。7 月 4 日,“飞礼则唐”号返回,报告称已探明一条通往镇江的深水航道。

随后,陆军部队被编为 4 个旅,海军舰队编为 5 个纵队,另加 1 支先遣纵队。[2] 军舰和战船共 15 艘,轮船 10 艘,运输船 48 艘,陆军部队除去海军和海军陆战队,总计超过 8 500 人。

陆军编队构成情况如下:

炮兵旅:由蒙哥马利中尉指挥,搭乘第 2 舰队。

第 1 步兵旅:第 26 团、第 98 团、孟加拉志愿兵队、马德拉斯土著步兵第 41 团的侧翼;由少将索尔顿勋爵(Lord Saltoun,巴斯三等勋章)指挥,搭乘第 3 舰队。

第 2 步兵旅:第 55 团、马德拉斯土著步兵第 2 团和第 6 团、马德拉斯土著步兵第 36 团的步枪连;由少将史库德指挥,搭乘第 4 舰队。

第 3 步兵旅:皇家爱尔兰第 18 团、第 49 团、马德拉斯土著步兵第 14 团;由少将巴特利(R. Bartley)指挥,搭乘第 5 舰队。

---

〔1〕即此前“班廷克”号。
〔2〕详情见页 187—224【原稿页 194—221】。

7 月 5 日，部队整天都在做战前准备。7 月 6 日，除“北极星”号留守上海外，全军起航。航行中各舰队间保持在 1 公里左右的距离。[1] 大军抵达福山，发现一座废弃炮台，设有 12 门大炮。12 7月8日
日，经过江阴时发现另一座类似炮台。7 月 14 日，舰队抵达一个叫做圌山（Shishan）的地方，北面 15 英里就是镇江，即大运河与扬子江的交汇点。执行测绘任务的“复仇神”号和“伯鲁多”号经过圌山，遭岸上小炮台约 20 门炮火的袭击。不过，“摩底士底”号很快就把岸上清军击溃。随后“皋华丽”号和先遣舰队派出一支登陆部队，捣毁岸上防御工事。

舰队因风速过小在圌山停留数日，潮水退去之后没有对军舰造成影响。7 月 15 日，前行出动测绘的“飞礼则唐”号和“麦都萨”号在焦山（Tsiau-Shan，又称“银岛”，Silver Island）附近遭遇岸上炮击。此处炮台设 12 门大炮，护卫焦山南侧一条狭窄航道。英军船上火力充足，很快将清军击溃。当天下午，[2]乘坐“威克森”号和“麦都萨”号正在侦察敌情的郭富爵士和巴加爵士发现这座炮台已经废弃，随后继续前行约 2 英里，仔细侦察镇江城郊情况，寻找登陆点，并查看京杭大运河与扬子江的交汇口情况。镇江城墙上空无一人，附近也没有据点。照此情形看，英军极有可能不战而胜，占领镇江。

7 月 17 日，“布朗底”号、“摩底士底”号、“皇后”号和“复仇神”号，带领“戴窦”号、“加略普”号、“基尔德斯”号、“伯劳弗”号和“司塔林”号成功穿过航道，抵达镇江江面。先遣纵队指挥官、“布朗底”号胞祖上校奉命用军舰封锁大运河入口。[3] 在轮船的协助下，几艘军舰堵在各支流入口处，大运河的航运被完全封锁。这一

---

〔1〕当日有日食，北京甚至出现日全食，中国人视为不祥之兆。

〔2〕郭富爵士的报告中称侦查在 16 日。*Bulletins of State Intelligence*（1842），p. 773.

〔3〕见页 171—172【原稿页 175】。

行动如果能提早一个月实施会更加有效，因为中方预见到英军封锁运河的计划，前期已加紧粮运北上。6 月 26 日前，运送岁贡粮食的船队已经穿过长江，进入运河北侧河段。[1]

7 月 19 日，风向正好，“皋华丽”号在“威克森”号的领航下顺
7月20日 利抵达镇江江面。在随后一天里，其余军舰和运输船也穿越重重艰险安全抵达，集结在旗舰周围。“皋华丽”号派出一支海军陆战队登陆占领金山(Kinshan，又称“金岛”，Golden Island)。金山山势崎岖，植被茂密，山顶有一座宝塔，但是地势过于陡峭，而长江南岸又有一座海拔更高的山，金山显得没有什么战略价值。

部队为占领镇江做准备，尽管从目前的情况看，镇江城完全没有守军，很可能兵不血刃即可拿下镇江。镇江西南角的山上有三处营地，估计与慈溪的守城战略相似，清军撤出城外，意图从高处防守。镇江城新近修缮，东北两侧依山而建，西南侧地势较低。大运河从城门前穿流而过，成为镇江的“护城河”。

城中空无一人，随军翻译无法获得任何有关清军的情报。不过，有一些火船企图袭击舰队，说明仍有作战可能。随后，英军确认这些火船是两江总督牛鉴所派，两江总督负责管理江苏、安徽和江西三省的军民政务。牛鉴于 7 月 13 日夜抵达镇江，次日前往南京。钦差大臣齐慎也赶到镇江。但这些官员对镇江的防守并无高见，守城将领只得依靠自己。

镇江城内目前约有旗兵 2 400 人，城外也有驻军，指挥官是满族人，名叫海龄。他明知自己兵力根本不足以御敌，钱粮严重短缺，与上级联络也被切断，但仍决定坚守城池。他下令封锁城门，断绝任何人出城的念头。

7 月 20 日，郭富爵士侦查未发现城内有守军。不过，第二天的作战方案还是充分考虑城内设防的可能性。一支作战旅从低处

---

〔1〕 Bernard, *The Nemesis in China*, p. 411.

登陆，攻打东门；另两支队伍从高地登陆，其中一队攻打西门，另一队攻打山上清军，城外清军这时已与城中指挥官断了联络。[1]

作战命令下达，部队在 7 月 21 日黎明开始登陆。登陆点附近潮水汹涌，导致登陆行动延缓，原计划不得不做出一些临时调整。索尔顿勋爵率领的第 1 旅率先在金山对岸山脚登陆，两支连队随即占领山头。英军主力在一块平地上集结，这里是守城清军的视线盲区，方便掩护后续的炮械登陆。郭富爵士随索尔顿勋爵的纵队登上山顶，观察周围情形，下令该队立即进攻南面 3 英里处的一处清军据点，该据点约有 1 500 人。其后陆续登陆的部队还包括第 98 团、马德拉斯土著步兵第 41 团的侧翼和部分孟加拉志愿兵队，还有安突德上尉负责的 3 门大炮和部分工兵。

索尔顿勋爵率小分队出发不久，孟加拉志愿兵队的三个连抵达。郭富爵士命令他们沿着城墙和城外清军右翼之间的一条小道前进。这支部队是第一支在镇江与清军交锋的队伍，不过，清军的注意力主要在英军前侧进攻的主力部队上。

清军主力目前聚集在南面一座缓坡后面的峡谷地带。主力阵地以西的另一处山坡上，有英军的一支小分队，目标是打击清军右翼。前述纵队疾行 3 英里后准备开始进攻。索尔顿勋爵率孟加拉志愿兵队两个连占领途中一些房屋，占据有利地形，对准清军正面开火。对方用火炮、火绳枪和抬枪回击，但他们的正前方是索尔顿勋爵的纵队，右翼有孟加拉志愿军的三个连，两处同时受敌。清军很快溃散，逃往周围山上，只有几个人被英军击毙。西面山上的英军小分队也效法这一围攻战术，上午 9 时，英军占领所有据点。

攻克前方山地后，部队暂停行动，等候司令的下一步指示。天

[1] 根据郭富爵士最初的作战方案，后两旅从镇江下游约 2 英里处登陆，全部兵力主攻东门。然而，舰队行至金山附近发现山上的清军部队后，作战方案由此调整。

气酷热，一些士兵因中暑暴毙，队伍只好转移至邻近村庄暂避。[1]

城内战斗仍在继续。在“奥克兰”号的火力掩护下，史库德少将指挥的第 2 旅从城东登陆，与索尔顿勋爵率领在西侧登陆的第 1 旅几乎同时上岸。最先登陆的一队士兵占领一处沿江崖壁，期间未遇清军。史库德少将的任务原本只是转移清军注意力，但他决定展开真正的战斗。他率领马德拉斯土著步兵第 36 团的步枪连，爬上面前一座草木丛生的山头，巡视四周，决定从东北角攀上城墙，攻入镇江城。

此时，城内仍没有动静，登陆部队经过城墙附近时也没有受到袭击，直到炮兵队在山顶架设好火炮、第 55 团集结完毕，城内终于用大炮、火绳枪和抬枪朝英军开火。我炮兵队立刻回击。城墙上此时出现大量守军，“奥克兰”号朝城墙开炮。

全部作战旅尚未到齐。但当马德拉斯土著步兵第 2 团和第 6 团余部抵达后，马德拉斯步枪连的半数人手奉命继续靠近城墙，对准墙上炮眼开火。与此同时，第 55 团的掷弹部队、马德拉斯土著步兵第 6 团的两个连以及工兵团准备架云梯从城墙东北角攻城。

城墙守军的注意力集中于步枪连的炮火，工兵在一处碉堡附近架好云梯，第 55 团掷弹部队顺势而上，立刻占领城墙垒道。垒道十分狭窄，加上有砖砌的炮基遮挡，起初登城部队未被察觉。不过，当守城旗兵发觉英国军队已近在眼前，便立刻展开攻击。密集的炮火从两侧炮基和四周城堡射来，英军伤亡惨重，且因为只有三架云梯，增援速度缓慢。不过，英军两支队伍登上城墙后，清军逐渐败退，撤向左右两侧。这两支部队的前锋都是第 55 团掷弹部队，其中负责向右侧即北面城墙西段进攻的部队包括马德拉斯步枪团和第 55 团余部；沿左侧即东面城墙前进的部队包括马德拉斯

[1] 中暑的士兵大多属于第 98 团，他们自英国本土来华，因此多根据欧洲天气着装。Shadwell, *The Life of Colin Campbell, Lord Clyde*, Vol. 1, p. 117.

土著步兵第 6 团和皇家炮兵团。清军旗兵极其顽强地守卫着城墙上的每一寸土地，退守四座角楼的士兵奋战至最后一刻，坚持巷战。左侧部队最终抵达东门位置，打开城门，将马德拉斯土著步兵第 2 团引入城内，该团此前试图从外围攻城没有成功。

由于通道狭窄，加上清兵抵抗坚决，英军在北面城墙的进展极其缓慢。直到中午，即云梯架好 2 小时后，史库德少将的部队抵达才打开西门，西门位置距离云梯处其实不足 1.25 英里。

西门有一座小型四方城，结构类似主城墙。四方城内有清军坚守，城外巴特利少将率领的部队始终无法突破。

巴特利少将率领的第 3 旅在上午 10 时自城西登陆，登陆点与索尔顿勋爵的部队相同。他们先加入郭富爵士的坡上纵队，那里在第 26 团掩护下已架好火炮，准备攻打西面城墙。[1] 郭富爵士观察到，尽管城墙上的旗兵凶猛，但无增援部队，另外城门前的运河据说不深，可以游过去，便下令部队进攻西门。第 18 团和第 49 团到来后，他立即派副军需长（Deputy Quartermaster General）戈夫上尉前去确认运河水深。戈夫上尉与另外三人[2]同行，他们跑下山坡到城外，发现河水太深，无法游过。

这情报使郭富爵士放弃直接攻城的想法。部队位置距离西门和南门距离差不多，但西门外有一片旷野易于掩护，便选择西门作为突破口。方案确定后，部队向北出发。

在这期间，西门附近的战事十分激烈。炮兵队登陆时，因为考虑到大炮运输不易，炮械未随同上岸。“布朗底”号派出两艘小船运送 4 门轻型炮继续上行，到运河与扬子江交汇口南侧，希望在西岸找到一处合适的登陆点。河岸两侧全是空置房屋，两艘船随水流前行，穿过东岸的一片建筑后，已经十分接近城墙，城上射来猛

〔1〕第 26 团原本属于索尔顿勋爵的第 1 旅，但未能及时登岸加入作战。
〔2〕这三人是皇家海军洛奇上校（Granville Gower Loch）、皇家海军霍奇森上尉（George Henry Hodgson）以及代理副长官希特利中尉（Heatley）。

烈的炮火。24 名船员中有 16 名受伤,炮兵队有 2 名军官和 8 名士兵受伤。这时凭借剩余人手逆流撤退已不现实,于是其中一艘船选择在西岸登陆,躲进岸上房屋,另一艘船躲在西门护城河的桥洞里。

上岸的船员撤向江边,另一队在桥下也无法久留,被迫弃船上岸,躲进东岸的房子里暂避炮火。但由于城门紧闭,清军没有出城追击,载有大炮的小船就在护城河上随水流飘荡。

这一消息传回舰队,"皋华丽"号理查兹上校(Peter Richards)立即派出旗舰上所有船只进入运河。他亲自率领 200 名海军陆战队员在河口下游登陆,与右侧水路船队同时向城墙进发。马德拉斯土著步兵第 6 团的 300 名士兵随后也加入战斗,[1]他们从水陆两处向西门发动猛攻,找回"布朗底"号的两艘运炮小船,其中一艘船上发现一名炮手,当时因伤势过重没有撤离上岸,不过他没有受新伤。

理查兹上校率部进攻西门外围,攀过约 30 英尺高的城墙,成功打进清军内部,直至史库德少将率军从主城墙东面赶到。由于英军封锁住西门出入口,城内旗兵无法撤退,但他们不肯投降,大多被击毙或烧死。

巴特利少将率领的第 3 旅在前往西门的途中占领沿岸各处房屋,并派出工兵在城门外安放炸药包,试图炸开城门。西门已被清军用沙袋从内堵死,城内的第 55 团这时候正加紧移开沙袋,听到城门外巴特利少将的部队安放炸药包的声响后,停下搬运工作,在引爆前及时撤离现场。城门终于被炸开,郭富爵士与巴特利少将率领的第 3 旅一同入城,史库德少将的第 2 旅随后抵达,与大部队会合。

此时气温很高,郭富爵士下令让部队暂时在城门避暑,晚些时

---

[1] 这部分人员上岸延误,未能加入城内战斗。

候再进入城内巡查。第18团和第49团部分士兵于是向南门移动，不料只走出西门半英里便遭遇一队1 000人左右的旗兵，躲在城中草地围栏的掩护之下，伺机向英军开火。英军停下反击，很快将对方击溃，对方损失惨重，但英方亦有2名军官和多名士兵阵亡。

巴加爵士随海军陆战队沿北面城墙行进时，途中听到枪炮声，立即穿过城中，赶到交战现场，沿路也遇到一些隐藏在建筑里或城门附近的旗兵，海军队员有一些伤亡，但最终成功将清军驱散。

清军的抵抗这时候彻底结束。指挥官海龄见大势已去，回到住所，走上柴堆。柴堆周围摆放着他的公文要件，这位英勇的将领以自焚殉国。同乍浦城的情况一样，城中战败的旗兵杀掉妻儿后自尽，整座城市的死难数目相当惊人。如郭富爵士在给英国政府的报告中所言，镇江的旗人由此几乎绝迹。〔1〕

是日，英国军队的伤亡比其他任何战役都要严重。海陆两军共战死或中暑死亡37人，受伤128人，失踪3人，共计伤亡数168人。〔2〕

当晚，在酷暑中奋战一天的大部队在城内各处住下。索尔顿勋爵的第1旅则在城外据点附近的一座村庄驻扎。

---

〔1〕 *Bulletins of State Intelligence* (1842), pps. 772, 824. Bernard, *The Nemesis in China*, p. 422. Ouchterlony, *The Chinese War*, p. 356. Murray, *Doing in China*, p. 172. Davis, *The Chinese*, Vol. 1, p. 2791. Ch. Report XI, p. 513.

〔2〕 详情见页260—262【原稿页247—248】。

第二十三章 攻占南京 签订和约：1842年7月22日至8月29日

英军1842年7月22日占领镇江后的数天主要用来重整城中秩序。一方面，城中土匪横行肆虐；另一方面，天气炎热，城中有大量尚未掩埋的尸体，亟须预防病疫传播。尽管英军已采取各种防疫措施，将尸体集中焚烧，同时部队主力撤出城外，但到了7月25日，疫情还是不可避免地发生。郭富爵士无奈上报：霍乱出现，已造成多人死亡。

相较之下，镇江城墙上发现的大炮数量不多，因为大部分之前已运去支援吴淞。不过在军械库发现大量弹药和武器，官府金库也发现大量细丝银锭，[1]价值约60 000元，这笔钱收入战争奖金。全城几乎找不到补给品，因为海龄将全部物资都收归城内外守军使用。尽管大运河在镇江的入口已被封锁，但可以肯定沿运河的其他支流仍能够出入扬子江。7月19日，“戴窦”号和“复仇神”号前往江北，到达镇江上游约14英里处的仪征（I-chang），封锁那里一处运河支流入口。“基尔德斯”号封锁对岸位于仪征下游约6英里处的一处出口。

“戴窦”号的凯珀尔上校（Henry Keppel）与仪征官员协商，说

〔1〕中国的货币白银通常铸造成银锭，每个重约一磅，外形酷似中国人的鞋。“Sycee”这个词是汉语“细丝”的音译词，意指铸造的银色十分纯净，能够拉出像细丝一样精美的银线。*Tate's Modern Cambist: A Manual of Foreign Exchanges and Bullion, with the Monteray Systems of the World and Foreign Weights and Measures.*

服其同意为英国军队提供补给。不久后，集市恢复正常，各种补给通过小船从仪征运到镇江，但数量仍然不足以维持这支庞大军团的日常运转，尤其是在攻城后，伤病员增多，急需大量新鲜食物。

测绘进度并没有因为占领镇江而停下，因为英军准备马上进军南京。南京是中国的古都，位于扬子江南岸，镇江上游约 45 英里处。由于镇江城疫情愈发严重，英军决定弃城，只留下史库德少将率领第 1 旅在城外高地驻守。7 月 28 日，英军用 1 200 磅炸药将镇江城墙轰开一个大口；7 月 29 日，城内部队从这缺口撤出，重返舰船。

7 月 26 日，前方报告称至南京的航线畅通无阻，但水流湍急，需要等待合适的风向帮助舰队前行。英军登舰后的几天里，风向不利，运输船无法离港。但在轮船的引导下，部分军舰于 8 月 4 日顺利抵达南京对岸。

“皋华丽”号在 8 月 5 日抵达南京，“马里昂”号也在第二天在 8 月 6 日“皇后”号带领下抵达。“马里昂”号载着郭富司令和其余指挥官，“皇后”号上是璞鼎查爵士。其余舰船直到 8 月 9 日才集合完毕。除先遣测绘舰队外，海军部队还包括军舰“皋华丽”号、“布朗底”号，轮船“奥克兰”号、“皇后”号、“威克森”号和“西索斯梯斯”号；郭富爵士指挥的陆军部队有 4 500 名精兵，包括索尔顿勋爵和巴特利少将所率领的两个旅。

自英军占领镇江以来，耆英和伊里布不断送来照会请求和谈，但都遭英方拒绝，因为他们并不具备谈判资格。相反，英军向两江总督牛鉴发出最后通牒，要求南京立即投降，否则南京将重演乍浦和镇江的悲剧。中方对此相当重视。英军舰队抵达南京时，城墙上已升起白旗。当“皋华丽”号兵临城下，牛鉴派人来告，愿意缴金赎城。他表示愿意向城中士商募集赎金，劝说英军切勿攻城，以免吓跑有钱人。此外，伊里布即将赶到南京，他能够作为全权代表与英方签署和约。

伊里布于 8 月 8 日到达南京。9 日，他作为全权代表派人与璞鼎查爵士进行沟通。但璞鼎查爵士对所开出的条件并不满意，下令不再拖延，立即攻城。

在等待运输船到达期间，郭富爵士和巴加爵士派一艘小型轮船对南京防御情况做了详细勘察，以备佯攻或在必要时真正攻城。南京虽在 400 多年前就不再是中国的首都，但仍有一百万人口。城郊外围周长近 20 英里，[1]但城墙内面积仅占五分之一。守城部队据称不足 15 000 人，其中有 6 000 旗兵。

然而，南京城墙十分雄伟，且任何一处到江边的距离均超过 700 步。英军舰船的重炮只能触及城墙东北角附近的一小部分区域。8 月 10 日早上，"皋华丽"号、"布朗底"号及重炮战船继续炮轰城墙，希望打开缺口。索尔顿勋爵的第 1 旅也在当天下午准备登陆。

经侦察发现，南京城西有一道宽阔的护城河，河水很深，而城东是最好的突破口。城东的太平门(Tai-ping Gate)和得胜门(Te-shing Gate)[2]外有一条石板路通往江边的小村庄，英军的一些运输船从镇江开来时曾经过这条狭江。[3] 8 月 11 日白天，索尔顿勋爵的第 1 旅在这座村庄登陆，同时登陆的还有镇江的侧翼部队，包括马德拉斯步枪团、工兵团、马德拉斯骑炮兵队、步炮兵队的三个连及一支小型野战辎重队。

第 98 团奉命驻守登陆点，索尔顿勋爵的第 1 旅继续向南开进，一路无阻，成功占领城外 3 英里一座名叫迈皋桥(Makur Keou)的大村庄。这里火力能够威胁到太平门和得胜门的守军。

---

〔1〕有资料显示，南京城郊外围周长 37 英里，但副主教格雷(John Henry Gray)称，他用 6 小时走完，故估计周长 18 英里。John Gray, *China: A History of the Laws, Manners and Customs of the People* (London: Macmillan and Co., 1878), Vol. 1, p. 5.

〔2〕译者注：今和平门。

〔3〕Bernard, *The Nemesis in China*, p. 442.

如果这样仍无法令中国政府投降，郭富爵士就计划派炮兵登上钟山（Chun Shan）。这座山在太平门附近，从山上开火能够直击太平门一段城墙，而且对两座城门皆有威慑力。

巴特利少将率领的部队〔1〕原计划攻占由“皋华丽”号和“布朗底”号打开的城门豁口，但在 8 月 12 日下令改为 13 日登陆。大部队定于 14 日清晨对南京城发动总攻。8 月 12 日白天，耆英到达南京，派信使前来确认英国全权代表的具体要求。

8 月 13 日，中国的钦差大臣和英国全权代表多次沟通，最终攻城计划终止，巴特利少将的部队也没有登陆。英方不能确定耆英的退让只是为守城赢得时间，还是他确实像他说的那样，已得到道光皇帝允许，能够全权处理和谈，结束战局。但在 8 月 14 日，旗人将领咸龄和署江宁布政司〔2〕黄恩彤在城郊寺庙〔3〕会见璞鼎查爵士的副官麻恭少校（George Alexander Malcolm）。中方递交道光帝的授权谕旨，英方翻译马儒翰查验；同时，璞鼎查爵士的英国全权代表授权也交对方查看，并加以说明。可以确定，此次会谈中方不会对英方的要求提出实质异议，因为运河漕运切断后影响很大，中国政府为恢复漕运愿意做出较大的让步。

在后续的几天里，谈判继续进行。8 月 17 日晚，璞鼎查爵士通知郭富爵士，根据谈判进展，可以解除双方敌对状态，部队停止进攻。从即日起，已登陆的部队视作暂据友邦领土。

中国钦差大臣与英国全权代表将会正式会面。8 月 20 日上午 10 时，耆英、伊里布、牛鉴在一众随员的陪同下，乘坐“麦都萨”号从大运河河口抵达“皋华丽”号，在英军旗舰的后甲板上受到英国全权代表和海陆司令官的接见，随后进入后舱室餐叙。这次会

〔1〕包括皇家爱尔兰第 18 团、第 49 团、马德拉斯土著第 14 炮兵队，以及 300 名海军陆战队员，总计约 1 800 人。

〔2〕清朝从二品官员，见页 333【原稿页 323】。

〔3〕译者注：南京下关静海寺。

见只是礼节性的访问。钦差大臣们参观旗舰后，返回南京。

8月22日，璞鼎查爵士计划回访。但突降暴雨，计划延后一
8与23日 天。到了第二天，伊里布身体抱恙，无法接待，于是访问延至。这
8月24日 一天，璞鼎查爵士、郭富爵士、巴加爵士一同乘船来到双方会面的城外寺庙，第18团的一名礼兵已两天前抵达。在会见中，马德拉斯炮兵团的安突德上尉被引荐给伊里布，这是伊里布提出的特别要求，希望能再见自己从前关押过的囚犯。会见结束后，全权代表和随行人员乘船返回等待消息。草约已经送往北京，等待道光帝批复。

在上奏草约时，钦差大臣们也非常坦率地向"主子"说明了现实情况，即赔款优于交战，因为后者将使战火蔓延，耗资巨大。另外，中国军队也无力从英军手中夺回沿江控制权，因此只能同意英方割让香港、开放通商口岸的要求。大臣们还提议，允许官方交往时行平行礼。[1]

璞鼎查爵士希望提醒中方大臣留意一些额外事项，于是双方于8月26日在城内再次见面。29日，中方钦差大臣再次登上"皋华丽"号，正式签署《南京条约》。

条约详细条款如下：

一、两国保持和平友好。

二、允许英国人及其家属在广州、厦门、福州、宁波和上海居住，英国将在上述各地设立领事馆。

三、向英国永久割让香港。

四、中国皇帝向英国支付1839年3月鸦片赔偿款600万元。

五、废除行商特权，允许英国商人自由贸易，中国皇帝支付行商欠款300万元。

六、中国皇帝支付战争赔款1 200万元。

---

〔1〕Ch. Report XI, p. 571.

七、上述三项共计2 100万元，立即支付600万元，于1843年支付600万元，1844年500万元，1845年400万元。

八、立即释放所有在华英国战俘。

九、赦免所有曾帮助英国的中国人。

十、在通商口岸设立关税制度。

十一、中方在两国官方文书往来中称谓降格。

十二、在中国皇帝批准该条约并支付首笔赔款后，英国军队撤出南京和京杭大运河，不再干扰交通。归还镇海，在赔款支付完毕并开放口岸后归还鼓浪屿和舟山。

十三、双方尽快换约，但所有条款即时生效。[1]

值得注意的是，《南京条约》中并无有关对华鸦片贸易的条款。英国外相巴麦尊在给璞鼎查的训示中曾明确表示，英国政府无意向中国政府要求在华鸦片贸易合法化，但他也要求璞鼎查提出，中方禁烟行动给英方带来不便，希望鸦片贸易能够合法化。这一努力未能实现，但鸦片贸易自此公开化，中国政府不再查抄。15年后，鸦片进口在额尔金勋爵(Lord Elgin)签订《天津条约》[2]时才真正合法化。

---

〔1〕Robert Montgomery Martin, *China: Political, Commercial and Social* (London: James Madden, 1847), Vol. 2, p. 84.

〔2〕*Parliamentary Papers* (C. 3395), p. 44.

第二十四章 从中国撤军：1842 年 8 月 30 日至 1846 年 7 月 24 日

1842 年 8 月 31 日

《南京条约》签署两日后，“西索斯梯斯”号携带一册条约副本前往孟买，同时送去的还有海陆两军指挥官的停战书。海军指挥的停战书由“皋华丽”号的理查兹上校派送，陆军指挥的停战书则由郭富爵士的副官第 26 团团长维丁汉姆(Whittingham)派送。

停战的结果对于军队来说的再好不过的。尽管如果开战，英军必能攻占南京，但驻守如此庞大的一座城市需要大量兵力，这对这支远征军来说困难重重。

扬子江沿岸夏季天气闷热潮湿，对健康不利。三个多月来，饱受疟疾困扰的海陆部队出现大量病员。[1] 然而，在道光皇帝批准

---

〔1〕1842 年 9 月 1 日数据显示，扬子江驻军的患病状况如下：

马德拉斯骑炮兵队	总人数	120 人	病员	17 人
皇家炮兵团	同上	124 人	同上	20 人
马德拉斯炮兵团及印度火枪队	同上	751 人	同上	146 人
马德拉斯工兵矿兵团	同上	311 人	同上	12 人
皇家爱尔兰第 18 团	同上	628 人	同上	86 人
苏格兰步兵第 26 团	同上	564 人	同上	59 人
第 49 团	同上	624 人	同上	38 人
第 55 团	同上	593 人	同上	200 人
第 98 团	同上	702 人	同上	304 人
孟加拉志愿兵队	同上	886 人	同上	202 人
马德拉斯土著步兵第 2 团	同上	917 人	同上	129 人
马德拉斯土著步兵第 6 团	同上	941 人	同上	105 人
马德拉斯土著步兵第 14 团	同上	975 人	同上	68 人
马德拉斯土著步兵第 36 团(步枪连)	同上	133 人	同上	16 人
马德拉斯土著步兵第 41 团	同上	235 人	同上	35 人
	总计	8 524 人	同上	1 437 人

条约前，英军只能按兵不动。9 月 15 日，道光帝批复同意条约的谕旨到达南京，英军部队立即着手撤军。

9 月 16 日早上，“奥克兰”号轮船载着公使副官麻恭少校离开南京，由他负责向英国政府递送文书。第一艘撤离的船是“贝雷色”号，搭载伤亡最重的第 98 团先行离开。几日后，其余舰船陆续撤离。截止到 9 月 20 日，全部舰队撤出南京。撤退时的航行比进入扬子江时更为艰险，每日航行里程只有 25 至 30 英里。

留守镇江由史库德少将指挥的部队这时候重新上船。10 月初，整个舰队约 150 艘大小舰船都停泊在舟山港口内外。“布朗底”号、“先驱者”号、“摩底士底”号和“哥伦拜恩”号奉命运送中方准时支付的首期赔款 600 万元返英国。四艘舰船分成两队，分别在 10 月 12 日、14 日从舟山出发，前往香港。璞鼎查爵士乘坐“皇后”号在返回舟山途中到访上海，后在南下途中巡视厦门，由于闽江航线通行困难，他放弃了前往福州的计划。

11 月 18 日，舰队重新在香港集结，为返航英国做准备的同时，处理广州事务。12 月 7 日，广州发生暴乱。一群暴民焚烧英国旗杆和英国商馆，火势蔓延至邻近两处欧洲商馆，其他一些欧洲人的住所也遭洗劫。当地官员派兵镇压。郭富爵士闻讯后，乘坐 12月8日
“伯劳西伯”号来到广州，但混乱未能平息。准备就绪前来广州平乱的英国军队仍在香港还未出发。

12 月 19 日，郭富爵士下令结束远征军任务。第二天，超过 50 12月20日
艘运输船从香港起航返英。香港只留下一支 1 250 人的武装部队，由少将索尔顿勋爵指挥驻守。

1843 年，英军一直驻守舟山和鼓浪屿，期间各部队数次换防。1844 年 5 月，根据《南京条约》，英军从鼓浪屿撤离。原定于 1845 年 12 月 31 日到期的最后一笔 200 万元赔款在 1846 年 1 月 22 日支付完毕。在随后的 4 月，香港总督德庇时与时任两广总督耆英

签署一份协议。[1] 根据这份协议,英国撤军后,中国不得将舟山交给其他任何国家;英国对该岛有保护职责,若遭遇别国侵犯,英国将有义务收复舟山,将其交还中国。协议签署前,为保证《南京条约》履行,英军一直占据舟山。这一协议被皇帝批准后,英军于1846年7月24日撤离舟山。至此,中国收复最后一块失地。

〔1〕璞鼎查爵士已于1844年7月21日离开中国。Ch. Report XIII, p. 336.

附录 A 英国海陆两军在战争不同阶段的分布状况

1840 年 6 月 30 日，海军

海军少将懿律(巴斯三等勋章)指挥

船只名称			指挥官姓名	1840 年 6 月 30 日位置	备注
英国皇家海军	"威里士厘"号军舰	72	(海军少将懿律勋爵) (上校邓达士勋爵)	澳门往北方水道	40 年 6 月 28 日，抵达澳门
同上	"布朗底"号军舰	42	胞祖上校	同上	40 年 6 月 28 日，同上
同上	"卑拉底斯"号军舰	18	晏臣中校	同上	40 年 6 月 28 日，同上
东印度公司	"马达加斯加"号		航海长戴西先生	同上	40 年 6 月 21 日，同上
同上	"进取"号	18	航海长韦斯特先生	同上	40 年 6 月 28 日，同上
英国皇家海军	"威里士厘"号军舰	72	准将伯麦爵士、舰长马他仑	往舟山水道	40 年 6 月 21 日，同上
同上	"康威"号军舰	26	比休恩上校	同上	40 年 6 月 21 日，同上
同上	"鳄鱼"号军舰	26	代理舰长库柏	同上	40 年 6 月 21 日，同上

续 表

船只名称			指挥官姓名	1840年6月30日位置	备注
同上	“巡洋”号军舰	16	吉福德中校	同上	40年6月21日,同上
同上	“阿尔吉林”号军舰	10	梅森上尉	同上	40年6月21日,同上
东印度公司	“阿特兰特”号	5	罗杰斯中校,印度海军	同上	40年6月21日,同上
同上	“皇后”号	6	沃登先生航海长	同上	40年6月21日,同上
英国皇家运兵船	“响尾蛇”号	28	布罗迪航海长	同上	40年6月21日,同上
英国皇家海军	“都鲁壹”号军舰	44	士密上校	珠江封锁口	40年3月25日,由澳洲抵达澳门
同上	“窝拉疑”号军舰	26	代理舰长沃伦	同上	39年8月30日,由印度抵达澳门
同上	“海阿新”号军舰	18	代理舰长斯图尔特	同上	39年8月30日,抵达澳门
同上	“拉恩”号军舰	18	布雷克中校	同上	40年6月21日,同上

雇佣运兵船名录

“阿拉勒维”号	“厄纳德”号	“美人鱼”号
“布伦德尔”号	“福塔·萨拉姆”号	“穆罕默德王”号
“布里玛”号	“洪哥厘”号	“拿撒勒王”号
“克里夫顿”号	“风鸢”号	“拉哈玛尼”号
“戴维·马尔科姆”号	“印度桉树”号	“咖哇治”号

续　表

“挑战”号	“伊莎贝拉·罗伯森”号	“斯塔尔卡特”号
“老鹰”号	“约翰·亚当斯”号	“苏利玛尼”号
“艾德蒙斯通”号	“玛利安”号	“维多利亚”号
“伊里沙白·安思丽”号	“麦都萨”号	“威廉·威尔逊”号

这些运兵船大多配有枪炮。一般而言，每艘船都有两门6磅、9磅或12磅炮。

1840年7月31日，海军

海军少将懿律（巴斯三等勋章）指挥

船只名称			指挥官姓名	1840年7月31日位置	备　注
英国皇家海军	“威里士厘”号军舰	72	（海军少将懿律勋爵） （舰长马他仑）	往北方水道	
同上	“布朗底”号军舰	42	胞祖上校	同上	
同上	“窝拉疑”号军舰	26	小懿律上校	同上	
同上	“摩底士底”号军舰	18	艾尔斯中校	同上	40年7月12日，抵达澳门
同上	“卑拉底斯”号军舰	18	晏臣中校	同上	
东印度公司	“马达加斯加”号		航海长戴西先生	同上	
运兵船	“厄纳德”号				
同上	“戴维·马尔科姆”号				
英国皇家海军	“麦尔威厘”号军舰	72	上校邓达士勋爵	舟山	维修中

续 表

船只名称			指挥官姓名	1840年7月31日位置	备 注
同上	“伯兰汉”号军舰	72	舰长辛好士爵士	同上	40年7月28日，从英国抵达
英国皇家运兵船	“响尾蛇”号	28	航海长布罗迪先生，海军	同上	
武装运兵船	“布里玛”号	2	福勒上尉，海军	同上	
英国皇家海军	“康威”号军舰	26	比休恩上校	长江封锁口	
同上	“阿尔吉林”号军舰	10	梅森上尉	同上	
快艇	“青春女神”号		航海长奎因	同上	
武装运兵船	“风鸢”号	2	的吉利是上尉，皇家海军	同上	
英国皇家海军	“鳄鱼”号军舰	26	代理舰长库柏	甬江封锁口	
同上	“巡洋”号军舰	16	吉福德中校	同上	
东印度公司	“阿特兰特”号	5	罗杰斯中校，印度海军	同上	
同上	“皇后”号	6	航海长沃登先生	同上	
英国皇家海军	“都鲁壹”号军舰	44	士密上校	珠江封锁口	
同上	“海阿新”号军舰	18	沃伦中校	同上	
同上	“拉恩”号军舰	18	布雷克中校	同上	
同上	“哥伦拜恩”号军舰	16	克拉克中校	同上	40年7月13日，抵达澳门
东印度公司	“进取”号		航海长韦斯特先生	澳门	
英国皇家海军	“宁罗得”号军舰	20	巴罗中校	澳门往舟山航道	40年7月，抵达澳门

八月以来离开驻地的船只数量：无。

1840 年 12 月 31 日，海军

准将伯麦爵士指挥

船只名称			指挥官姓名	1840 年 12 月 31 日位置	备　注
英国皇家海军	“威里士厘”号军舰	72	舰长马他仑	虎门	
同上	“伯兰汉”号军舰	72	舰长辛好士爵士	同上	
同上	“麦尔威厘”号军舰	72	上校邓达士勋爵	同上	
同上	“都鲁壹”号军舰	44	士密上校	同上	
同上	“加略普”号军舰	26	霞毕上校	同上	1840 年 10 月，由南美抵达
同上	“萨马兰”号军舰	26	斯科特上校	同上	
同上	“先驱者”号军舰	26	尼亚士上校	同上	40 年 11 月 20 日，由澳洲抵达
同上	“拉恩”号军舰	18	布雷克中校	同上	
同上	“海阿新”号军舰	18	沃伦中校	同上	
同上	“摩底士底”号军舰	18	艾尔斯中校	同上	
同上	“哥伦拜恩”号军舰	16	克拉克中校	同上	
同上	“巡洋”号军舰	16	吉福德中校	同上	40 年 12 月 15 日，抵达
同上	“硫磺”号军舰	8	卑路乍中校	同上	同上，抵达

续 表

船只名称			指挥官姓名	1840年12月31日位置	备注
同上	“司塔林”号军舰	4	开莱特上尉	同上	40年11月27日，护送远征队
快艇	“路易莎”号		卡米克，海军	同上	
武装运兵船	“朱庇特”号	12	航海长富尔顿	同上	
东印度公司	“皇后”号	6	航海长沃登先生	同上	
同上	“进取”号		航海长韦斯特先生	同上	
同上	“马达加斯加”号		航海长戴西先生	同上	40年11月25日，抵达澳门
同上	“复仇神”号	2	航海长霍尔先生	同上	
英国皇家海军	“布朗底”号军舰	42	胞祖上校	舟山	
同上	“康威”号军舰	26	比休恩上校	同上	
同上	“鳄鱼”号军舰	26	代理舰长库柏	同上	
同上	“宁罗得”号军舰	20	巴罗中校	同上	40年7月13日，抵达澳门
同上	“卑拉底斯”号军舰	18	晏臣中校	同上	
同上	“阿尔吉林”号军舰	10	梅森上尉	同上	40年7月，抵达澳门
同上	“响尾蛇”号军舰	10	航海长布罗迪先生	同上	
快艇	“青春女神”号	1	航海长奎因先生	同上	
东印度公司	“阿特兰特”号	5	罗杰斯中校，印度海军	同上	
武装运兵船	“穆罕默德王”号	2		同上	

自上次返航后离开驻地的船只

船只名称			指挥官姓名	目的地及日期	备注
英国皇家海军	"窝拉疑"号军舰	26	小懿律上校	英国,40 年 12 月 7 日	护送总司令懿律爵士
武装运兵船	"风鸢"号	2	的吉利是上尉,皇家海军	遇难,40 年 9 月 15 日	

1841 年 5 月 31 日,海军

辛好士爵士(皇家圭尔夫司令骑士勋章)指挥

船只名称			指挥官姓名	1841 年 5 月 31 日位置	备注
英国皇家海军	"伯兰汉"号军舰	72	舰长辛好士爵士	广州附近澳门水道	
同上	"布朗底"号军舰	42	胞祖上校	停在广州	
同上	"硫磺"号军舰	8	卑路乍中校	同上	
同上	"海阿新"号军舰	18	沃伦中校	同上	
同上	"宁罗得"号军舰	20	代舰长皮尔斯	同上	
同上	"摩底士底"号军舰	18	艾尔斯中校	同上	
同上	"卑拉底斯"号军舰	18	晏臣中校	同上	
同上	"巡洋"号军舰	16	吉福德中校	同上	
同上	"哥伦拜恩"号军舰	16	克拉克中校	同上	
同上	"阿尔吉林"号军舰	10	梅森上尉	同上	

续 表

船只名称			指挥官姓名	1841年5月31日位置	备 注
同上	“司塔林”号军舰	2	开莱特上尉	同上	
东印度公司	“阿特兰特”号	5	罗杰斯中校，印度海军	同上	
同上	“复仇神”号	2	航海长霍尔先生	同上	
快艇	“路易莎”号		卡米克先生，皇家海军	同上	
英国皇家海军	“加略普”号军舰	26	霞毕上校	停在黄埔	
同上	“康威”号军舰	26	比休恩上校	同上	
同上	“先驱者”号军舰	26	尼亚士上校	同上	
同上	“鳄鱼”号军舰	26	代理舰长库柏	同上	
英国皇家海军	“威里士厘”号军舰	72	舰长马他仑	虎门	
同上	“都鲁壹”号军舰	44	士密上校	同上	
同上	“拉恩”号军舰	18	布雷克中校	同上	
英国皇家运兵船	“响尾蛇”号	28	航海长布罗迪先生	同上	
快艇	“青春女神”号	1	航海长奎因先生	同上	

自上次返航后离开驻地的船只

船只名称			指挥官姓名	目的地及日期	备 注
英国皇家海军	“麦尔威厘”号军舰	72	上校邓达士勋爵	英国，41年3月26日	
同上	“萨马兰”号军舰	26	斯科特上校	同上，41年3月27日	

续 表

船只名称			指挥官姓名	目的地及日期	备注
东印度公司	“马达加斯加”号		航海长戴西先生	加尔各答，41年3月30日	
同上	“皇后”号	6	航海长沃登先生	同上，41年3月31日	
同上	“进取”号		航海长韦斯特先生	同上，41年3月	
武装运兵船	“朱庇特”号	12	航海长富尔顿先生	印度，41年3月	

1841年8月31日，海军

海军少将巴加爵士(巴斯爵级司令勋章)指挥

船只名称			指挥官姓名	1841年8月31日位置	备注
英国皇家海军	“威里士厘”号军舰	72	舰长马他仑	厦门	
同上	“伯兰汉”号军舰	72	霞毕上校	同上	
同上	“布朗底”号军舰	42	胞祖上校	同上	
同上	“都鲁壹”号军舰	44	士密上校	同上	
同上	“摩底士底”号军舰	18	艾尔斯中校	同上	
同上	“卑拉底斯”号军舰	18	晏臣中校	同上	
同上	“巡洋”号军舰	16	吉福德中校	同上	
同上	“哥伦拜恩”号军舰	16	克拉克中校	同上	

续 表

船只名称			指挥官姓名	1841年8月31日位置	备注
同上	“阿尔吉林”号军舰	10	梅森上尉	同上	
同上	“班廷克”号军舰	10	科林森上尉	同上	41年7月,由印度抵达
东印度公司	“西索斯梯斯”号	4	代舰长奥姆斯比	同上	41年8月10日,抵达澳门
同上	“复仇神”号	2	霍尔上尉	同上	
同上	“飞礼则唐”号	2	麦克拉维迪	同上	41年7月,返回香港
同上	“皇后”号	6	航海长沃登先生	同上	41年6月18日,由加尔各答返回
英国皇家运兵船	“响尾蛇”号	28	航海长斯普伦特	同上	
英国皇家海军	“先驱者”号军舰	26	尼亚士上校	香港和珠江	
同上	“鳄鱼”号军舰	26	代舰长普理查德	同上	
同上	“海阿新”号军舰	18	戈德史密斯中校	同上	
快艇	“青春女神”号	1	航海长奎因先生	同上	
武装运兵船	“朱庇特”号	12	航海长富尔顿先生	同上	41年8月,由印度退役
同上	“保皇党人”号	10	斯图尔特中校	同上	
东印度公司	“洪哥厘”号		航海长罗斯先生	同上	
英国皇家海军	“硫磺”号军舰	8	卑路乍中校	澳门	
同上	“司塔林”号军舰	2	开莱特上尉	同上	

自上次返航后离开驻地的船只

船只名称			指挥官姓名	目的地及日期	备注
英国皇家海军	“宁罗得”号军舰	20	巴罗中校	印度,41年3月26日	
同上	“加略普”号军舰	26	舰长库柏	加尔各答,41年7月6日	
同上	“康威”号军舰	26	比休恩上校	英国,41年7月17日	
快艇	“路易莎”号		卡米克先生,皇家海军	遇难,41年7月21日	
东印度公司	“阿特兰特”号		罗杰斯中校,印度海军	孟买,41年8月24日	护送伯麦爵士和义律上校
英国皇家海军	“拉恩”号军舰	18	布雷克中校	印度	

1841年12月31日,海军

副司令少将巴加爵士(巴斯爵级司令勋章)指挥

船只名称			指挥官姓名	1841年12月31日位置	备注
英国皇家海军	“布朗底”号军舰	42	胞祖上校	宁波和镇海	
同上	“摩底士底”号军舰	18	沃森中校	同上	
同上	“海阿新”号军舰	18	戈德史密斯中校	同上	
同上	“哥伦拜恩”号军舰	16	莫谢德中校	同上	

续　表

船只名称			指挥官姓名	1841年12月31日位置	备　注
同上	“班廷克”号军舰	10	科林森上尉	同上	
东印度公司	“西索斯梯斯”号	4	代舰长奥姆斯比，印度海军	同上	
同上	“皇后”号	6	航海长沃登先生	同上	
同上	“复仇神”号	2	霍尔上尉，皇家海军	同上	
同上	“飞礼则唐”号	2	麦克拉维迪上尉，皇家海军	同上	
英国皇家运兵船	“响尾蛇”号	28	航海长斯普伦特	同上	
英国皇家海军	“皋华丽”号军舰	72	理查兹上校	前往舟山途中	42年1月，抵达舟山
武装运兵船	“朱庇特”号	12	航海长富尔顿先生	前往厦门和舟山途中	42年2月3日，抵达舟山
英国皇家海军	“都鲁壹”号军舰	44	士密上校	厦门	
同上	“卑拉底斯”号军舰	18	丁达尔中校	同上	
同上	“阿尔吉林”号军舰	10	舰长马他仑	同上	
同上	“司塔林”号军舰	2	开莱特上尉	同上	
英国皇家海军	“伯兰汉”号军舰	72	舰长霞毕爵士	香港和珠江	
同上	“先驱者”号军舰	26	尼亚士上校	同上	
同上	“宁罗得”号军舰	20	克拉斯中校	同上	由印度返回
同上	“巡洋”号军舰	16	皮尔斯中校	同上	
武装运兵船	“保皇党人”号	10	切特伍德上尉	同上	

续　表

船只名称			指挥官姓名	1841年12月31日位置	备　注
快艇	"青春女神"号	1	航海长伍德先生	同上	
东印度公司	"洪哥厘"号		航海长罗斯先生	同上	

自上次返航后离开驻地的船只

船只名称			指挥官姓名	目的地及日期	备　注
英国皇家海军	"拉恩"号军舰	18	布雷克中校	英国,41年11月15日	
同上	"硫磺"号军舰	8	卑路乍中校	英国,41年11月21日	
东印度公司	"马达加斯加"号		航海长戴西先生	海上烧毁,41年9月20日	
英国皇家海军	"威里士厘"号军舰	72	舰长马他仑	英国	
同上	"鳄鱼"号军舰	26	代舰长普理查德	印度	

1842年5月31日,海军

副司令少将巴加爵士(巴斯爵级司令勋章)指挥

船只名称			指挥官姓名	1842年5月31日位置	备　注
英国皇家海军	"皋华丽"号军舰	72	理查兹上校	停在崎岖列岛	
同上	"布朗底"号军舰	42	胞祖上校	同上	

续 表

船只名称			指挥官姓名	1842年5月31日位置	备 注
同上	"摩底士底"号军舰	18	沃森中校	同上	
同上	"哥伦拜恩"号军舰	16	莫谢德中校	同上	
同上	+"克里欧"号军舰	16	特鲁布里奇中校	同上	+1842年,由英国抵达。
同上	"阿尔吉林"号军舰	10	上尉马他仑	同上	
武装运兵船	"朱庇特"号	12	霍夫梅斯特先生	同上	
东印度公司	"西索斯梯斯"号	4	奥姆斯比中校,印度海军	同上	
同上	*"博鲁多"号		都铎上尉,皇家海军	同上	*42年5月3日由英国抵达,42年5月24日加入乍浦远征军
同上	"飞礼则唐"号	2	麦克拉维迪上尉,皇家海军	同上	
同上	"复仇神"号	2	霍尔上尉,皇家海军	同上	
同上	#"谭那萨林"号	2	代航海长沃尔	同上	
同上	"阿厘厄登"号		罗伯茨上尉,印度海军	同上	#42年5月6日,由印度抵达香港
英国皇家海军	"司塔林"号军舰	2	开莱特中校	勘查长江口	
同上	"伯劳弗"号或"班廷克"号	10	科林森上尉	同上	

续 表

船只名称			指挥官姓名	1842年5月31日位置	备 注
同上	“海阿新”号军舰	18	戈德史密斯中校	镇海	
同上	“培里康”号军舰	16	贾斯蒂斯中校	同上	1842年1月抵达
同上	“都鲁壹”号军舰	44	士密上校	厦门	
同上	“卑拉底斯”号军舰	18	丁达尔中校	同上	
同上	“伯兰汉”号军舰	72	舰长霞毕爵士	香港和珠江	
同上	“塞利亚”号	42	霍普上校	同上	42年5月31日，抵达香港
同上	“先驱者”号军舰	26	尼亚士上校	同上	
同上	“宁罗得”号军舰	20	格拉斯中校	同上	
同上	“戴窦”号	80	凯珀尔上校	同上	同上，42年5月30日
同上	“巡洋”号	16	皮尔斯中校	同上	同上，42年5月30日
同上	“巨蛇”号	16	内维尔中校	同上	同上，42年5月30日
同上	“基尔德斯”号	16	哈尔斯蒂德中校	同上	同上，42年5月27日
同上	“哈利昆”号	16	哈斯廷斯中校	同上	同上，42年5月31日
快艇	“青春女神”号	1	航海长伍德先生	同上	
武装运兵船	“保皇党人”号	10	切特伍德上尉	同上	
东印度公司	“洪哥厘”号		航海长罗斯先生	同上	

续 表

船只名称			指挥官姓名	1842年5月31日位置	备注
同上	“皇后”号	6	航海长沃登先生	同上	
英国海军	“安度明”号军舰	44	格雷上校	由香港北上途中	同上,42年5月23日
同上	“坎布雷”号	36	查兹上校	同上	同上,42年4月28日
同上	“加略普”号	26	舰长库柏	同上	同上,42年4月28日
同上	“威克森”号	26	波伊斯中校	同上	同上,42年5月18日
东印度公司	“麦都萨”号	3	休伊特上尉,印度海军	同上	同上,42年5月18日
同上	“奥克兰”号	4	伊色萨上校	同上	同上,42年5月12日

自上次返航后离开驻地的船只：无

1842年7月6日,海军

副司令少将巴加爵士(巴斯爵级司令勋章)指挥

船只名称			指挥官姓名	1842年7月6日位置	备注
先遣队					
英国皇家海军	“司塔林”号军舰	2	开莱特中校	勘查长江	
同上	“伯劳弗”号军舰	6	科林森中校	同上	
同上	“摩底士底”号军舰	18	沃森中校	同上	

续 表

船只名称			指挥官姓名	1842年7月6日位置	备 注
同上	“克里欧”号军舰	16	特鲁布里奇中校	同上	
同上	“哥伦拜恩”号军舰	16	莫谢德中校	同上	
同上	“基尔德斯”号军舰	16	哈尔斯蒂德中校	同上	42年6月23日,抵达吴淞
东印度公司	“飞礼则唐”号	2	麦克拉维迪上尉,皇家海军	同上	
同上	“博鲁多”号		都铎上尉	同上	
同上	*“麦都萨”号	3	休伊特上尉,印度海军	同上	*42年6月8日,抵达崎岖列岛
同上	“复仇神”号	2	霍尔上尉,皇家海军	同上	
同上	“伯劳西伯”号		休中校,皇家海军	同上	
英国皇家海军	“皋华丽”号军舰	72	理查兹上校	沿长江上行	
同上	“布朗底”号军舰	42	胞祖上校	同上	
同上	“安度明”号军舰	44	格雷上校	同上	42年6月27日,抵达吴淞
同上	“加略普”号	26	舰长库柏	同上	
同上	“戴窦”号	18	凯珀尔上校	同上	42年6月16日,抵达吴淞
英国皇家运兵船	“贝雷色”号	20	金康上校	同上	42年6月3日,抵达香港;42年6月23日,抵达吴淞

续 表

船只名称			指挥官姓名	1842年7月6日位置	备 注
武装运兵船	"朱庇特"号	12	霍夫梅斯特先生	同上	
英国皇家运兵船	"阿波罗"号	8	弗雷德里克中校	同上	42年6月23日,抵达舟山
英国皇家运兵船	"响尾蛇"号	2	斯普伦特总司令	同上	42年6月23日,抵达吴淞
英国皇家海军	"威克森"号	6	波伊斯上校	同上	42年6月23日,抵达吴淞
东印度公司	"西索斯梯斯"号	4	奥姆斯比中校,印度海军	沿长江上行	
同上	"皇后"号	6	航海长沃登先生	同上	
同上	"谭那萨林"号		代航海长沃尔先生,皇家海军	同上	
同上	"奥克兰"号	4	伊色萨上校	崇明岛	42年6月27日,抵达吴淞。42年7月10日,"奥克兰"号与远征队会合
英国皇家海军	"北极星"号军舰	26	准男爵洪姆上校	吴淞	42年6月16日,抵达吴淞
同上	"阿尔吉林"号军舰	10	马他仑上尉	阿美士德礁	
同上	"海阿新"号军舰	18	戈德史密斯中校	镇海	
同上	"培里康"号军舰	16	贾斯蒂斯中校	同上	
同上	"都鲁壹"号军舰	44	士密上校	厦门	

续　表

船只名称			指挥官姓名	1842年7月6日位置	备　注
同上	"卑拉底斯"号军舰	18	丁达尔中校	同上	
同上	"伯兰汉"号军舰	72	舰长霞毕爵士	香港和珠江	
同上	"先驱者"号军舰	26	尼亚士上校	同上	
同上	"宁罗得"号军舰	20	格拉斯中校	同上	
同上	"巡洋"号军舰	16	皮尔斯中校	同上	
武装运兵船	"保皇党人"号	10	斯图尔特中校	同上	
快艇	"青春女神"号	1	航海长伍德先生	同上	
东印度公司	"洪哥厘"号		航海长罗斯先生	同上	

自上次返航后离开驻地的船只

船只名称			指挥官姓名	目的地及日期	备　注
东印度公司	"阿厘厄登"号		罗伯茨上尉，印度海军	42年7月2日，舟山沉没	

沿长江上行之先遣队的行动进度

船只名称	船主或货物	舰队或战舰分队
"马里昂"号	郭富爵士及英军总部官员	
"阿提亚·拉赫曼"号	工兵分队和坑道兵队	第一分队

续 表

船只名称	船主或货物	舰队或战舰分队
“约翰·弗莱明”号		
“约翰·库珀”号	煤块	英国皇家海军“加略普”号军舰
“迅驰”号	军需品、储备物	英国皇家海军“威克森”号军舰
“隐遁”号		
“三重奏”号	兵营随从	
“玛莎”号	煤块、随从	
“索菲亚”号		
“咖哇治”号	马德拉斯炮兵团	
“帕尔梅拉”号		
“吉普赛人”	火药、马匹	第二分队
“花夫人”号		
“伦敦城”号	马匹炮兵队	英国皇家海军“布朗底”号军舰
“挑战”号		
“挑衅者”号	炮兵队、随从	东印度公司“奥克兰”号
“利文斯顿”号		
“莱山德”号		
“罗巴斯”号	(侧翼分队,马德拉斯土著步兵第41团)	第三分队
“苏拉特商人”号	随员	英国皇家运兵船“贝雷色”号*
“尤吉花”号		英国皇家运兵船“朱庇特”号+
“伯汉姆邮差”号		东印度公司“皇后”号
“玛利亚”号		
“帖木儿”号	孟加拉志愿兵队	
“珀西”号		
“勇士”号		

续　表

船 只 名 称	船 主 或 货 物	舰队或战舰分队
“宫城”号		
“东方”号	步兵第55团	
“印度柿树”号		
“伍斯特”号		
“亚细亚”号	马德拉斯土著步兵第5团	第四分队
“威廉·特纳”号		
“沃尔梅城堡”号		英国皇家舰队“安度明”号
“兰尼米德”号		
“葛楚德”号	兵营随员	
“威廉·摩尼”号		东印度公司“西索斯梯斯”号
“迅驰”号	马德拉斯土著步兵第2团	
“贝福德公爵”号		
“罗霍玛尼”号		
“阿米莉亚·汤普森”号	（马德拉斯土著步兵第2团来复枪队）	
“密涅瓦”号	步兵第49团部分士兵＊	第五分队
“厄纳德”号	皇家爱尔兰第18团＋	英国皇家海军“戴窦”号军舰
“贝拉联军”号		东印度公司“谭那萨林”号
“马拉基德·贝哈尔”号		英国皇家运兵船“阿波罗”号＃
“咖哇治”号	马德拉斯土著步兵第14团	英国皇家运兵船“响尾蛇”号～
“北京”号		
“维多利亚”号		
“费泽·罗巴尼”号		

＊运送步兵第98团　　＋运送步兵第26团
＃运送第49团部分士兵　～运送第18团部分士兵

1840 年 6 月 30 日，陆军

布耳利准将指挥
副官达瑞尔上尉准男爵，第 18 团

部　队	军　官		其他军衔		各级军官	1840 年 6 月 30 日位置
	欧籍	所在地籍	适合服役	病号	合计	
司令部成员 *	11	—	—	—	11	由澳门至舟山水路途中
马德拉斯炮兵团	12	—	206	—	218	同上
印度枪炮兵队	—	2	60	—	62	同上
马德拉斯工兵团和坑道兵队	8	4	265	—	277	同上
皇家爱尔兰第 18 团	(10	—	230	—	240	同上，乘“响尾蛇”号运兵船由舟山至澳门途中
	(18	—	383	12	413	同上，“阿拉勒里”、“布里玛”和“克里夫顿”号运兵船
苏格兰卡梅伦步兵第 26 团	(4	—	143	—	147	同上，乘“艾德蒙斯通”号运兵船
	(24	—	741	10	775	同上，乘“罗霍玛尼”号、“厄纳德”号、“挑战号”和“印度桉树”号运兵船
第 49 团	36	—	623	34	693	同上，乘“穆罕默德王”、“苏利玛尼”号、“布伦德尔”号、“伊莎贝拉・罗伯森”号、“美人鱼”号和“马里昂”号
孟加拉志愿兵队	20	15	864	—	899	由澳门至舟山水路途中
总计	143	21	3 515	56	3 735	

* 布耳利准将指挥

副参谋芒廷少校，步兵第 26 团。

副军需长少校比彻先生，土著步兵第 62 团。
霍金斯少校，土著步兵第 38 团。

副参谋长助理戴维森中尉，土著步兵第 32 团。
副官达瑞尔上尉准男爵，步兵第 18 团。
金医生。
副军法署长摩尔上校，土著步兵第 34 团。

财务总管威尔逊少校，步兵第 65 团。
医务管理员，助理医生格雷厄姆
助理副官奥本中尉。

1840 年 7 月 31 日，陆军

布耳利准将指挥
副官达瑞尔上尉准男爵，第 18 团

部　队	军　官		其他军衔		各级军官	1840 年 7 月 31 日位置
	欧籍	所在地籍	适合服役	病号	合计	
司令部成员 *	13	—	—	—	13	定海：舟山
马德拉斯炮兵团	12	—	206	—**	218	定海南侧扎营
印度枪炮兵队	—	2	60	—**	62	同上
马德拉斯工兵团和坑道兵队	8	4	265	—**	277	舟山工兵角扎营
皇家爱尔兰第 18 团	28	—	526	66	620	舟山东岳山
苏格兰卡梅伦步兵第 26 团	27	—	818	76	921	舟山定海
第 49 团	36	—	597	52	685	在舟山登上“美人鱼”号等船只
孟加拉志愿兵队	18	15	842	—**	875	定海东北侧扎营
总计	142	21	3 314	194	3 671	

＊布耳利准将指挥
副参谋芒廷少校，步兵第 26 团。
副军需长少校比御先生，土著步兵第 62 团。
霍金斯少校，土著步兵第 38 团。
副参谋长助理戴维森中尉，土著步兵第 32 团。
财务总管威尔逊少校，土著步兵第 65 团。
金医生。

副军法署长摩尔上校，土著步兵第 34 团。
医务管理员兼军医—助理医生格雷厄姆。
秘书米特福德中尉，步兵第 18 团。
牧师：菲尔丁·琼斯先生。
军事法官凯恩上尉。
＊＊ 无人生还

1840 年 12 月 31 日，陆军

布耳利准将指挥
副官米特福德中尉，步兵第 18 团

部 队	军 官		其他军衔		各级军官	1840 年 12 月 31 日位置
	欧籍	所在地籍	适合服役	病号	合计	
司令部成员＊	17	—	—	—	17	定海：舟山
马德拉斯炮兵团	10	—	183	—＋	193	同上
印度枪炮兵队	—	1	55	—	56	同上
马德拉斯工兵团和坑道兵队	6	4	237	—	247	同上
皇家爱尔兰第 18 团	21	—	412	66	561	东岳山，舟山
	6	—	56	—		位于岑港，舟山
苏格兰卡梅伦步兵第 26 团	18	—	166	180		定海，舟山

续　表

部　队	军　官		其他军衔		各级军官	1840年12月31日位置
	欧籍	所在地籍	适合服役	病号	合计	
	5	—	205	—+	652	搭乘“厄纳德”号，由马尼拉出发途中
	1	—	55	—+		搭乘“挑战”号，同上
	1	—	21	—		搭乘“护卫舰”号，于塔胡(Tahoo)停靠
第49团	31	—	238	125	491	搭乘“挑战”号，由马尼拉出发途中
	1	—	96	—+		
孟加拉志愿兵队	15	12	584	—+	783	定海，舟山
	3	3	166	—+		乘船，于虎门停靠
马德拉斯土著步兵第37团	17	11	585	—+	613	同上
总计	152	31	3 059	371	3 613	

* 布耳利少将指挥

副参谋芒廷少校，步兵第26团。
副军需长少校比彻先生，土著步兵第62团。
霍金斯少校，土著步兵第38团。
副参谋长助理戴维森中尉，土著步兵第32团。

副军委长史密斯上尉。
同上，摩尔海德上尉。
军医，医生格兰特绅士。
财务总管威尔逊少校，土著步兵第65团。
副军法署长摩尔上校，土著步兵第34团。
医务管理员—助理医生格雷厄姆。

副官米特福德中尉，步兵第18团。
随军牧师—富兰克林。
外务长官斯蒂芬斯少校。
定海治安长官，凯恩上尉。
助理，同上，丹尼斯中尉。

助理野战工程师—科顿上尉。

＋ 无细节

1841 年 5 月 31 日，陆军

少将郭富爵士（巴斯爵级司令勋章）指挥
副官加比特上尉，马德拉斯炮兵团

部　　队	军　官		其他军衔		合计	1841 年 5 月 31 日位置
	欧籍	所在地籍	适合服役	病号	所有级别	
司令部成员 *	13	—	—	—	13	
皇家炮兵团	3	—	33	—	36	
马德拉斯炮兵团	11	—	164	3	178	广州高地
印度枪炮兵队	—	2	66	1	69	（郭富爵士）
马德拉斯工兵团和坑道兵队	5	3	166	9	183	
皇家爱尔兰第 18 团	29	—	495	12	536	
苏格兰卡梅伦步兵第 26 团	16	—	280	17	313	
第 49 团	26	—	265	17	308	
皇家海军陆战队	10	—	367	5	382	
海军旅	26	—	382	17	425	
孟加拉志愿兵队	1	2	111	1	115	
马德拉斯土著步兵第 37 团	10	4	224	—	238	
合计	150	11	2 553	82	2 796	
马德拉斯炮兵团	1	—	25	—	26	北横档岛
印度枪炮兵队	—	—	7	—	7	斯蒂芬斯少校，第 49 团

续 表

部 队	军 官		其他军衔		合计	1841年5月31日位置
	欧籍	所在地籍	适合服役	病号	所有级别	
第49团	1	—	1	—	2	
孟加拉志愿兵队	2	1	46	7	56	
合计	4	1	79	7	91	
征调军官＋	1	—	—	—	1	香港(格里高利少校,第49团)
马德拉斯工兵团和坑道兵队	—	1	67	—	68	
皇家爱尔兰第18团	—	—	14	—	14	
苏格兰卡梅伦步兵第26团	—	—	13	—	13	
第49团	4	—	75	—	79	
马德拉斯土著步兵第37团	7	6	379	16	408	
合计	12	7	548	16	583	
苏格兰卡梅伦步兵第26团	4	—	7	39	50	“艾德蒙斯通”、“马里昂”号运兵船
总计	170	19	3 187	144	3 520	

* 布耳利少将(巴斯爵级司令勋章)指挥
副参谋芒廷少校,步兵第26团。
副军需长戈夫上尉,轻骑兵(Light Dragoons)第3团(指挥)。
财务总管威尔逊少校,孟加拉土著步兵第65团。
霍金斯少校,土著步兵第38团。
副参谋长助理,同上,戴维森中尉,土著步兵第32团。
助理,同上,同上,摩尔海德中尉,步兵第26团。
军医,医生格兰特绅士。
副军法署长摩尔上校,孟加拉土著步兵第34团。
医务管理员,助理医生格雷厄姆,孟加拉部队。
代理野战工程师科顿上尉,马德拉斯工程兵队。
助理,同上,伯德伍德中尉,马德拉斯工程兵队。
随军牧师,库珀。

＋ 治安长官,凯恩上尉,步兵第26团

1841 年 8 月 31 日,陆军

少将郭富爵士(巴斯爵级司令勋章)指挥
副官加比特上尉,马德拉斯炮兵团

部队	军官		其他军衔		合计	1841 年 8 月 31 日位置
	欧籍	所在地籍	适合服役	病号	所有级别	
司令部成员	17	—	—	—	17	
皇家炮兵团	—	—	—	—	—	
马德拉斯炮兵团	6	—	98	3	107	
印度枪炮兵队	—	1	32	—	33	厦门,郭富爵士
马德拉斯工兵团和坑道兵队	6	3	177	29	215	
皇家爱尔兰第 18 团	29	9	646	50	725	
第 49 团	35	—	466	32	533	
第 55 团	24	—	743	32	799	
合计	117	4	2 162	146	2 429	
马德拉斯炮兵团	3	—	41	—	44	鼓浪屿岛,参逊少校,26 团
印度枪炮兵队	—	1	28	1	29	
苏格兰卡梅伦步兵第 26 团	8	—	153	—	161	
合计	11	1	222	—	234	
马德拉斯炮兵团	1	—	36	—	37	香港岛(布耳利少将)
印度枪炮兵队	—	—	3	—	3	
马德拉斯工兵团和坑道兵队	—	1	26	—	27	
皇家爱尔兰第 18 团	3	—	92	12	107	

续　表

部　队	军　官		其他军衔		合计	1841 年 8 月 31 日位置
	欧籍	所在地籍	适合服役	病号	所有级别	
苏格兰卡梅伦步兵第 26 团	(17	—	307	40	364	
	—	—	8 *	—	8 *	* 充任警力
第 49 团	3	—	78	—	81	
第 55 团	—	—	12	—	12	
马德拉斯土著步兵第 37 团	16	11	278	267	572	
孟加拉志愿兵队	3	4	96	65	168	
合计	43	16	936	384	1 379	
马德拉斯炮兵团	—	—	11	—	11	搭乘“咖哇治”号
印度枪炮兵队	—	—	11	—	11	搭乘“贝布达”号
第 55 团	1	—	19	1	20	
合计	1	—	41	—	42	
总计	172	21	3 361	530	4 084	

指挥官：
少将郭富爵士(巴斯爵级司令勋章)。
少将布耳利。
副参谋芒廷上校,步兵第 26 团。
副军需长戈夫上尉,轻骑兵队第 3 团。
外科医生—弗伦奇绅士(医学博士)。
财务总管—威尔逊少校,土著步兵第 65 团。
副参谋长霍金斯少校,土著步兵第 38 团。
副参谋长助理,同上,戴维森中尉,土著步兵第 32 团。
助理,同上,同上。—摩尔海德上尉,步兵第 26 团。
副军法署长摩尔上校,孟加拉土著步兵第 34 团。
代理野战工程师—科顿上尉,马德拉斯工程兵队。
医务管理员兼军医—格雷厄姆。
随军牧师—琼斯先生、库珀先生、富兰克林先生。
军需长官—巴罗中尉。
治安长官—凯恩上尉,步兵第 26 团。

1841 年 12 月 31 日，陆军

少将郭富爵士（巴斯爵级司令勋章）指挥 *

部　队	军　官		其他军衔		各级军官	1841 年 12 月 31 日位置
	欧籍	所在地籍	适合服役	病号	合计	
司令部成员 +	27	—	—	—	27	
皇家炮兵团	1	—	7	—	8	
马德拉斯炮兵团	7	—	111	5	123	
印度枪炮兵队	—	2	43	3	48	宁波（郭富爵士，巴斯勋章）
马德拉斯工兵团和坑道兵队	5	2	99	12	118	
皇家爱尔兰第 18 团	14	—	291	16	321	
第 49 团	22	—	352	19	393	
第 55 团	11	—	229	11	251	
马德拉斯土著步兵第 36 团来复枪队	4	2	114	—	120	
合计	91	6	1 246	66	1 409	
皇家炮兵团	1	—	24	—	25	镇海（克雷吉中校，第 55 团）
马德拉斯炮兵团	—	—	11	—	11	
印度枪炮兵队	—	—	11	—	11	
马德拉斯工兵团和坑道兵队	1	1	42	—	44	
第 55 团	15	—	397	35	447	
合计	17	1	485	35	538	
马德拉斯炮兵团	2	—	19	—	21	舟山（斯蒂芬斯少校）

续　表

部　队	军　官		其他军衔		各级军官	1841 年 12 月 31 日位置
	欧籍	所在地籍	适合服役	病号	合计	
印度枪炮兵队	—	—	12	—	12	
马德拉斯工兵团和坑道兵队	1	—	32	—	32	
皇家爱尔兰第 18 团	—	—	1	—	1	
第 49 团	8	—	119	—	127	
第 55 团	3	—	87	1	91	
合计	14	—	270	1	285	
马德拉斯炮兵团	1	—	22	—	23	厦门(鼓浪屿)
马德拉斯工兵团和坑道兵队	—	—	11	—	11	参逊少校
皇家爱尔兰第 18 团	12	—	382	—	394	
苏格兰卡梅伦步兵第 26 团	9	—	179	—	188	
合计	22	—	594	—	616	
马德拉斯炮兵团	1	—	23	—	24	
马德拉斯工兵团和坑道兵队	1	1	48	—	50	香港
皇家爱尔兰第 18 团	6	—	232	—	238	布耳利少将
苏格兰卡梅伦步兵第 26 团	19	—	403	4	426	
第 49 团	3	—	72	—	75	
第 55 团	9	—	289	—	298	
孟加拉志愿兵队	4	3	66	87	160	
马德拉斯土著步兵第 37 团	6	6	231	106	349	
合计	49	10	1 364	197	1 620	

续 表

部 队	军 官		其他军衔		各级军官	1841年12月31日位置
	欧籍	所在地籍	适合服役	病号	合计	
皇家炮兵团	—	—	1	—	1	在船上
第55团	—	—	3	—	3	
马德拉斯土著步兵第37团	4	1	43	—	48	
合计	4	1	47	—	52	
总计	197	18	4 006	299	4 520	

* 1841年11月23日,郭富爵士晋升为中将

+ 指挥官:中将郭富爵士(巴斯爵级司令勋章)
布耳利少将。
参逊少校。
斯蒂芬斯少校。
克雷吉中校,第55团。

副参谋芒廷少校,步兵第26团。
副军需长戈夫上尉,轻骑兵队第3团。
财务总管—威尔逊少校,土著步兵第65团。
副参谋长霍金斯少校,土著步兵第38团。
副军委长—拉姆齐上尉。
副参谋长助理,同上,戴维森中尉,土著步兵第32团。
助理,同上,同上。—摩尔海德上尉,步兵第26团。
同上,同上,同上。—吉本斯中尉。
副军法署长—摩尔上校,孟加拉土著步兵第34团。
野战工程师(Field Engineer)—皮尔士上校。
助理工程师—科顿上尉,马德拉斯工程兵队。
军需长官—巴罗中尉。
舟山军事长官—丹尼斯上尉。
外科医生—弗伦奇绅士(医学博士)。
随军牧师—库珀先生。
同上,同上—琼斯先生。
同上,同上—富兰克林先生。
鼓浪屿军官长—爱德华兹上尉。
治安长官—凯恩上尉,步兵第26团。
田土官—迈利乌司上尉。
旅团。辎重事务—军需长官梅恩先生。
医务管理员兼军医—助理医生格雷厄姆。

1842 年 5 月 31 日，陆军

中将郭富爵士（巴斯爵级司令勋章）指挥

部　　队	军　官		其他军衔		各级军官	1842 年 5 月 31 日位置
	欧籍	所在地籍	适合服役	病号	合计	
司令部成员 *	31	—	—	—	31	
皇家炮兵团	2	—	21	—	23	
马德拉斯炮兵团	8	—	132	4	144	
印度枪炮兵队	—	2	48	4	54	乘船，停在崎岖列岛
马德拉斯工兵团	5	3	118	7	133	
皇家爱尔兰第 18 团	20	—	443	12	475	
苏格兰卡梅伦步兵第 26 团	28	—	523	8	559	
第 49 团	26	—	434	2	462	
第 55 团	14	—	262	12	288	
马德拉斯土著步兵第 37 团来复枪队	4	—	101	3	109	
合计	138	6	2 082	52	2 278	
皇家炮兵团	—	—	11	—	11	镇海（克雷吉中校）
皇家爱尔兰第 18 团	2	—	84	—	86	
第 55 团	3	—	53	—	56	
合计	5	—	148	—	153	
马德拉斯炮兵团	1	—	21	—	22	舟山
印度枪炮兵队	—	—	8	—	8	
马德拉斯工兵团	1	—	47	—	48	
皇家爱尔兰第 18 团	1	—	16	16	33	

续表

部队	军官		其他军衔		各级军官	1842年5月31日位置
	欧籍	所在地籍	适合服役	病号	合计	
苏格兰卡梅伦步兵第26团	—	—	1	—	1	
第49团	—	—	47	—	47	
第55团	14		394	—	408	
合计	17	—	534	16	567	
马德拉斯炮兵团	1	—	20	—	21	厦门(鼓浪屿)
马德拉斯工兵团	—	—	11	1	11	
皇家爱尔兰第18团	7	—	264	—	271	
苏格兰卡梅伦步兵第26团	—	—	28	—	28	
第55团	—	—	23	—	23	
合计	8	—	346	—	354	
马德拉斯炮兵团	1	—	18	—	19	香港
马德拉斯工兵团	1	1	35	—	37	布耳利少将
皇家爱尔兰第18团	3	—	68	—	71	
苏格兰卡梅伦步兵第26团	1	—	17	4	18	
第49团	5	—	299	—	304	
第55团	7	—	272	—	279	
合计	18	1	709	—	728	
总计	186	7	3 819	68	4 080	

* 指挥官—中将郭富爵士(GCB,巴斯爵级大十字勋章)

布耳利少将。

考柏少校。

克雷吉中校,第55团。

副参谋长芒廷少校,巴斯爵士三等勋章,第26团。

副参谋长,希特利中尉。

副军需长,戈夫上尉,轻骑兵第 3 团。
外科医生—弗伦奇(医学博士)。
财务总管—威尔逊少校,孟加拉土著步兵第 65 团。
副参谋长助理霍金斯少校,孟加拉土著步兵第 38 团。
助理,助理秘书,同上。—摩尔海德上尉,步兵第 26 团。
助理,助理秘书,同上。—拉姆奇上尉。
副参谋长助理戴维森中尉,孟加拉土著步兵第 32 团。
助理,助理秘书,同上。—吉本斯中尉。
副军法署长摩尔少校,孟加拉土著步兵第 34 团。
医务管理员—助理医生格雷厄姆。
野战工程师—皮尔士上校。
助理野战工程师—科顿上尉。
助理野战工程师—奥克特洛尼中尉。
助理野战工程师—伯德伍德上尉。
军需长官—巴罗中尉。
旅团。辎重事务—军需长梅恩先生。
参谋和通讯官—考尔中尉。
军事法官—丹尼斯上尉。
要塞副长官—皮特曼中尉。
驻军医生—格兰特医生。
准将助理(镇海)军需事务:格里格先生。
随军牧师—巴罗斯先生。
　　　　库珀先生。
　　　　富兰克林先生。
治安长官—凯恩上尉,第 26 团。

1842 年 7 月 6 日,陆军

中将郭富爵士(巴斯爵级司令勋章)指挥

部　队	军　官		其他军衔		各级军官	1842 年 5 月 31 日位置
	欧籍	所在地籍	适合服役	病号	合计	
司令部成员 *	28 *	—	—	—	28	
兵团官兵	7+	—	—	—	7	
皇家炮兵团	7	—	108	10	125	

续 表

部 队	军 官		其他军衔		各级军官	1842年5月31日位置
	欧籍	所在地籍	适合服役	病号	合计	
马德拉斯炮兵团和印度枪炮兵队	26	10	837	14	887	乘船,沿长江上行
马德拉斯工兵团	9	5	309	4	327	
皇家爱尔兰第18团	26	—	518	32	576	
苏格兰卡梅伦步兵第26团	28	—	524	7	559	
第49团	28	—	613	45	686	
第55团	23	—	495	10	528	
第98团	31	—	727	32	790	
孟加拉志愿兵队	19	16	847	26	908	
马德拉斯土著第2团	24	17	846	57	944	
马德拉斯土著第6团	20	19	849	17	905	
马德拉斯土著第14团	21	15	898	—	934	
马德拉斯土著步兵第36团来复枪队	5	1	124	4	134	
马德拉斯土著第41团侧翼分队	7	4	225	2	238	
合计	309	87	7 920	260	8 576	
皇家炮兵团	—	—	11	—	11	镇海(奥利里上校,第55团)
第55团	4	—	139	—	143	
合计	4	—	150	—	154	
马德拉斯炮兵团和印度枪炮兵队	2	—	29	—	31	舟山
马德拉斯工兵团	2	—	48	—	50	克雷吉中校,第55团
皇家爱尔兰第18团	1	—	16	14	31	

续　表

部　队	军　官		其他军衔		各级军官	1842年5月31日位置
	欧籍	所在地籍	适合服役	病号	合计	
第49团	1	—	76	—	77	
第55团	12	—	408	—	420	
马德拉斯土著第41团	14	15	652	51	732	
合计	32	15	1 229	65	1 341	
马德拉斯炮兵团	1	—	20	—	21	厦门(鼓浪屿)
马德拉斯工兵团	—	—	11	—	11	迪伦少校,第18团
皇家爱尔兰第18团	6	—	262	—	268	
苏格兰卡梅伦步兵第26团	—	—	28	—	28	
第55团	—	—	23	—	23	
合计	7	—	344	—	351	
马德拉斯炮兵团和印度枪炮兵队	1	—	99	—	100	香港
马德拉斯工兵团	1	1	36	—	38	布耳利少将
皇家爱尔兰第18团	3	—	6	—	71	
苏格兰卡梅伦步兵第26团	3	—	33	—	36	
第49团	7	—	43	—	50	
第55团	1	—	44	—	45	
马德拉斯土著第39团	20	17	885	—	922	
合计	36	18	1 208	—	1 262	
总计	388	120	10 851	325	11 684	

* 指挥—中将郭富爵士(巴斯爵级大十字勋章)

副参谋芒廷少校,步兵第26团。

副参谋长,希特利中尉。

副军需长—戈夫上尉，轻骑兵第 3 团。
财务总管—威尔逊少校，孟加拉土著步兵第 65 团。
副参谋长霍金斯少校，孟加拉土著步兵第 38 团。
助理，助理秘书，同上。—摩尔海德上尉，步兵第 26 团。
同上，同上，同上。—吉本斯中尉（隶属步兵第 1 团）。
副参谋长助理戴维森中尉，孟加拉土著步兵第 32 团。
医生— 弗伦奇绅士（医学博士）。
同上，汤姆森。
副军法署长摩尔少校，孟加拉土著步兵第 34 团。
野战工程师—皮尔士上校。
助理工程师—伯德伍德上尉。
助理工程师—奥克特洛尼中尉。
助理工程师—肖中尉。
旅团。辎重事务—军需长梅恩先生。
军需长官—巴罗中尉。
医务管理员兼军医—格雷厄姆
参谋和通讯官—考尔中尉。
要塞副长官—皮特曼中尉。
同上，同上— 肖中尉。
军事法官—丹尼斯上尉。
随军医生—格兰特医生。
随军牧师— 库珀先生。
富兰克林先生。
巴罗斯先生。
菲尔普斯先生。

十 旅队官兵

第 1 旅

少将索尔顿勋爵。
秘书库宁汉姆上尉，步枪旅。
副旅长—格兰特上尉，第 9 枪骑兵队。
准将助理—吉本斯中尉。

第 2 旅

史库德少将，第 55 团。
副旅长—道贝尼上尉，第 55 团。
军委秘书—埃尔芬斯顿中尉。

第 3 旅

巴特利少将，第 49 团。
副旅长—布朗上尉，第 49 团。

炮兵旅

蒙哥马利中尉（巴斯三等勋章），旅。
副旅长—贝尔福上尉，马德拉斯炮兵团。

附录 B 各次行动中返还兵力及伤亡情况

虎门附近的海军活动，1839 年 11 月 3 日

参战英军	各级军官	伤亡人数		参战清军	各级军官	伤亡人数			备注
	人数	阵亡	受伤		人数	阵亡	受伤	俘虏	
海上（士密上校）				海上（关天培将军）	*	*	*	—	4 艘战舰被毁
英国皇家海军“窝拉疑”号 26 士密上校	165	—	—	16 艘战船，13 艘火船					
英国皇家海军“海阿新”号 18（沃伦中校）	125	—	1						
合计	290	—	1	合计	*	*	*	—	

厦门战事，1840 年 7 月 3 日

参战英军	各级军官	伤亡人数		参战清军	各级军官	伤亡人数			备注
	人数	阵亡	受伤		人数	阵亡	受伤	俘虏	
海上				海上：数艘带兵战舰	*	*	*	—	

续 表

参战英军	各级军官	伤亡人数		参战清军	各级军官	伤亡人数			备注
	人数	阵亡	受伤		人数	阵亡	受伤	俘虏	
英国皇家海军“布朗底”号 42（胞祖上校）	280	—	—	岸上：中方部队	250+	12+	*	—	
合计	280	—	—	合计	*		*	—	

* 未知。　　＋ 估算。

占领舟山定海，1840 年 7 月 5 日

参战英军	各级军官	伤亡人数		参战清军	各级军官	伤亡人数			备注
	人数	阵亡	受伤		人数	阵亡	受伤	俘虏	
海上（伯麦爵士指挥）				海上：					
英国皇家海军“威里士厘”号 72（马他仑司令）	556	—	—	23 艘战舰	*	*	*	—	
同上，“康威”号，72（比休恩上校）	185	—	1						
同上，“鳄鱼”号，26（代理舰长库柏）	146	—	—						
同上，“巡洋”号，16（吉福德中校）	106	—	—						
同上，“阿尔吉林”号，10（梅森上尉）	54	—	—						
同上，“响尾蛇”号，28（布罗迪先生）	41	—	—						

续 表

参战英军	各级军官	伤亡人数		参战清军	各级军官	伤亡人数			备注
	人数	阵亡	受伤		人数	阵亡	受伤	俘虏	
快艇"青春女神"号(霍奇金森)		—	—						
东印度公司,"阿特兰特"号(罗伯斯中校)		—	—						
同上,"皇后"号(沃登先生)	104	—	—						
合计		—	1						
岸上(布耳利准将)				岸上:					
马德拉斯炮兵和印度枪炮兵队(蒙哥马利中尉)	674	—	—	若干中方部队	1 100+	25	*	—	
马德拉斯工兵团(皮尔士上校)									
皇家爱尔兰第18团(亚当斯中校)	236	—	—						
苏格兰卡梅伦步兵第26团(詹姆斯中校)	779	—	—						
第49团(巴特利少将)	521	—	—						
皇家海军陆战队(艾利斯上校)	150++	—	—						
孟加拉志愿兵队	567								
合计	2 927	—	—						
总计		—	1	总计	*	25	*	—	

* 未知。　＋ 估算。　＋＋ 因已计入海军表,故未计入本表"总计"栏。

澳门防线的行动,1840 年 8 月 19 日

参战英军	各级军官	伤亡人数		参战清军	各级军官	伤亡人数			备注
	人数	阵亡	受伤		人数	阵亡	受伤	俘虏	
海上(士密上校)				海上:					
英国皇家海军“都鲁壹”号,44(士密上校)	290	—	—	若干艘战舰	*	*	*	—	2 艘战舰
同上,“拉恩”号,44(布雷克中校)	125	—	—						
同上,“海阿新”号,18(代舰长斯图尔特)	125	—	—						
东印度公司,“进取”号,18,(船长韦斯特)	92	—	—						
合计	632	—	—						
岸上(米上尉)				岸上:					
孟加拉志愿兵队(米上尉)	180	—	)	若干中方部队					
水手(戈德史密斯上尉)	90++	—	) 4						
皇家海军陆战队(麦斯威尔上尉)	110++	—	)						
合计	380	—	4		*	100+	*	—	
总计	812	—	4	总计	4 000 *	*	*	—	

* 未知。　　+ 估算。　　++ 因已计入海军表,故未计入本表“总计”栏。

舟山群岛战事,1840年7月29日

参战英军	各级军官	伤亡人数		参战清军	各级军官	伤亡人数			备注
	人数	阵亡	受伤		人数	阵亡	受伤	俘虏	
海上				岸上					1艘战舰被俘
英国皇家海军“卑拉底斯”号(海伊上尉)	47	2	5	3艘战舰	*	6	*	2	

占领穿鼻各要塞,1841年1月7日

参战英军	各级军官	伤亡人数		参战清军	各级军官	伤亡人数			备注
	人数	阵亡	受伤		人数	阵亡	受伤	俘虏	
海上(霞毕上校)				海上:					
英国皇家海军“加略普”号,26(霞毕上校)	185	—	1	14艘战舰	*	*	*	—	1艘战舰炸毁,10艘烧毁
同上,“海阿新”号,18(沃伦中校)	125	—	5						
同上,“拉恩”号,18(布雷克中校)	125	—	—						
东印度公司,“皇后”号,6(沃登先生)	104	—	—						
同上,“复仇神”号,2(霍尔先生)	90	—	—						
合计	629	—	6						

续　表

参战英军	各级军官	伤亡人数		参战清军	各级军官	伤亡人数			备注
	人数	阵亡	受伤		人数	阵亡	受伤	俘虏	
岸上(普拉特中校)				岸上：	*	400+	*	100+	82门枪炮缴获，其中44门已装弹
皇家炮兵团(a)(诺尔斯上尉)	33	—	1	若干中方部队					
第26、49团(参逊少校，第26团)	104	—	2						
“威里士厘”号、“伯兰汉”号和“麦尔威厘”号水兵(威尔逊上尉，皇家海军)	137	—	(b)1						
皇家海军陆战队(c)(艾利斯上校)	504	—	(d)10						
马德拉斯土著步兵第39团(达夫上尉)	607	—	(e)16						
孟加拉志愿兵队(博尔顿上尉)	76	—	—						
合计	1 461	—	30						
总计	2 090	—	36	总计	2 000+	*	*	100+	

* 未知。

\+ 估算。

(a) 2门6磅炮和1门24磅榴弹炮。

(b) 瓦伊纳先生，船副，英国皇家海军“伯兰汉”号。

(c) 包括舰队所有船只搭载的兵力综合。

(d) 其中有一名军官，即怀特少尉，皇家海军。

(e) 其中有一名军官，即助理医生麦克菲尔森，马德拉斯第8骑兵队。

占领大角头要塞,1841 年 1 月 7 日

参战英军	各级军官	伤亡人数		参战清军	各级军官	伤亡人数			备注
	人数	阵亡	受伤		人数	阵亡	受伤	俘虏	
海上(斯科特上校)				岸上:					
英国皇家海军“萨马兰”号,42(斯科特上校)	165	—	2(a)	若干中方部队	*	*	*	1	缴获25门枪炮
同上,“都鲁壹”号,44(士密上校)	290	—	—						
同上,“摩底士底”号,18(艾尔斯中校)	130	—	—						
同上,“哥伦拜恩”号,16(克拉克中校)	120	—	—						
合计	705	—	2	合计	*	*	*	1	

* 未知。 (a) 其中有一名军官,即鲍尔上尉。

三门溪战事,1841 年 2 月 23 日

参战英军	各级军官	伤亡人数		参战清军	各级军官	伤亡人数			备注
	人数	阵亡	受伤		人数	阵亡	受伤	俘虏	
海上(霞毕上校)				岸上:					
东印度公司“复仇神”号(霍尔先生)	90	—	—	若干中方部队	*	30	*	—	80杆枪支被击坏、炮台被毁

续 表

参战英军	各级军官	伤亡人数		参战清军	各级军官	伤亡人数			备注
	人数	阵亡	受伤		人数	阵亡	受伤	俘虏	
以下船只的快艇：			—						
英国皇家海军，“加略普”号（沃森上尉）	*	—	—						
同上，“萨马兰”号（鲍尔斯上尉）	*	—	—						
同上，“先驱者”号（迪尤斯上尉）	*	—	—						
同上，“鳄鱼”号（沃尔康上尉）	*	—	—						
合计	*	—	—	合计	*	30	*	—	

* 未知。 (a) 其中有一名军官，即鲍尔上尉。

占领阿娘鞋要塞，1841 年 2 月 26 日

参战英军	各级军官	伤亡人数		参战清军	各级军官	伤亡人数			备注
	人数	阵亡	受伤		人数	阵亡	受伤	俘虏	
海上（司令辛好士爵士）									
英国皇家海军“伯兰汉”号 72（司令辛好士爵士）	540	—	2						
同上，“麦尔威厘”号，72（上校邓达士勋爵）	540	—	—						

续　表

参战英军	各级军官	伤亡人数		参战清军	各级军官	伤亡人数			备注
	人数	阵亡	受伤		人数	阵亡	受伤	俘虏	
东印度公司，“皇后”号（沃登先生）	104	—	—						
4艘火箭船	*	—	—						
合计	1 184	—	2						
岸上（辛好士爵士）				岸上（关天培）					缴枪172
皇家海军陆战队和武装小分队	300#			若干中方部队	*	250+	*	—	
总计	1 184	—	2	总计	*	250+	*	—	

* 未知。　　# 因已计入海军表，故未计入本表“总计”栏。　　+ 估算。

占领北横档岛，1841年2月26日

参战英军	各级军官	伤亡人数		参战清军	各级军官	伤亡人数			备注
	人数	阵亡	受伤		人数	阵亡	受伤	俘虏	
海上（伯麦爵士）									
英国皇家海军“威里士厘”号72（舰长马他仑）	540	—	—						
同上，“加略普”号，26（霞毕上校）	185	—	3(a)						
同上，“萨马兰”号，26（斯科特上校）	165	—	—						

续 表

参战英军	各级军官	伤亡人数		参战清军	各级军官	伤亡人数			备注
	人数	阵亡	受伤		人数	阵亡	受伤	俘虏	
英国皇家海军“先驱者”号，26(尼亚士上校)	165	—	—						
同上，“鳄鱼”号，26(布雷克中校)	185	—	—						
同上，“都鲁壹”号，44(士密上校)	290	—	—						
同上，“摩底士底”号，18(艾尔斯中校)	130	—	—						
合计	1 660	—	3						
岸上(普拉特中校)				岸上：					
皇家炮兵团	36	—	—	若干中方部队	2 000+	250	100	1 200	缴获167杆枪
马德拉斯炮兵团	10	—	—						
皇家爱尔兰第18团	2	—	—						
第26、49团(参逊少校)	101		—						
皇家海军陆战队(艾利斯上校)	253#	—	—						
马德拉斯土著步兵第37团(达夫上尉)	480	—	—						
孟加拉志愿兵队(队长因义士)	166	—	—						
合计	1 048	—	—						
总计	2 455	—	3	总计	2 000+	250	100	1 200	

(a) 其中有一位军官，即登库尔特上尉。　　# 因已计入海军表，故未计入本表“总计”栏。　　+ 估算。

占领大蚝炮台,1841 年 2 月 27 日

参战英军	各级军官	伤亡人数		参战清军	各级军官	伤亡人数			备注
	人数	阵亡	受伤		人数	阵亡	受伤	俘虏	
海上(霞毕上校)				海上					
英国皇家海军"加略普"号,26(霞毕上校)	185	—	3	"甘米力治"号及其他34艘战舰					"甘米力治"号被烧毁,98杆枪被毁
同上,"先驱者"号,26(尼亚士上校)	165	—	—		*	*	*	—	
同上,"鳄鱼"号,26(布雷克中校)	185	—	—		*	*	*	—	
同上,"摩底士底"号,18(艾尔斯中校)	130	1	1						
同上,"硫磺"号,8(舰长卑路乍)	108	—	—						
东印度公司"复仇神"号,2(航海长霍尔)	90	—	2						
同上,"马达加斯加"号(船长戴西)	51	—	—						
合计	914	1	6						
岸上(霞毕上校)	400#	—	2	岸上:					
水兵队和海军陆战队				中方部队	2 000	300+	*	—	
总计	914	1	8	合计	*	400+	*	—	

占领三门溪炮台,1841 年 3 月 2 日

参战英军	各级军官	伤亡人数		参战清军	各级军官	伤亡人数			备注
	人数	阵亡	受伤		人数	阵亡	受伤	俘虏	
海上(卑路乍中校)									
英国皇家海军"硫磺"号,8(卑路乍中校)	108	—	—						
英国皇家海军"威里士厘"号所属 3 艘小船	*	—	—						
岸上(西蒙斯上尉)				岸上:					
水兵队	*	—	1(a)	清军 *	250+	15 或 20	*	—	
合计	*	—	1	合计	250+	15 或 20	*	—	

(a) 致命伤。　　* 未知。　　+ 估算。　　# 因已计入海军表,故未计入本表"总计"栏。

内河军事行动,1841 年 3 月 13—15 日

参战英军	各级军官	伤亡人数		参战清军	各级军官	伤亡人数			备注
	人数	阵亡	受伤		人数	阵亡	受伤	俘虏	
海上(斯科特上校)				海上:					
东印度公司"复仇神"号(航海长霍尔)	90	—	—	9 艘战舰	*	*	*	—	击毁 9 艘战舰

续 表

参战英军	各级军官	伤亡人数		参战清军	各级军官	伤亡人数			备注
	人数	阵亡	受伤		人数	阵亡	受伤	俘虏	
英国皇家海军“萨马兰”号,4艘小船	*	—	3						
“阿特兰特”号汽船,1艘船	*	—	—						
岸上:				岸上:					摧毁5座要塞、1座炮台、2座军营、115杆枪
各支登陆分队	*	—	—	各支守军	*	*	*	—	
合计	*	—	3	合计	*	*	*	—	

* 未知。

占领澳门水道要塞,1841年3月13日

参战英军	各级军官	伤亡人数		参战清军	各级军官	伤亡人数			备注
	人数	阵亡	受伤		人数	阵亡	受伤	俘虏	
海上(霞毕上校)									
英国皇家海军“摩底士底”号,18(艾尔斯)	129	—	—						
同上,“司塔林”号,2(开莱特舰长)	30	—	—						

续 表

参战英军	各级军官	伤亡人数		参战清军	各级军官	伤亡人数			备注
	人数	阵亡	受伤		人数	阵亡	受伤	俘虏	
东印度公司“马达加斯加”号（戴西先生）	51	—	—						
英国皇家海军“布朗底”号所属小船	*	—	—						
同上，“康威”号所属小船	*	—	—						
同上，“先驱者”号所属小船	*	—	—						
同上，“鳄鱼”号所属小船	*	—	— 3						
同上，“宁罗得”号所属小船	*	—	—						
同上，“卑拉底斯”号所属小船	*	—	—						
同上，“巡洋”号所属小船	*	—	—						
同上，“海阿新”号所属小说	*	—	—						
岸上：				岸上：					
登陆分队	*			中方部队	*	若干	*	—	缴获 30 杆枪
合计	*	—	3	合计	*	*	*	—	

占领珠江南面防线,1841年3月18日

参战英军	各级军官	伤亡人数		参战清军	各级军官	伤亡人数			备注
	人数	阵亡	受伤		人数	阵亡	受伤	俘虏	
海上(霞毕上校)				海上					
英国皇家海军“先驱者”号,18(尼亚士上校)	165	—	—	战舰	*	*	*	—	战舰多被毁,2艘被捕,有15支枪。从各要塞收缴108杆枪
同上,“摩底士底”号,2(艾尔斯上校)	129	—	2						
同上,“海阿新”号,18(沃伦中校)	125	—	—						
同上,“阿尔吉林”号,10(梅森上尉)	55	—	—						
同上,“司塔林”号,2(开莱特上尉)	30	—	—						
“青春女神”号快艇(奎因先生)	*	—	—						
“路易莎”号帆船(卡米克先生)	*	—	3(a)						
东印度公司“马达加斯加”号(戴西先生)	51	—	—						
同上,“复仇神”号,2(霍尔先生)	90	—	—						

续 表

参战英军	各级军官	伤亡人数		参战清军	各级军官	伤亡人数			备注
	人数	阵亡	受伤		人数	阵亡	受伤	俘虏	
英国皇家海军“加略普”号附属小船	*	—	3(a)						
同上,“布朗底”号附属小船	*	—	—						
同上,“康威”号附属小船	*	—	—						
同上,“先驱者”号附属小船	*	—	—						
同上,“鳄鱼”号附属小船	*	—	—						
同上,“硫磺”号附属小船	*	—	—						
同上,“海阿新”号附属小船	*	—	2						
同上,“卑拉底斯”号附属小船	*	—	—						
同上,“宁罗得”号附属小船	*	—	—						
同上,“巡洋”号附属小船	*	—	—						
同上,“哥伦拜恩”号附属小船	*	—	—	在岸:					
在岸:各支登岸部队	*	—		满汉联军	*	*	*	—	
合计	*	—	7	合计	*	400+	*	—	

(a) 军官:斯特兰山姆上尉,海军陆战队。　* 未知　+ 估算

广州沙面行动,1841 年 5 月 21 日夜间和 22 日上午

参战英军	各级军官	伤亡人数		参战清军	各级军官	伤亡人数			备注
	人数	阵亡	受伤		人数	阵亡	受伤	俘虏	
海上(霞毕上校)				岸上:					
英国皇家海军“摩底士底”号,18(艾尔斯)	129	—	3	中方部队	*	*	*	—	22 日上午,缴获 8 杆铜枪、击毁多座工事
同上,“卑拉底斯”号,18(晏臣中校)	125	—	—						
同上,“阿尔吉林”号,10(梅森上尉)	35	—	—						
东印度公司“复仇神”号(霍尔先生)	90	—	1(a)						
合计	399	—	4	合计	*	*	*	—	

进攻珠江防线,1841 年 5 月 24 日

参战英军	各级军官	伤亡人数		参战清军	各级军官	伤亡人数			备注
	人数	阵亡	受伤		人数	阵亡	受伤	俘虏	
海上(沃伦中校)									
英国皇家海军“海阿新”号,18(沃伦中校)	125	—	5(a)						

续 表

参战英军	各级军官	伤亡人数		参战清军	各级军官	伤亡人数			备注
	人数	阵亡	受伤		人数	阵亡	受伤	俘虏	
同上,"摩底士底"号,18(艾尔斯中校)	129	—	9(b)						
同上,"巡洋"号,16(吉福德中校)	115	—	—						封堵 11 杆枪
同上,"哥伦拜恩"号,16(克拉克中校)	120	—	2						
同上,"宁罗得"号,20(巴罗中校)	130	—	—						
同上,"卑拉底斯"号,18(晏臣中校)	125	—	—						
同上,"阿尔吉林"号,10(梅森上尉)	55	—	4(c)						
东印度公司"阿特兰特"号(罗杰斯中校)	—	—	—						
合计		1	20						
岸上(普拉特中校)				岸上:					
马德拉斯炮兵团	21	—	—	若干中方部队	*	*	*	—	
马德拉斯工兵团	31	—	—						
苏格兰卡梅伦步兵第 26 团	309	—	—						
合计	361	—	—						
总计		1	20	总计	*	*	*	—	

(a) 其中有两名军官,即莫谢德上尉和巴克莱先生。

(b) 其中有两名军官,即船副菲兹杰拉德先生,41 年 6 月 22 日死于枪伤;以及船副皮尔斯先生。

(c) 其中有一名军官,即助理医生沃甘。

占领广州高地,1841 年 5 月 25 日

参战英军	各级军官	伤亡人数		参战清军	各级军官	伤亡人数			备注
	人数	阵亡	受伤		人数	阵亡	受伤	俘虏	
岸上(少将郭富爵士)				岸上:					
军官	13	—	—	来自	10 000				
皇家炮兵团(斯宾塞中尉)	36	—	1	四川省					
马德拉斯炮兵团和印度枪炮兵队(安突德)	242	—	1	来自贵州省	5 000				
马德拉斯工兵团和坑道兵队(科顿上尉)	142	—	(a) 1	来自湖北省	5 000				
皇家爱尔兰第 18 团(亚当斯中校)	521	2	(b) 19	来自湖南省	5 000				
第 49 团(斯蒂芬斯少校)	301	1	(c) 17	来自广西省	5 000				
皇家海军陆战队(艾利斯上校)	382	—	5	来自江西省	10 000				
马德拉斯土著步兵第 37 团(达夫上尉)	231	—	—	在册人员总数	40 000				
孟加拉志愿兵队(米上尉)	115	—	1	参战人员总数	20 000+				
海军第 1 营(马他仑舰长)	184	(d) 5	(e) 15	广东部队人数	20 000+				
旅队第 2 营(巴罗中校)	248	1	3						

续 表

参战英军	各级军官	伤亡人数		参战清军	各级军官	伤亡人数			备注
	人数	阵亡	受伤		人数	阵亡	受伤	俘虏	
营地随从	*								
合计	2 415	9	63	总计	40 000+	500+	1 500+	—	

(a) 兰道尔中尉。

(b) 其中有三名军官,即萨金特上尉;希利拉德中尉和爱德华兹中尉。

(c) 其中有一名军官,即佩尔森中尉。

(d) 其中有一名军官,即英国皇家海军“宁罗得”号的福克斯上尉。

(e) 其中有两名军官,即英国皇家海军“宁罗得”号船副肯达尔先生和“伯兰汉”号船副贝特先生。

* 未知。　　+ 估算。

进攻广州防线,1841 年 5 月 26 日

参战英军	各级军官	伤亡人数		参战清军	各级军官	伤亡人数			备注
	人数	阵亡	受伤		人数	阵亡	受伤	俘虏	
海上(霞毕上校)									
英国海军“摩底士底”号,18(艾尔斯中校)	127	—	—						64 杆枪
同上“阿尔吉林”号,18(梅森上尉)	55	—	—						
3 艘炮船,3	*	—	—						
岸上(比休恩上校)				岸上					
登陆小分队	*	—	—	清军	*	*	*	—	
合计	182	—	—	合计	*	*	*	—	

* 未知。

广州附近行动,1841年5月30日

参战英军	各级军官	伤亡人数		参战清军	各级军官	伤亡人数			备注
	人数	阵亡	受伤		人数	阵亡	受伤	俘虏	
岸上(少将郭富爵士)				岸上:					
司令部成员	13	1(a)	—	武装村民	8000+	1000+	3000+	—	
皇家炮兵团(诺尔斯上尉)	35+	—	—						
苏格兰卡梅伦步兵第26团(普拉特中校)	150+	3	15(b)						
马德拉斯土著步兵第37团(达夫上尉)	230+	1	13(c)						
孟加拉志愿兵队(米上尉)	110+	—	—						
合计	538+	5	28	合计	8000+	1000+	3000+		

(a) 副军需长比彻少校,死于中暑。
(b) 其中有一名军官,即参逊少校。
(c) 其中有一名军官,即伯克利少尉。
* 未知。　＋ 估算。

针对厦门的军事行动,1841年8月26日

参战英军	各级军官	伤亡人数		参战清军	各级军官	伤亡人数			备注
	人数	阵亡	受伤		人数	阵亡	受伤	俘虏	
海上(少将巴加爵士)									

续 表

参战英军	各级军官	伤亡人数		参战清军	各级军官	伤亡人数			备注
	人数	阵亡	受伤		人数	阵亡	受伤	俘虏	
英国皇家海军“威里士厘”号 72(马他仑舰长)	540	—	2(a)						
同上,“伯兰汉”号,72(霞毕上校)	540	1	1(b)						
同上,“布朗底”号,42(胞祖上校)	280	—	—						
同上,“都鲁壹”号,44(士密上校)	290	—	—						
同上,“摩底士底”号,18(艾尔斯中校)	127	—	1						
同上,“巡洋”号,16(吉福德中校)	115	—	—						
同上,“卑拉底斯”号,18(晏臣中校)	125	—	—						
同上,“哥伦拜恩”号,16(克拉克中校)	120	—	—						
同上,“班廷克”号,10(科林森上尉)	60	—	1						
同上,“阿尔吉林”号,10(梅森上尉)	55	—	—						
同上,“响尾蛇”号,28(斯普伦特先生)	41	—	—						
东印度公司,“西索斯梯斯”号,4(奥姆斯比)		—	—						
同上,“飞礼则唐”号,2(麦克拉维迪上尉)		—	1(c)						

续 表

参战英军	各级军官	伤亡人数		参战清军	各级军官	伤亡人数			备注
	人数	阵亡	受伤		人数	阵亡	受伤	俘虏	
同上,“复仇神”号,2(霍尔先生)	90	—	1						
同上,“皇后”号,6(沃登先生)	104	—	—						
合计									
岸上(少将郭富爵士)				岸上:					
鼓浪屿岛上				若干中方部队	10 000+	150+	*	—	缴获 343 杆装弹枪支,157 杆未装弹。
第 26 团(参逊少校)	161	—	—						
皇家海军陆战队	144 #	—	—						
合计	305	—	—						
厦门岛上:									
皇家炮兵团和马德拉斯炮兵团(诺尔斯上尉)	249	—	—						
皇家爱尔兰第 18 团(亚当斯中校)	678	—	2						
第 49 团(莫里斯中校)	484	—	7						
水兵队和海军陆战队		—	—						
合计		—	9						
总计		1	16	总计	10 000+	150+	*	—	

(a) 其中有一位军官,即科洛夫顿先生,船副。
(b) 死于创伤。
(c) 来福斯先生,代中尉,印度陆军。
* 未知。 + 估算。 # 因已计入海军表,故未计入本表“总计”栏。

乍浦战役,1841 年 9 月 16 日

参战英军	各级军官	伤亡人数		参战清军	各级军官	伤亡人数			备注
	人数	阵亡	受伤		人数	阵亡	受伤	俘虏	
海上(霍尔先生)				岸上:					18 门火炮被封,3 艘战舰被毁
东印度公司“复仇神”号	90	—	—	中方部队	*	105	*	—	
合计	90	—	—	合计	*	105	*	—	

* 未知。 + 估算。

占领舟山定海,1841 年 10 月 1 日

参战英军	各级军官	伤亡人数		参战清军	各级军官	伤亡人数			备注
	人数	阵亡	受伤		人数	阵亡	受伤	俘虏	
海上(少将巴加爵士)									
英国皇家海军“威里士厘”号 72(马他仑舰长)	540	—	—						
同上,“巡洋”号,16(吉福德中校)	115	—	2						
同上,“哥伦拜恩”号,16(克拉克中校)	120	—	—						

续 表

参战英军	各级军官	伤亡人数		参战清军	各级军官	伤亡人数			备注
	人数	阵亡	受伤		人数	阵亡	受伤	俘虏	
同上,“布朗底”号,42(胞祖上校)	280	—	—						缴获100杆铁枪、36杆铜枪
同上,“摩底士底”号,18(艾尔斯中校)	127	—	—						
东印度公司,“西索斯梯斯”号,4(奥姆斯比)									
同上,“皇后”号,6(代航海长沃登先生)	104	—	—						
同上,“复仇神”号,2(航海长霍尔先生)	90	—	—						
同上,“飞礼则唐”号,2(麦克拉维迪上尉)	—	—	1						
合计	#	—	3						
岸上(少将郭富爵士)				岸上:					
穿鼻岛上(诺尔斯上尉)				中方部队	*	500+	*	—	
皇家炮兵团(诺尔斯上尉)	33	—	—						
马德拉斯炮兵团	13	—	—						
马德拉斯工兵团	21	—	—						

续 表

参战英军	各级军官	伤亡人数		参战清军	各级军官	伤亡人数			备注
	人数	阵亡	受伤		人数	阵亡	受伤	俘虏	
合计	67	—	—						
舟山岛上(克雷吉中校)									
马德拉斯炮兵团(安突德上尉)	212	—	—						
马德拉斯工兵团(皮尔士上校)	123	1	1						
第18团(亚当斯中校)	300	1	—						
第55团(福塞特少校)	745	1(a)	19						
马德拉斯土著步兵第36团来复枪队(辛普森司令)	114	—	—						
合计	1 494&	2	27						
总计	#	2	30	总计					

& 莫斯利中校指挥的右路纵队组成如下：

部队	各级军官人数	备注
马德拉斯炮兵团(摩尔上校)	52	2门九磅炮
马德拉斯工兵团(科顿上尉)	52	
第49团(斯蒂芬斯少校)	469	
皇家海军陆战队(艾利斯上校)	208	
皇家水兵队营(霞毕上校)	265	
合计	1 046	

(a) 杜艾尔少尉

* 未知。

+ 估算。

“伯兰汉”号12(霞毕上校)；“班廷克”10(科林森中校)；“朱庇特”号(富尔顿中校)和“响尾蛇”号(斯普伦特中校)也参战。

占领镇海,1841 年 10 月 10 日

参战英军	各级军官	伤亡人数		参战清军	各级军官	伤亡人数			备注
	人数	阵亡	受伤		人数	阵亡	受伤	俘虏	
海上(少将巴加爵士)									
英国皇家海军“威里士厘”号 72(马他仑舰长)	540								
同上,“伯兰汉”号,72(霞毕上校)	540								
同上,“布朗底”号,42(胞祖上校)	280								
同上,“摩底士底”号,18(艾尔斯中校)	127								
同上,“巡洋”号,16(吉福德中校)	115								
同上,“哥伦拜恩”号,16(克拉克中校)	120								
同上,“班廷克”号,10(科林森上尉)	60								
同上,“朱庇特”号,12(富尔顿中校)									
同上,“响尾蛇”号,28(斯普伦特中校)	41								
东印度公司,“西索斯梯斯”号,4(奥姆斯比)									
同上,“复仇神”号,2(霍尔先生)	90								

续 表

参战英军	各级军官	伤亡人数		参战清军	各级军官	伤亡人数			备注
	人数	阵亡	受伤		人数	阵亡	受伤	俘虏	
同上,“飞礼则唐”号,2(麦克拉维迪上尉)									
同上,“皇后”号,6(沃登先生)	104								
合计									
岸上(少将郭富爵士)				岸上:					
左路纵队(克雷吉中校)				镇海对面高地	9 000+	*	*	500	在河右岸缴获28杆铜枪、26杆铁枪
皇家炮兵团和马德拉斯炮兵团(诺尔斯上尉)	125								
马德拉斯工兵团(皮尔士上校)	104								
第18团(亚当斯中校)	292	1	3						
第55团(福塞特少校)	435	—	1(a)						
马德拉斯土著步兵第36团来复枪队(辛普森司令)	114	1							在河左岸缴获39杆铜枪、64杆铁枪
合计	1 070	2	4						
中路纵队(莫里斯中校)									
皇家炮兵团和马德拉斯炮兵团(安突德上尉)	55	—	—	营地	700				

续 表

参战英军	各级军官	伤亡人数		参战清军	各级军官	伤亡人数			备注
	人数	阵亡	受伤		人数	阵亡	受伤	俘虏	
马德拉斯工兵团	41	—	1						
第49团(布莱斯少校)	369	—	10(b)				150		
合计	465	—	10						总计157
右路纵队(霞毕上校,皇家海军)				镇海镇					
皇家炮兵团(斯宾塞中尉)	24	—	1		2 300)				
水兵营(胞祖上校)	270#	—	—						
皇家海军陆战队(艾利斯上校)	238#	1	—						
马德拉斯工兵团(科顿上尉)	31								
合计	563	1	1						
总计		3	15	总计	12 000			—	

* 未知。 + 估算。 # 因已计入海军表,故未计入本表"总计"栏。
(a) 营地随从。 (b) 其中有一名军官,即蒙哥马利中尉。

余姚附近行动,1841年12月28日

参战英军	各级军官	伤亡人数		参战清军	各级军官	伤亡人数			备注
	人数	阵亡	受伤		人数	阵亡	受伤	俘虏	
岸上(少将郭富爵士)				岸上:					
第18、49、55团分队									

续 表

参战英军	各级军官人数	伤亡人数		参战清军	各级军官人数	伤亡人数			备注
		阵亡	受伤			阵亡	受伤	俘虏	
水兵队和海军陆战队(胞祖上校)	)700			中方部队	2 000+	100+	*	28	
合计	700			合计	2 000+	100+	*	28	

岱山岛战事,1842 年 3 月 8 日

参战英军	各级军官人数	伤亡人数		参战清军	各级军官人数	伤亡人数			备注
		阵亡	受伤			阵亡	受伤	俘虏	
在岸(科林森中校)				在岸					
皇家炮兵团	8	—	—						
“复仇神”号水兵队	58	—	—	中方部队	600+	30+	20+	8	
合计	66	—	—	合计	600+	30+	20+	8	

* 未知。　　+ 估算。

清军进攻镇海,1842 年 3 月 10 日

参战英军	各级军官人数	伤亡人数		参战清军	各级军官人数	伤亡人数			备注
		阵亡	受伤			阵亡	受伤	俘虏	
(史库德中校)									
皇家炮兵团和马德拉斯炮兵团	50	—	—						
马德拉斯工兵团和坑道兵队	32	—	—	中方部队	1 200+	32+	*		

续 表

参战英军	各级军官	伤亡人数		参战清军	各级军官	伤亡人数			备注
	人数	阵亡	受伤		人数	阵亡	受伤	俘虏	
第55团	435	—	1						
合计	517	—	1	合计	1 200+	32+	*		

清军进攻宁波,1842年3月10日

参战英军#	各级军官	伤亡人数		参战清军	各级军官	伤亡人数			备注
	人数	阵亡	受伤		人数	阵亡	受伤	俘虏	
海上:									
英国皇家海军“哥伦拜恩”号,16(莫谢德中校)	120	—	—						
岸上(莫里斯中校)				岸上:					
马德拉斯炮兵团和印度枪炮兵队	162	—	1(a)	中方部队	5 000+	600+	*	39	
马德拉斯工兵团和坑道兵队	93	—	—						
皇家爱尔兰第18团	309	—	2						
苏格兰卡梅伦步兵第26团	586	—	—						
第49团	469	—	2						
马德拉斯土著步兵第36团来复枪队	107	—	—						
合计	1 731	—	5	合计	1 200+	32+	*		

* 未知。 + 估算。 # 总兵力。 (a) 蒙哥马利中尉。

占领慈溪附近大宝山,1842年3月15日

参战英军	各级军官	伤亡人数		参战清军	各级军官	伤亡人数			备注
	人数	阵亡	受伤		人数	阵亡	受伤	俘虏	
海上									
东印度公司“飞礼则唐”号,2(麦克拉维迪)									缴获大炮:
同上,“复仇神”号,2(霍尔上尉)	90	—	—						2门6磅炮
各舰驳船:英国皇家海军“皋华丽”号									1门3磅炮
同上,“布朗底”号									20门12磅短炮
合计		—	—	御林军	)	)			9杆3磅铜枪
岸上(少将郭富爵士)				中方部队	)500)				共32件
马德拉斯炮兵团(蒙哥马利中尉)	83	—	—)			1 000+	*	3	
马德拉斯工程兵队(皮尔士上校)	66	—	—		7 500+)				
皇家爱尔兰第18团(参逊少校)	201	—	—						
苏格兰卡梅伦步兵第26团(普拉特中校)	156		—						
第49团(莫里斯中校)	305	—	7(a)						
水兵队和海军陆战队(胞祖上校,皇家海军)	350	3	15(b)						

续 表

参战英军	各级军官	伤亡人数		参战清军	各级军官	伤亡人数			备注
	人数	阵亡	受伤		人数	阵亡	受伤	俘虏	
马德拉斯土著步兵第36团来复枪队(辛普森上尉)	54	—	—						
合计	1 215	3	22						
总计		3	22	总计	8 000+	1 000	*	3	

(a) 其中有三名军官,即雷诺兹上尉;蒙哥马利中尉;莱恩中尉手臂截肢。

(b) 其中有两名皇家海军陆战队军官,即小懿律上尉 和汉布利上尉;另有两名皇家海军军官,即船副霍奇森先生和船副杰克逊先生,均来自英国皇家海军“皋华丽”号。

* 未知。 + 估算。

占领乍浦,1842年5月18日

参战英军	各级军官	伤亡人数		参战清军	各级军官	伤亡人数			备注
	人数	阵亡	受伤		人数	阵亡	受伤	俘虏	
海上(少将巴加爵士)									
英国皇家海军“皋华丽”号,72(理查兹上校)	540	—	2						
同上,“布朗底”号,42(胞祖上校)	280	—	—						
同上,“摩底士底”号,18(沃森中校)	127	—	1						
同上,“哥伦拜恩”号,16(莫谢德中校)	120	—	—						
同上,“班廷克”号,10(科林森中校)	60	—	—						

续 表

参战英军	各级军官	伤亡人数		参战清军	各级军官	伤亡人数			备注
	人数	阵亡	受伤		人数	阵亡	受伤	俘虏	
同上,“司塔林”号,20(开莱特中校)	30	—	—						
同上,“阿尔吉林”号,10(马他仑上尉)	55	—	—						
运兵船“朱庇特”号,12(航海长霍夫梅斯特)									
东印度公司“西索斯梯斯”号,4(奥姆斯比)									
同上,“皇后”号,6(代航海长沃登先生)	104	—	—						
同上,“复仇神”号,2(霍尔上尉,皇家海军)	90	2	—						
同上,“飞礼则唐”号,2(麦克拉维迪上尉)	—	—	—						
合计		2	4						
岸上(少将郭富爵士)				岸上:					
成员	6	—	1(a)	汉人部队	6 300)				缴获11杆铜枪和82杆步枪
第一纵队(莫里斯中校)				满人部队		1 500	*	53	
皇家爱尔兰第18团(汤林森中校)	492	5(b)	31(c)		1 700				

续 表

参战英军	各级军官人数	伤亡人数		参战清军	各级军官人数	伤亡人数			备注
		阵亡	受伤			阵亡	受伤	俘虏	
第 49 团(斯蒂芬斯中校)	451	2	13(d)						
马德拉斯工程兵队	26	—	1(e)						
第二纵队(蒙哥马利中尉)									
皇家炮兵团(诺尔斯上尉)	27	—	—						
马德拉斯炮兵团	172	—	—						
马德拉斯工兵团(皮尔士上校)	76	—	—						
马德拉斯土著步兵第 36 团来复枪队(辛普森上尉)	103	—	1						
第三纵队(史库德中校)									
苏格兰卡梅伦步兵第 26 团(普拉特中校)	548	2	3						
第 55 团(福塞特少校)	289	—	1(f)						
马德拉斯工兵团	26	—	—	*	*				
合计	2 216	9	51						
总计		11	55	总计	8 000+	1 500	*	53	

* 未知

(a) 副参谋芒廷少校,步兵第 26 团。

(b) 其中有一名军官,即汤林森中校。

(c) 其中有两名军官,即乔德瑞尔中尉和穆雷中尉。

(d) 其中有两名军官,即雷诺兹上尉和布朗副中尉。

(e) 参逊中尉。

(f) 坎贝尔上尉。

攻占吴淞,1842 年 6 月 16 日

参战英军	各级军官	伤亡人数		参战清军	各级军官	伤亡人数			备注
	人数	阵亡	受伤		人数	阵亡	受伤	俘虏	
在役(少将巴加爵士,巴斯勋章)				在役					
英国皇家海军“皋华丽”号,72(理查兹上校)	540	—	—	13 艘战舰	*	*	*	—	缴获 165 杆枪
同上,“布朗底”号,42(胞祖上校)	280	2(a)	3(b)						
同上,“北极星”号,26(洪姆上校)	165	—	—	*					
同上,“摩底士底”号,18(沃森中校)	127	—	5						
同上,“哥伦拜恩”号,16(莫谢德中校)	120	—	1						
同上,“克里欧”号,16(特鲁布里奇中校)	115	—	1						
同上,“阿尔吉林”号,10(马他仑上尉)	55	—	4						
同上,“朱庇特”号(霍夫梅斯特)	—	—	—						
东印度公司“西索斯梯斯”号(奥姆斯比)	—	—	5(c)						
同上,“博鲁多”号(都铎上尉,皇家海军)	—	—	1						

续　表

参战英军	各级军官	伤亡人数		参战清军	各级军官	伤亡人数			备注
	人数	阵亡	受伤		人数	阵亡	受伤	俘虏	
同上,“飞礼则唐”号(麦克拉维迪上尉)	—	—	3						
同上,“复仇神”号,2(霍尔上尉)	90	—	2						
同上,“麦都萨”号(休伊特上尉)	—	—	—						
同上,“谭那萨林”号(沃尔先生)	—	—	—						
在岸(少将巴加爵士)									
登陆分队	*	—	—	在岸					
				吴淞和宝山守军	5 000+	100+	*	—	
合计		2	25	合计	5 000+	100+	*	—	

(a) 其中有一位军官,即一级上尉休伊特,来自英国皇家海军“先驱者”号海军陆战队。
(b) 其中有珀维斯先生,海军学校学员;戴伊先生,口译员。
(c) 其中包括罗伯茨先生,航海长;史密斯先生,船副。
* 未知。　　+ 估算。

攻占镇江附近战壕营地,1842 年 7 月 21 日

参战英军	各级军官	伤亡人数		参战清军	各级军官	伤亡人数			备注
	人数	阵亡	受伤		人数	阵亡	受伤	俘虏	
在岸(少将索尔顿勋爵)				在岸					
马德拉斯炮兵团(安突德上尉)	—	—	—	中方部队		*	*	—	

续 表

参战英军	各级军官	伤亡人数		参战清军	各级军官	伤亡人数			备注
	人数	阵亡	受伤		人数	阵亡	受伤	俘虏	
马德拉斯工程兵队		—	—						
第98团(坎贝尔上尉)	1 918+	13(a)	—						
孟加拉志愿兵队(劳合中校)		1	2	*					
土著步兵第41团(坎贝尔少校)	—	—	—						
合计	1 918	14	2	合计	*	*	*	—	

* 未知。　＋ 估算。　(a) 所有人员死于中暑。

攻占镇江城,1842年7月21日

参战英军	各级军官	伤亡人数		参战清军	各级军官	伤亡人数			备注
	人数	阵亡	受伤		人数	阵亡	受伤	俘虏	
<u>在役</u>									
东印度公司“奥克兰”号(伊色萨上校)									
英国皇家海军“皋华丽”号小船									
合计									
<u>在岸(中将郭富爵士)</u>				<u>在岸</u>					
第2旅(史库德少将)				海龄					

续 表

参战英军	各级军官	伤亡人数		参战清军	各级军官	伤亡人数			备注
	人数	阵亡	受伤		人数	阵亡	受伤	俘虏	
皇家炮兵团(格林伍德上尉)		1	1(a)	将军					
马德拉斯工程兵队(参逊中尉)		—	—						
第55团(沃伦少校)	1 900+	5	24(b)	镇江满	2 400+	1 000+	*	—	缴获11杆铜枪和82杆步枪
马德拉斯土著步兵第2团#(卢亚德中校)		1	11	清守军					
马德拉斯土著步兵第6团#(德雷弗中校)		2(d)	11						
马德拉斯土著步兵第36团来复枪队(辛普森上尉)		1	8(e)						
第3旅(巴特利少将)		1	11(f)						
马德拉斯炮兵团#(蒙哥马利中尉)	2 225+	—	—						
皇家爱尔兰第18团(考柏少校)		3(g)	17(h)						
苏格兰卡梅伦步兵第26团(普拉特中校)		1	7(i)						
第49团(斯蒂芬斯中校)		5(k)	15(l)						
地面部队合计	4 125		105						

续 表

参战英军	各级军官	伤亡人数		参战清军	各级军官	伤亡人数			备注
	人数	阵亡	受伤		人数	阵亡	受伤	俘虏	
水兵队和海军陆战队(理查兹上校)	200	3(m)	21(n)						
总计		23	126	合计	2400+	1000+	*	—	

参战英军	失踪人数
# 马德拉斯土著步兵第2团	1
# 马德拉斯土著步兵第6团	1
# 马德拉斯炮兵团	1
合计	3

(a) 弗里兹中尉。

(b) 其中有两名军官：沃伦少校和卡迪中尉。

(c) 其中有三名军官：中尉兼副官卡尔；特拉弗斯少尉、英属印度警官孟达。

(d) 其中有一名军官：德雷弗中校，死于中暑。

(f) 其中有三名军官：沃德尔中尉；助理医生汀敏斯；英属印度少校军官拉马索尼。

(g) 其中有一名军官：科林森上校。

(h) 其中有一名军官，伯纳德中尉。

(i) 其中有一名军官：杜佩里埃少尉。

(k) 其中有一名军官：吉本斯中尉。

(l) 其中有两名军官：巴德利中尉和格兰特中尉。

(m) 其中有一名军官，尤纳克上校，皇家海军陆战队：死于中暑。

(n) 其中有四名军官：沃森中校；菲茨詹姆斯上尉；克劳奇上尉；莱昂先生，海军候补军官。

* 未知。

\+ 估算。

附录 C 1840—1842 年中国战争参战海军及陆军军官名录

海 军

舰船名	军官名	备注
英国皇家战舰“阿尔吉林”号——炮 10 门 2 门 18 磅火炮(2 英担) 8 门 18 磅卡龙炮(10 英担) 配属小船：1 门 12 磅火炮	梅森少校(代) 马他仑少校(代) 副航海长希格斯(代) 助理医生巴兰坦 主管书记员布鲁特	1841 年 6 月 8 日擢升中校 1841 年 10 月 16 日任命
英国皇家战舰“鳄鱼”号——炮 26 门 2 门 32 磅火炮(25 英担) 18 门 32 磅卡龙炮(17 英担) 6 门 18 磅火炮(15 英担) 配属小船：1 门 12 磅卡龙炮	库珀上校(代) 普理查德上校 斯图尔特上尉 海军陆战队，麦克阿瑟上校 海军陆战队，普雷斯特上尉 海军陆战队，马里奥特上尉 航海长 医生华莱士博士 主计长爱德华兹 助理医生夏普 候补医生惠普尔	1841 年 6 月 14 日派往英国皇家战舰“加略普”号 1841 年 6 月 14 日任命 1841 年 6 月 8 日擢升中校

续 表

舰 船 名	军 官 名	备 注
英国皇家战舰“阿波罗”号——炮 8 门 (运兵船)	弗雷德里克中校 鲍伊斯上尉 罗宾斯上尉 航海长希尔 医生格雷厄姆 主计长格列佛 助理医生布伊(代)	1842 年 12 月 23 日擢升上校
东印度公司汽轮“阿厘厄登”号——炮 3 门	罗伯茨上尉,印度海军 尼克松先生,印度海军 汉密尔顿先生,印度海军 利兹先生,印度海军 威廉姆斯先生,印度海军	
东印度公司汽轮“阿特兰特”号——炮 5 门	罗杰斯中校,印度海军	
东印度公司汽轮“奥克兰”号——炮 4 门	埃塞尔塞上校,印度海军 德雷珀上尉,印度海军 福特上尉,印度海军 彭杰利先生,印度海军 塞德利先生,印度海军 主计长斯托克姆	
英国皇家战舰“贝雷色”号——炮 20 门	金康上校 温莎上尉 弗格森上尉 索马里兹上尉 霍夫迈斯特上尉 牧师菲尔普斯 海军陆战队上校 海军陆战队上尉 海军陆战队少尉 航海长布莱德利(代) 医生麦克唐纳 主计长彭浦瑞兹 海军陆战队教官 助理医生希斯(代)	
英国皇家战舰“班廷克”号 (见“伯劳弗”号)		

续 表

舰 船 名	军 官 名	备 注
英国皇家战舰"伯兰汉"号——炮72门 4门8英寸火炮(65英担) 24门32磅火炮(56英担) 32门32磅火炮(42英担) 12门32磅卡龙炮(17英担) 配属小船:1门6磅铜火炮 2门18磅卡龙炮 2门12磅卡龙炮	上校辛好士爵士	1841年6月13日死于香港
	上校霞毕爵士	1841年6月14日任命
	普理查德中校	1841年6月8日擢升上校并派往英国皇家战舰"鳄鱼"号
	雷诺兹中校	1841年10月16日任命
	皮尔士上尉	1841年6月8日擢升中校,1841年10月16日派往英国皇家战舰"巡洋"号
	道金斯上尉	1841年10月8日擢升中校
	蒂尔登上尉	
	霍金斯上尉	1842年12月23日擢升中校
	威尔逊上尉	
	马修斯上尉	
	莱格上尉	
	海军陆战队惠特科姆上校	
	海军陆战队怀汀少尉	1842年12月23日擢升临时少校
	海军陆战队法默少尉	
	航海长菲托克	
	牧师兼海军教官库珀	
	医生米恩	
	主计长惠切尔斯	
	助理医生曼塞尔博士	
	助理医生坎宁博士	1840年11月19日任命为医生
英国皇家战舰"布朗底"号——炮42门 2门8英寸火炮(52英担) 30门32磅火炮(40英担) 10门32磅卡龙炮(17英担) 配属小船:1门6磅火炮 4门12磅卡龙炮	胞祖上校	
	库尔森上尉	1841年6月8日擢升中校
	准男爵尼科尔森上尉	1841年8月26日擢升中校
	英格拉姆上尉	1841年6月8日擢升中校
	梅特卡夫上尉	1841年10月8日擢升中校
	拉康上尉	

续 表

舰船名	军官名	备注
	斯塔默上尉 克劳奇上尉 都灵上尉 海军陆战队布里奇上尉 海军陆战队丹尼尔上尉 海军陆战队波尔金霍恩少尉 航海长托马斯 牧师富兰克林 医生布朗 主计长波特 海军教官欧拉姆 助理医生斯坦利	1842 年 12 月 23 日擢升中校 1842 年 2 月 12 日擢升上校
英国皇家战舰“加略普”号——炮 26 门 2 门 68 磅卡龙炮(36 英担) 24 门 32 磅火炮(25 英担) 配属小船：1 门 12 磅卡龙炮	霞毕上校	1841 年 6 月 14 日派往英国皇家战舰“伯兰汉”号
	库珀上校	1841 年 6 月 14 日任命
	沃森上尉	1841 年 5 月 6 日擢升中校，1841 年 10 月 16 日派往英国皇家战舰“摩底士底”号
	丁达尔上尉	1841 年 6 月 8 日擢升中校，1841 年 10 月 16 日派往英国皇家战舰“卑拉底斯”号
	登库尔特上尉	1841 年 6 月 8 日擢升中校
	哈里森上尉	1842 年 12 月 23 日擢升中校
	德鲁里上尉 海军陆战队斯特兰山姆上尉 航海长布朗 医生邓恩 主计长德雷克 助理医生巴特勒博士	

续 表

舰 船 名	军 官 名	备 注
英国皇家战舰“坎布雷”号——炮36门 4门8英寸火炮(60英担) 18门32磅火炮(56英担) 14门32磅火炮(42英担) 配属小船：1门6磅火炮 4门12磅卡龙炮	查兹上校 珀维斯上尉 奥格尔上尉 奥斯汀上尉 伍德上尉 海军陆战队裕尔上尉 (编外)维尼 海军陆战队艾利斯少尉 航海长金 医生史密斯 主计长里德 助理医生都灵(代)	
英国皇家战舰“钱米任”号——炮10门 2门18磅火炮(20英担) 8门18磅卡龙炮(10英担) 配属小船：1门12磅卡龙炮	亨特少校 副航海长韦伯 助理医生钱伯斯 主管书记员	
英国皇家战舰“基尔德斯”号——炮16门 2门32磅火炮(25英担) 14门32磅卡龙炮(17英担) 配属小船：1门12磅卡龙炮	霍尔斯特德中校 米尔班克上尉 诺洛斯上尉 航海长切温 医生普利姆索 主计长希思曼 助理医生	
英国皇家战舰“克里欧”号——炮16门 2门32磅火炮(25英担) 14门32磅卡龙炮(17英担) 配属小船：1门12磅卡龙炮	特鲁布里奇中校(代) 贝内特上尉 克朗上尉 航海长朗特里(代) 医生斯隆 主计长比格斯(代) 助理医生莫菲特 助理医生立德博士(代)	1842年12月23日擢升上校

续 表

舰船名	军官名	备注
英国皇家战舰“哥伦拜恩”号——炮16门 4门32磅火炮(25英担) 12门32磅卡龙炮(17英担) 配属小船：1门12磅卡龙炮	小懿律中校	1840年6月3日擢升上校，1840年6月30日派往英国皇家战舰“窝拉疑”号
	克拉克中校	1840年6月3日任命，1841年6月8日擢升上校
	莫谢德中校	1842年12月23日擢升上校，1841年10月16日任命
	卡朋特上尉	1841年6月8日擢升中校
	塔汉姆上尉	
	赫尔普曼上尉	1842年12月23日擢升中校
	乌卢姆贝上尉	
	航海长威尔斯	
	医生克罗斯	
	主计长康威	
	助理医生克劳福德博士	
英国皇家战舰“康威”号——炮26门 2门68磅卡龙炮(36英担) 24门32磅火炮(25英担) 配属小船：1门12磅卡龙炮	比休恩上校 罗德尼上尉 比顿上尉 科雷顿上尉 海军陆战队厄克哈特上尉 航海长约翰逊 医生埃金博士 主计长西蒙兹 助理医生托德	
英国皇家战舰“皋华丽”号——炮72门 4门8英寸火炮(65英担) 24门32磅火炮(56英担) 32门32磅火炮(42英担) 12门32磅卡龙炮(17英担) 配属小船：1门6磅火炮 2门18磅卡龙炮 2门12磅卡龙炮	理查兹上校	
	理查兹中校	1842年12月23日擢升上校
	怀斯上尉	1842年12月23日擢升中校
	斯基普威思上尉	1842年12月23日擢升中校
	拉康上尉	1842年1月22日派往皇家战舰“布朗底”号
	菲茨詹姆斯上尉	1842年12月23日擢升中校

续　表

舰　船　名	军　官　名	备　　注
	司徒塔特上尉	1842年12月23日擢升中校
	詹南特上尉	1842年9月20日擢升中校
	诺曼中尉	1842年1月22日派往皇家战舰“巡洋”号
	布伦中尉 卡特中尉 博拉西中尉 圣奥本中尉 冈内尔中尉 罗斯中尉 穆尔森中尉	
	海军陆战队尤纳克上校	1841年11月23日获临时少校军衔，1842年7月21日因中暑死于镇江
	海军陆战队埃利奥特上尉 海军陆战队汉布利上尉 航海长霍夫迈斯特 牧师兼海军教官伯勒 医生金博士 主计长塔普森 助理医生布雷克博士(代) 助理医生弗格森	
英国皇家战舰“巡洋”号——炮16门 2门32磅火炮(25英担) 14门32磅卡龙炮(17英担) 配属小船：1门12磅卡龙炮	吉福德中校	1841年6月8日擢升上校
	皮尔士中校	1841年10月16日任命
	哈斯克尔上尉	1841年6月8日擢升中校
	海耶斯上尉	1841年10月8日擢升中校
	诺曼上尉 航海长桑德斯 医生多克 主计长多宾 助理医生艾伦	
英国皇家战舰“戴窦”号——炮18门 18门32磅火炮(40英担)	上校凯珀尔勋爵 伊登上尉 亨特上尉	

续 表

舰船名	军官名	备注
配属小船：1 门 12 磅卡龙炮	托特纳姆上尉 航海长艾伦(代) 医生多诺霍 主计长布尔曼 助理医生辛普森博士	
英国皇家战舰“驾驶者”号——炮 4 门	哈默中校 开斯庇上尉 唐斯上尉 利中尉 海军陆战队亚历山大少尉 航海长贾维斯 医生霍顿 主计长克里斯平 助理医生科斯特洛(代)	
英国皇家战舰“都鲁壹”号——炮 44 门 2 门 8 英寸火炮(60 英担) 30 门 32 磅火炮(40 英担) 12 门 32 磅卡龙炮(17 英担) 配属小船：1 门 6 磅火炮 4 门 12 磅卡龙炮	上校丘吉尔勋爵 士密上校 戈德史密斯上尉 贝克上尉 比农上尉 斯托利上尉 海军陆战队麦斯威尔上尉 海军陆战队皮卡德少尉 航海长考克 医生科尔特博士 主计长布雷 海军教官塞尔 助理医生波廷格	1840 年 6 月 3 日死于汲星门 1840 年 6 月 30 日任命 1841 年 5 月 6 日擢升中校，1841 年(具体日期不详)派往英国皇家战舰“海阿新”号
英国皇家战舰“安度明”号——炮 44 门 2 门 8 英寸火炮(60 英担) 30 门 32 磅火炮(40 英担) 12 门 32 磅卡龙炮(17 英担) 配属小船：4 门 12 磅卡龙炮 1 门 6 磅火炮	上校格雷勋爵 马什上尉 雷上尉 霍顿上尉 贝克上尉 海军陆战队皮尔士上尉 海军陆战队彭罗斯上尉 航海长杰克逊	

续 表

舰 船 名	军 官 名	备 注
	牧师贝拉米 医生艾利森博士 主计长布朗 海军教官蒙科尔 助理医生哈特	
英国东印度公司汽轮“进取”号	韦斯特先生 贝图米厄上尉，印度海军 助理医生罗伯森	
英国皇家战舰“哈利昆”号——炮16门 4门32磅火炮(25英担) 12门32磅卡龙炮(17英担) 配属小船：1门12磅卡龙炮	哈斯廷斯中校 莫里斯上尉 上尉克林顿爵士 航海长爱丁顿 医生纳特 主计长萨瑟兰 助理医生戈丁(代)	
英国皇家战舰“冒险者”号——炮16门 2门32磅火炮(25英担) 14门32磅卡龙炮(17英担) 配属小船：1门12磅卡龙炮	贝尔中校 鲁宾逊上尉 罗伯森上尉 航海长保罗 医生鲍尔 主计长哈里斯 助理医生霍格恩博士(代)	
英国皇家战舰“先驱者”号——炮26门 2门32磅火炮(25英担) 18门32磅卡龙炮(17英担) 6门18磅火炮(15英担) 配属小船：1门12磅卡龙炮	尼亚斯上校 费希尔上尉 海军陆战队休伊特上尉 航海长比恩 医生莱恩博士 助理医生班基尔	 1841年6月8日擢升中校 1841年6月16日在吴淞战役中遇害
英国东印度公司“洪哥厘”号	罗斯先生	
英国皇家战舰“海阿新”号——炮18门 2门32磅火炮(25英担) 16门32磅卡龙炮(17英担)	沃伦中校 戈德史密斯中校	1841年5月6日擢升上校 1841年(具体日期不详)任命

续 表

舰船名	军官名	备注
配属小船：1门12磅卡龙炮	莫谢德上尉 航海长艾利 医生瑞德 主计长迪克斯 助理医生罗伯森	1841年6月8日擢升中校，1841年10月16日派往英国皇家战舰“哥伦拜恩”号
英国皇家战舰“朱庇特”号——炮12门	富尔顿少校 霍夫迈斯特少校 副航海长鲍尔 助理医生克罗夫顿	 1842年2月6日任命
英国皇家战舰“拉恩”号——炮18门 2门32磅火炮(25英担) 16门32磅卡龙炮(17英担) 配属小船：1门12磅卡龙炮	布雷克中校 雷诺兹上尉 哈里森上尉 航海长巴斯科姆(代) 医生韦斯特 主计长谢泼德 助理医生沃甘	1841年5月6日擢升上校 1841年6月8日擢升中校，1841年10月16日派往英国皇家战舰“伯兰汉”号 调任英国皇家战舰“加略普”号
英国皇家海军快艇“路易莎”号	卡米克先生，皇家海军	
英国东印度公司汽船“马答加斯加”号	戴西先生 奥利弗先生，大副 汉莫先生，二副 鲍曼先生，二副 夏普先生，三副 医生普雷菲尔 医生马丁 主计长密斯佩拉尔	 1841年9月20日溺水身亡 1841年9月20日溺水身亡
英国东印度公司汽船“麦都萨”号——炮3门	休伊特上尉，印度海军 亚当斯先生，印度海军 卫先生，印度海军 马丁先生，印度海军 泰南先生，印度海军 威廉姆斯先生	

续 表

舰 船 名	军 官 名	备 注
英国皇家战舰“麦尔威厘”号——炮72门 4门8英寸火炮(65英担) 24门32磅火炮(56英担) 32门32磅火炮(42英担) 12门32磅卡龙炮(17英担) 配属小船:1门6磅火炮 2门18磅卡龙炮 2门12磅卡龙炮	上校邓达士勋爵 普吉中校 沙利文上尉 朔姆贝格上尉 哈里斯上尉 福勒上尉 克拉克上尉 杜马雷斯中尉 迪克森中尉 莱文奇中尉 中尉康普顿爵士 海军陆战队吉莱斯皮上校 海军陆战队丹尼尔少尉 航海长麦克唐纳 牧师菲尔丁 医生坎贝尔 主计长布朗 海军教官莱恩 助理医生特雷西 候补医生考德维尔 候补医生韦伯 候补医生克雷格 候补医生海尔 候补医生利耶 候补医生罗杰斯	福勒上尉:任命指挥“布里玛”号武装运输船 海军陆战队丹尼尔少尉:调任英国皇家战舰“布朗底”号
东印度公司汽轮“梅姆隆”号——炮6门	鲍威尔中校,印度海军 贝尔福上尉,印度海军 约翰斯通上尉,印度海军	
英国皇家战舰“摩底士底”号——炮18门 18门32磅火炮(25英担) 配属小船:1门12磅卡龙炮	艾尔斯中校 沃森中校 宾汉上尉 康威上尉 伯奇上尉 航海长思凯德	艾尔斯中校:1841年5月6日擢升上校 沃森中校:1841年10月16日任命,1842年12月23日擢升上校 宾汉上尉:1841年5月6日擢升中校 伯奇上尉:1842年12月23日擢升中校

续　表

舰船名	军官名	备注
	医生麦卡沃伊 主计长品霍恩 助理医生托马斯	
英国东印度公司汽船“复仇神”号——炮2门 2门32磅火炮 携带5门6磅铜火炮	霍尔先生，上尉，皇家海军 佩德上尉，皇家海军，一副 斯特兰韦斯先生，皇家海军，二副 加尔布雷斯先生，三副 怀特赫斯特先生，四副 弗里兹先生，皇家海军 医生杨 医生特纳 主计长冈特	1843年6月10日擢升中校 1841年7月任命香港港务长官 1842年7月1日任命大副 1841年8月1日作为大副加入“复仇神”号 1841年1月15日从澳门离开中国 1841年1月15日加入
英国皇家战舰“宁罗得”号——炮20门 2门32磅火炮(25英担) 18门32磅卡龙炮(17英担) 配属小船：1门12磅卡龙炮	巴罗中校 格拉斯中校 盖茨克尔上尉 福克斯上尉 航海长海恩(代) 医生坎贝尔 主计长西德尔 助理医生戴维森	1841年6月8日擢升上校，曾递送专件 1841年6月28日任命 1841年5月25日在广州战役中遇害
英国皇家战舰“北极星”号——炮26门 2门32磅火炮(25英担) 18门32磅卡龙炮(17英担) 6门18磅火炮(15英担) 配属小船：1门12磅卡龙炮	上校洪姆准男爵 埃利奥特上尉 约翰逊上尉 威尔逊上尉 海军陆战队兰福德上尉 航海长斯图尔特(代) 医生桑德森 主计长胡奇 助理医生桑德斯(代)	

续　表

舰船名	军官名	备注
英国皇家战舰“培里康”号——炮16门 2门32磅火炮(25英担) 14门32磅卡龙炮(17英担) 配属小船：1门12磅卡龙炮	贾斯蒂斯中校 斯达默上尉 怀特上尉 达利上尉 航海长斯托克斯 医生巴拉德 主计长诺特 助理医生科比特	 1842年1月20日派往英国皇家战舰“布朗底”号
东印度公司汽轮“飞礼则唐”号——炮2门 2门32磅火炮	麦克克莱弗特上尉，皇家海军	1842年12月23日擢升中校
英国皇家战舰“伯劳弗”号(前身“班廷克”号)——炮10门 8门12磅卡龙炮 2门12磅铜火炮	科林森中校 布雷克上尉	1842年12月23日擢升上校
东印度公司汽船“博鲁多”号——炮1门 1门32磅火炮	都铎上尉，皇家海军	1842年12月23日擢升中校
东印度公司汽轮“伯劳西伯”号——炮2门 2门18磅火炮	休中校，皇家海军	
英国皇家战舰“卑拉底斯”号——炮18门 2门32磅火炮(25英担) 16门32磅卡龙炮(17英担) 配属小船：1门12磅卡龙炮	晏臣中校 丁达尔中校 海伊上尉 图泽奥上尉 瓦伊纳上尉 航海长诺斯沃西(代) 医生普里奥克斯 主计长卡里根 助理医生特威代尔	1841年6月8日擢升上校 1841年10月16日任命 1841年5月6日擢升中校
英国东印度公司蒸汽船“皇后”号——炮6门	沃登先生	

续 表

舰船名	军官名	备注
英国皇家战舰“响尾蛇”号——炮28门 （运兵船）	舰长布罗迪 舰长斯普伦特（代） 副航海长卡维尔 助理医克里	1841年6月18日任命
英国皇家战舰“保皇党人”号——炮10门 （运兵船）	斯图尔特中校，皇家海军	
英国皇家战舰“萨马兰”号——炮26门 2门32磅火炮（25英担） 18门32磅卡龙炮（17英担） 6门18磅火炮（15英担） 配属小船：1门12磅卡龙炮	斯科特上校 鲍尔上尉 马他仑上尉 莱萨特候补上尉 海军陆战队戈登上尉 航海长佩恩 医生韦伊 主计长 助理医生麦凯博士	 1841年5月6日擢升中校 1841年2月15日擢升中校
英国皇家战舰“巨蛇”号——炮16门 4门32磅火炮（25英担） 12门32磅卡龙炮（17英担） 配属小船：1门12磅卡龙炮	内维尔中校 布朗上尉 拿布上尉 航海长希利亚德（代） 医生兰伯特 主计长戈德森 助理医生罗伯茨	
东印度公司汽轮“西索斯梯斯”号——炮4门	奥姆斯比中校，印度海军 坎贝尔上尉，印度海军 雷尼上尉，印度海军 格里夫上尉，印度海军 史密斯先生，印度海军 诺特先生，印度海军 皮沃先生，印度海军 伦威克先生，印度海军 助理医生克瑞尚克	

续 表

舰 船 名	军 官 名	备 注
英国皇家战舰“司塔林”号——炮2门	开莱特少校 副航海长乔恩 助理医生古德里奇 主管书记员费伦	1841年5月6日擢升中校，1842年11月23日擢升上校
英国皇家战舰“硫磺”号——炮8门	卑路乍中校 莫尼彭尼上尉 伍德上尉 航海长高斯(代) 医生辛克莱尔博士 主计长朱利安(代) 助理医生海因兹	1841年5月6日擢升上校 1841年6月8日擢升中校 1841年10月8日擢升中校
东印度公司汽轮“谭那萨林”号——炮4门	沃尔先生 休谟，二副	
英国皇家战舰“塞利亚”号——炮42门 2门8英寸火炮(52英担) 30门32磅火炮(40英担) 10门32磅卡龙炮(17英担) 配属小船：1门6磅火炮 4门12磅卡龙炮	霍普上校 托马斯上尉 韦尔斯利上尉 索伯恩上尉 克拉克上尉 海军陆战队贝克上尉 海军陆战队埃利奥特少尉 牧师穆迪 航海长惠灵顿(代) 医生道格拉斯 主计长克拉特沃西 海军教官尼达姆 助理医生尼克尔森博士(代)	
英国皇家战舰“雌狐”号——炮6门	波伊斯中校 布罗韦尔上尉 菲尔波特上尉 贝利上尉 航海长艾伦 医生诺蒂 主计长哈肖 助理医生韦伯博士(代)	1842年12月23日擢升上校

续　表

舰　船　名	军　官　名	备　　注
英国皇家战舰“窝拉疑”号——炮26门 2门32磅火炮(25英担) 18门32磅卡龙炮(17英担) 6门19磅火炮(15英担) 配属小船：1门12磅卡龙炮	士密上校 懿律上校(代) 戈尔上尉 汉密尔顿上尉 海军陆战队艾尔斯上尉 航海长布朗(代) 医生威灵 主计长索思 助理医生戴维森	1840年6月30日派往英国皇家战舰“都鲁壹”号 1840年6月30日任命
英国皇家战舰“流浪者”号——炮16门 4门32磅火炮(25英担) 12门32磅卡龙炮(17英担) 配属小船：1门12磅卡龙炮	西摩中校 特拉西上尉 艾伦上尉 航海长埃利奥特 医生戈登 主计长德弗里斯(代) 助理医生隆尼	
英国皇家战舰“威厘士厘”号——炮72门 4门8英寸火炮(65英担) 24门32磅火炮(56英担) 32门32磅火炮(42英担) 12门32磅卡龙炮(17英担) 配属小船：1门6磅火炮 2门18磅卡龙炮 2门12磅卡龙炮	准将伯麦爵士 马他仑上校 约翰·弗莱彻中校 钱伯斯上尉 杰宁汉上尉 西蒙斯上尉 克尔上尉 康普顿勋爵上尉 杰弗里斯上尉 埃格顿上尉 马他仑候补上尉 斯图尔特候补上尉 伦德尔候补上尉	 1841年6月8日擢升上校 1841年10月8日擢升中校 1841年2月22日擢升中校 1841年6月8日擢升中校，1841年10月16日派往英国皇家战舰“威厘士厘”号 1841年2月15日擢升中校 1840年5月25日派往英国皇家战舰“海阿新”号

续　表

舰船名	军官名	备　注
	马他仑候补上尉(代)	1841年10月16日派往英国皇家战舰“阿尔吉林”号
	舒特候补上尉	1841年6月8日擢升中校
	赫尔普曼候补上尉	1841年1月19日派往英国皇家战舰“哥伦拜恩”号
	道格拉斯候补上尉	1841年3月11日派往英国皇家战舰“都鲁壹”号
	威廉姆斯候补上尉	1840年5月11日派往英国皇家战舰“宁罗得”号
	科林森候补上尉	1842年2月19日派往英国皇家战舰“伯劳弗”号
	萨默维尔候补上尉	1841年6月8日擢升中校
	爱德华兹候补上尉	
	海军陆战队艾利斯上校	1841年5月6日获临时少校军衔，1841年5月26日获临时中校军衔
	海军陆战队厄克哈特上尉	调往英国皇家战舰“康威”号
	海军陆战队厄舍尔少尉	
	海军陆战队弗怀特少尉	
	航海长斯普伦特	(年份不详)6月18日调往英国皇家战舰“响尾蛇”号
	航海长布朗	
	牧师琼斯	
	医生林赛博士	
	主计长斯图尔特	
	海军教官瑞姆拜奇	
	助理医生	
	候补医生阿曼	
	候补医生史密斯	
	候补医生格里尔	
	候补医生蒙克	

续 表

舰船名	军官名	备注
英国皇家战舰“黑獾”号——炮16门 4门32磅火炮(25英担) 12门32磅卡龙炮(17英担) 配属小船：1门12磅卡龙炮	约翰逊中校 威尔莫特上尉 金斯曼上尉 霍布林上尉 航海长哈密特 医生鲍尔博士 主计长奇默 助理医生特伦奇博士(代)	
英国皇家纵帆船“青春女神”号——炮1门	奎因先生 伍德先生	

陆 军

部队	军官名	备注
皇家炮兵团	格林伍德上尉 诺尔斯上尉 弗里兹中尉 杨中尉 斯宾塞中尉爵士	 1841年5月26日获临时中校军衔
马德拉斯炮兵团	蒙哥马利中校 布伦德尔少校 霍尔上尉 安奕德上尉 摩尔上尉 贝尔福中尉 加比特中尉 巴罗中尉 福尔斯中尉 利特尔中尉 纳托尔中尉 卡德尔中尉	 1841年5月26日获临时少校军衔 1840年12月16日获临时上尉军衔 郭富爵士副官，曾递送专件 副军需长

续　表

部　队	军　官　名	备　注
	贝克中尉	
	莫尔斯沃思少尉	
	埃利奥特少尉	
	沃德尔少尉	
	考克斯少尉	
	医生格兰特	
	助理医生米德尔马斯	
	助理医生科尔斯	
马德拉斯工兵团	皮尔士上尉	
	科顿中尉	1840年12月16日获临时上尉军衔
	伯德伍德中尉	1841年6月16日获临时上尉军衔
	肖中尉	
	兰道尔中尉	
	奥克特洛尼少尉	
	约翰斯通少尉	
	希钦少尉	
	附属部队	
	戈登中尉，马德拉斯土著步兵第32团	
	助理医生威廉姆斯	
皇家爱尔兰步兵第18团	伯勒尔中校	1830年7月22日获临时上校军衔，1841年11月23日获临时少将军衔
	亚当斯中校	
	哈米尔少校	1841年2月7日死于舟山
	汤林森少校	1842年5月18日死于乍浦之战
	考柏上尉	1838年6月28日获临时少校军衔
	迪伦少校	1838年6月28日获临时少校军衔
	摩尔上尉	1841年4月9日退役
	格拉顿上尉	郭富爵士副官；曾递送专件；1841年5月16日擢升少校
	萨金特上尉	1841年5月16日获临时少校军衔
	威格斯顿上尉	

续 表

部　　队	军 官 名	备　　注
	科林森上尉	1842年7月21日死于镇江之战
	潘恩上尉	
	爱德华兹上尉	1841年2月8日擢升上尉
	米特福德中尉	
	达瑞尔爵士中尉	1841年7月14日擢升上尉
	科克伦勋爵上尉	1841年11月23日由第66步兵团调入
	威尔逊中尉	助理，1841年6月19日死于香港
	斯特拉特福中尉	1842年5月19日擢升上尉，1842年10月23日死于回国途中
	戴维斯中尉	1841年1月25日死于"马拉巴尔"号
	哈利中尉	1841年5月12日死于"亚细亚"号
	麦基嘉爵士中尉	
	乔德雷尔中尉	
	格雷夫斯中尉	
	考尔中尉	
	邓巴中尉	
	布鲁斯中尉	
	格温中尉	1841年11月19日退役
	伍德中尉	
	希利亚德中尉	
	穆雷中尉	
	斯温伯恩中尉	1841年9月11日死于厦门鼓浪屿
	马丁中尉	
	瓦瓦苏中尉	1840年10月12日死于舟山
	爱德华兹中尉	1842年8月29日死于厦门
	伯纳德少尉	1840年10月2日擢升中尉
	科克伦少尉	1840年10月13日擢升中尉，1842年8月29日死于厦门
	阿姆斯特朗少尉	1841年1月26日擢升中尉

续 表

部 队	军 官 名	备 注
	罗杰斯中尉	1841年4月23日由第95步兵团擢升调入
	休伊特少尉	1841年5月13日擢升中尉
	科克伯恩少尉	1841年6月20日擢升中尉
	伯勒尔少尉	1841年8月17日擢升中尉
	韦纳中尉	1841年11月19日由第95步兵团擢升调入
	伍德莱特少尉	1841年11月20日擢升中尉
	梅奥少尉	1841年11月21日擢升中尉
	柯克少尉	
	西蒙斯少尉	1841年5月19日擢升中尉，1842年11月12日死于舟山
	萨金特少尉	
	埃利奥特少尉	
	海曼少尉	
	沃德少尉	
	汉弗莱斯少尉	1842年8月16日死于厦门
	财务长考尔	
	助理威尔逊中尉	1841年6月19日死于香港
	助理格雷夫斯中尉	1841年6月20日任命为助理
	军需长卡罗尔先生	
	医生麦金利博士	
	助理医生考恩	
	助理医生贝克	
	助理医生斯图尔特	1842年11月14日死于鼓浪屿
卡梅伦步兵第26团	奥格兰德中校	1837年1月10日获临时上校军衔，1840年6月22日去世
	詹姆斯中校	1841年8月27日死于回国途中
	芒廷少校	1840年6月23日擢升中校

续 表

部 队	军 官 名	备 注
	普拉特少校	1841年5月6日获临时中校军衔,1841年8月28日擢升中校
	约翰斯通上尉	1837年1月10日获临时少校军衔,1840年6月23日擢升少校,1841年5月26日获临时中校军衔,1842年10月19日死于回国途中
	霍加斯上尉	1838年6月28日获临时少校军衔,1841年8月28日擢升少校
	斯特兰奇上尉	
	波因本上尉	
	凯恩上尉	1841年11月23日获临时少校军衔
	帕特森上尉	
	皮戈特上尉	
	杨上尉	1842年4月1日调往孟加拉补给站
	迈利乌司上尉	
	沙姆上尉	
	毛尔中尉	1840年10月30日擢升上尉,1841年5月18日调至第36团
	弗伦奇中尉	1840年10月31日擢升上尉
	维丁汉姆上尉	1841年5月18日由第80团调入,任郭富爵士副官,曾递送专件;1842年12月23日获临时少校军衔
	汤普森中尉	1841年8月28日擢升上尉
	斯塔夫中尉	1841年7月17日死于回国途中
	格雷格中尉	
	塞科姆中尉	1843年3月19日死于回国途中
	西伯利中尉	

续　表

部　队	军官名	备　注
	麦克唐纳中尉	
	吉尔伯特中尉	
	埃德加中尉	
	丹尼尔中尉	1840年11月27日死于舟山
	约翰斯通中尉	
	卡梅伦中尉	
	奥斯本中尉	1840年7月21日负责递送至加尔各答的专件
	罗杰斯中尉	
	斯威尼中尉	1841年7月11日死于回国途中
	摩尔海德中尉	
	波斯尔思韦特中尉	
	帕克中尉	
	贝茨中尉	
	卡明中尉	
	夏普中尉	1841年5月18日调任第72团
	马嘉理少尉	
	菲普斯少尉	1840年10月31日擢升中尉，1842年2月18日调任第86团
	米勒少尉	1840年11月28日擢升中尉
	华莱士少尉	1840年12月29日擢升中尉
	琼斯少尉	1841年2月8日擢升中尉
	派珀中尉	1841年5月18日由第80团调入
	惠蒂少尉	1841年7月18日擢升中尉
	达夫中尉	
	拜恩少尉	
	莱斯少尉	1841年12月3日擢升中尉
	辛格少尉	
	蒙哥马利少尉	
	杜佩里埃少尉	
	特纳少尉	
	昆西少尉	
	迪肯斯少尉	
	布雷丁少尉	

续　表

部　队	军官名	备　注
	财务长斯特朗	
	助理麦克唐纳中尉	
	助理约翰斯通中尉	1841 年 6 月 4 日任命为助理
	军需长古德菲勒	
	医生贝尔博士	
	助理医生派因	
	助理医生贝斯博士	
	助理医生布劳斯博士	
第 49 团	巴特利中校	1841 年 11 月 23 日获临时上校军衔，巴斯爵级司令勋章
	莫里斯中校	1843 年 5 月 2 日死于回国途中
	史蒂芬斯少校	1841 年 5 月 26 日获临时中校军衔，1842 年 7 月 29 日因中暑死于镇江
	布莱斯少校	1841 年 5 月 26 日获临时中校军衔，1842 年 6 月 24 日退役
	斯蒂恩上尉	1840 年 9 月死于舟山
	帕斯利上尉	1842 年 6 月 24 日擢升少校
	雷诺兹上尉	1842 年 7 月 30 日擢升少校
	威尔金森上尉	1838 年 6 月 28 日获临时中校军衔，1841 年 5 月 17 日去世
	格里高利上尉	1837 年 1 月 10 日获临时少校军衔，1842 年 11 月 30 日死于香港
	费伯上尉	
	帕克斯上尉	
	麦克安德鲁上尉	
	约翰斯顿上尉	
	坎贝尔上尉	1842 年 6 月 24 日退役
	梅克中尉	1840 年 9 月 30 日擢升上尉
	丹尼斯上尉	1841 年 5 月 17 日擢升上尉

续 表

部 队	军 官 名	备 注
	格兰特中尉	
	吉本斯中尉	
	哈特中尉	
	蒙哥马利中尉	1842年3月15日大宝山战役之后负责递送专件，1842年6月24日擢升上尉
	布朗中尉	助理，1842年6月24日擢升上尉
	雷尼中尉	1842年12月27日擢升上尉
	希特利中尉	
	拉姆齐中尉	
	巴特利中尉	
	佩尔森中尉	
	安德森中尉	
	丹尼尔中尉	
	莎士比亚中尉	
	麦克莱恩中尉	
	米切尔中尉	
	霍顿中尉	
	吉本斯中尉	助理通信官。1842年7月21日在镇江战役中遇害
	布鲁克曼中尉	
	麦克亚当中尉	
	布莱科尔中尉	
	莱恩中尉	
	巴特利少尉	1840年9月30日擢升中尉
	兰德少尉	1841年5月17日擢升中尉
	哈夫哈德少尉	1841年6月25日擢升中尉
	奥图尔少尉	1842年6月24日擢升中尉
	方特少尉	
	巴德利少尉	1841年9月7日擢升中尉
	普莱特约翰少尉	
	韦尔少尉	1842年2月25日擢升中尉，1842年7月25日因霍乱死于镇江

续 表

部队	军官名	备注
	博尔顿少尉 财务长韦尔 助理布朗中尉 军需长梅恩 医生弗伦奇博士 助理医生盖瑞特博士 助理医生菲莱特 助理医生达夫博士	 1842 年(具体日期不详)因霍乱死于镇江
第 55 团	史库德中校	1841 年 11 月 23 日获临时上校军衔
	克雷吉中校	1842 年 12 月 23 日获临时上校军衔
	沃伦少校 福塞特少校	1842 年 12 月 23 日获临时中校军衔
	麦克莱恩上尉	1841 年 11 月 23 日获临时少校军衔,1842 年 12 月 23 日获临时中校军衔
	坎贝尔上尉 霍纳上尉	1842 年 5 月 29 日在乍浦战斗中负伤死亡
	奥利里上尉 多布尼上尉	1842 年 12 月 23 日获临时少校军衔
	杨上尉 罗斯上尉	1843 年 7 月 13 日死于香港
	科茨上尉 格兰姆斯上尉 麦卡斯基尔上尉	
	沙普罗尼尔中尉 科尔曼中尉	1842 年 5 月 30 日擢升上尉
	赫里奥特中尉 哈维兰中尉 沃伦中尉 布鲁克中尉 爱德华兹中尉 卡迪中尉 巴特勒中尉 汉米尔顿中尉	

续　表

部　队	军 官 名	备　注
	玛格拉斯中尉	助理，1842 年 7 月 3 日死于香港
	丹尼尔中尉	
	巴鲍德中尉	
	费尔克劳中尉	
	沃伦中尉	
	皮特曼中尉	
	史诺中尉	
	麦克科伊中尉	
	金中尉	
	丹尼尔中尉	
	韦德伯恩中尉	
	肖中尉	
	弗伦奇少尉	1841 年 2 月 20 日擢升中尉
	威尔顿少尉	1841 年 12 月 3 日擢升中尉
	罗杰斯少尉	1841 年 10 月 26 日擢升中尉，1841 年 12 月 15 日死于香港
	伊根少尉	1842 年 5 月 30 日擢升中尉
	马奎尔少尉	
	多布尼少尉	1842 年 5 月 13 日擢升中尉
	坎贝尔少尉	1843 年 4 月 2 日死于香港
	迪尤尔少尉	1841 年 10 月 1 日在舟山战役中遇害
	财务长丹尼尔	
	助理玛格拉斯	
	军需长格雷格	
	医生香克斯博士	
	助理医生史密斯博士	
	助理医生辛克莱尔博士	
	助理医生特拉奎尔博士	
	助理医生雅顿	
第 98 团	坎贝尔中校 *	1842 年 12 月 23 日获临时上校军衔
	艾尔少校	
	罗伯茨少校	

续　表

部　　队	军　官　名	备　　注
	特里普上尉 爱德华兹上尉 伊迪上尉 达利上尉 伊尔德顿上尉 *后封为克莱德男爵 罗素上尉 邓巴上尉 惠姆珀上尉 洛维特上尉 兰尼埃上尉 奥姆斯比中尉 杰弗里中尉 海索恩中尉 辛格中尉 科茨中尉 科尔比中尉 蒙特雷索中尉 格兰瑟姆中尉 科尔特比中尉 卡特中尉 斯特里特中尉 谢尔顿中尉 韦德中尉 赫西中尉 阿尔伯尼中尉 佩顿中尉 达拉斯少尉 沙德韦尔少尉 舍代尔少尉 布里奇曼少尉 格兰瑟姆少尉 斯蒂尔少尉 奥尔古德少尉 里士满少尉 爱德华兹少尉 邓巴少尉 麦考伊少尉	1837 年 1 月 10 日获临时中校军衔 助理

续　表

部　　队	军　官　名	备　　注
	财务长亨特上尉 助理奥姆斯比中尉 军需长费根 医生巴丁 助理医生阿道弗斯博士 助理医生巴特 助理医生布雷克博士	
孟加拉志愿兵队	劳合中校 肯特少校 萨默维尔上尉 朗上尉 米上尉 弗劳尔上尉 门蒂思上尉 博尔顿上尉 史密斯上尉 金中尉 兰肯中尉 达尔斯顿中尉 史威尔中尉 理查森中尉 穆雷中尉 萨瑟兰少尉 加德纳少尉 助理达尔斯顿 军需检查长史威尔 助理医生兰金 助理医生赖特森 助理医生曼 劳合中校 肯特少校 普拉特上尉 哈尔福德上尉 舒尔德姆上尉 班菲尔德上尉 英尼斯上尉 韦克菲尔德上尉	土著步兵第 25 团 土著步兵第 18 团 土著步兵第 51 团 土著步兵第 40 团 土著步兵第 58 团 土著步兵第 25 团 土著步兵第 69 团 土著步兵第 47 团 土著步兵第 28 团 土著步兵第 51 团 土著步兵第 69 团 土著步兵第 58 团 土著步兵第 47 团 土著步兵第 18 团 土著步兵第 28 团 土著步兵第 25 团 土著步兵第 40 团 土著步兵第 68 团 土著步兵第 18 团 土著步兵第 23 团 土著步兵第 41 团 土著步兵第 52 团 土著步兵第 56 团 土著步兵第 15 团 土著步兵第 17 团

续 表

部 队	军 官 名	备 注
	斯温顿上尉	土著步兵第 32 团
	西斯摩尔上尉	土著步兵第 23 团
	特顿上尉	土著步兵第 3 团
	戴维森中尉	土著步兵第 32 团
	哈维中尉	土著步兵第 3 团
	波纳尔中尉	土著步兵第 52 团
	比万中尉	土著步兵第 56 团
	昂斯洛中尉	土著步兵第 41 团
	沃森中尉	土著步兵第 17 团
	肖少尉	土著步兵第 15 团
	助理戴维森	
	军需检查长波纳尔	
	医生格雷博士	土著步兵第 17 团
	助理医生考克斯	
马德拉斯土著步兵第 2 团	卢亚德中校	
	普雷斯科特少校	
	阿普索普上尉	
	库格顿上尉	
	希里夫上尉	
	方斯上尉	
	巴克上尉	
	斯图尔特中尉	
	比根中尉	
	格林中尉	
	温德姆中尉	
	卡尔中尉	
	肖中尉	
	欧斯金中尉	
	麦金农中尉	
	肖中尉	
	梅因沃林中尉	
	坎宁安少尉	
	塔奇少尉	
	阿克顿少尉	
	特拉弗斯少尉	
	助理卡尔	
	军需检查长斯图尔特	

续 表

部 队	军 官 名	备 注
	医生麦斯威尔 助理医生金杰尔	
马德拉斯土著步兵第6团	德雷弗中校 霍华德少校 里德上尉 麦克莱恩上尉 麦克恭上尉 科茨上尉 冈索普上尉 福塞斯中尉 冈珀茨中尉 韦斯特中尉 布朗中尉 沃克中尉 肯普斯特中尉 斯蒂尔中尉 斯温顿中尉 哈里斯中尉 维格尼少尉 德斯伯勒少尉 摩尔少尉 助理福塞斯 军需检查长沃克中尉 医生汤姆森 助理医生古道尔	1842年7月21日在攻占镇江的战斗中因中暑死亡
马德拉斯土著步兵第14团	坎贝尔中校 杨少校 伯恩上尉 帕尔默上尉 托德上尉 利亚尔代上尉 沃克中尉 吉布中尉 希尔雅德中尉 科比中尉 杰克逊中尉	

续 表

部　　队	军 官 名	备　　注
	卢金中尉	
	杨森中尉	
	肯辛顿中尉	
	卡登黑德中尉	
	罗尔斯顿少尉	
	托姆斯少尉	
	斯坦纳斯少尉	
	塔普少尉	
	助理科比	
	军需检查长希尔雅德	
	医生曼特尔	
	助理医生史密斯	
马德拉斯土著步兵第 36 团来复枪队	辛普森上尉	
	毕肖普中尉	
	布雷克中尉	
	威迪中尉	
	助理医生约翰斯通	
马德拉斯土著步兵第 37 团	艾萨克中校	1840 年 9 月 24 日在戈尔康达海域失踪
	坎贝尔中校	1841 年 10 月 1 日任命
	达夫上尉	1841 年 7 月 7 日死于澳门
	贝丁菲尔德上尉	
	内芙上尉	1840 年 9 月 24 日在戈尔康达失踪
	辛普森上尉	
	沃德洛普尔中尉	1840 年 5 月 23 日擢升上尉
	戈登中尉	1840 年 9 月 24 日擢升上尉
	哈德菲尔德中尉	1841 年 7 月 7 日擢升上尉
	玛索中尉	
	科顿中尉	
	黑克中尉	1840 年 9 月 24 日在戈尔康达海域失踪
	西布利中尉	1841 年 5 月 7 日因伤退役
	哈里森中尉	1840 年 9 月 24 日在戈尔康达海域失踪

续 表

部 队	军 官 名	备 注
	贝利少尉	1840年3月23日擢升中尉
	弗里兹少尉	1840年9月24日擢升中尉
	鲍尔少尉	1840年9月24日擢升中尉
	戈德斯米德少尉	1840年9月24日擢升中尉
	伯克利少尉	1840年10月3日擢升中尉
	安克特尔少尉	(具体日期不详)擢升中尉,1841年7月13日死于香港
	梅恩少尉	1841年7月13日擢升中尉
	卢亚德少尉	1842年5月8日擢升中尉
	戴伊少尉	
	克里斯普少尉	
	霍兰地少尉	
	戈德史密斯少尉	
	助理沃德洛普尔	
	助理黑克	1840年8月4日任命
	军需检查长黑克	
	财会检查长德弗罗	马德拉斯工兵第2团
	医生希尼曼	
	医生哈丁	
	医生蒙罗	1840年7月6日任命,1840年9月24日在戈尔康达海域失踪
马德拉斯土著步兵第39团	泰勒中校	
	梅西特少校	
	休斯上尉	
	伊兹上尉	
	威尔金森上尉	
	奥特利上尉	
	哈里奥特上尉	
	比万中尉	

续 表

部　队	军 官 名	备　注
	科菲尔德中尉 珀维斯中尉 菲茨莫里斯中尉 多比中尉 斯威特中尉 杰拉德中尉 塞尔中尉 哈特中尉 克尔少尉 弗莱少尉 布鲁斯少尉 巴罗雷少尉 助理比万 医生莱德 助理医生多华德	
马德拉斯土著步兵第 41 团	哈尔曼中校 坎贝尔少校 洛根上尉 麦克唐纳上尉 霍尔上尉 罗奇福特上尉 上尉伯德特准男爵 麦考利中尉 格兰特中尉 哈利中尉 科顿中尉 莫尼中尉 麦克维克中尉 黑尔中尉 爱默生中尉 卢金中尉 特里斯特中尉 霍姆斯少尉 瑟蒂斯少尉 史密斯少尉 助理麦克维克 医生伯勒尔 助理医生霍雷克	

附录D 涉及参战官员表现的通信节选

厦门：1840年7月3日[1]

尊敬的伯麦爵士阁下：

我向您报告，我所指挥的舰船全体官兵，以及船上的皇家炮兵团官兵，表现令人满意。我要感谢库尔森高级上尉，他在组建这支舰船上的年轻队伍的过程中，给予了全力支持。

胞祖谨上（签名）
上校
英国皇家战舰“布朗底”号
1840年7月4日于海上

占领定海：舟山，1840年7月5日[2]

尊敬的海军大臣阁下：

英国皇家战舰“康威”号比休恩上校、“威厘士厘”号马他仑上校、“鳄鱼”号库柏上校、“巡洋”号吉福德中校、“威厘士厘”号弗莱彻中校、“阿尔吉林”号梅森上尉、运兵船“响尾蛇”号指挥布罗迪先生、“青春女神”号指挥霍奇金森先生、全体军官、海员、陆战队士兵，以及东印度公司武装汽船“阿特兰特”号和“皇后”号官兵，他们

---

〔1〕*Annual Register*, Vol. 82, p. 572.
〔2〕*Annual Register*, Vol. 82, p. 578.

在这次行动中都表现出极大的热情和意愿。我相信这样的热情和意愿足以取得比现在的战斗更为重要的胜利。在此,我要由衷感谢马他仑上校为远征行动做出的周密安排,以及在实施过程中提供的巨大协助。

在艾利斯上尉的带领下,皇家海军陆战队士兵始终保持坚定和勇猛的优秀品质。

我也要感谢全权代表的军事秘书吉瑟林子爵一直以来的勤勉工作。

布耳利准将与我已经得到共识,两军通力合作,共同完成战争任务。

最后,我要赞扬运输船的船长们,自始至终,他们在将舰船驶进港口的过程中表现出热情、睿智和坚韧。

伯麦谨上(签字)

一级准将,总司令

英国皇家战舰"威厘士厘"号,舟山

1840 年 7 月 6 日

占领穿鼻要塞和大角头要塞：1841 年 1 月 7 日[1]

尊敬的海军议员奥费拉尔阁下:

我要向战斗中每位英勇和激情的官兵致以崇高的敬意;向"伯兰汉"号辛好士上校、"麦尔威厘"号邓达士勋爵致以衷心的感谢,并感谢马他仑上校的重要协助。霞毕上校与斯科特上校带领各自的分队英勇顽强地投入战斗,士密上校、布雷克上校、沃伦中校、艾尔斯中校和克拉克中校迅速下达指令,形成有力配合。

"伯兰汉"号普理查德中校、"麦尔威厘"号普吉中校、"威厘士

〔1〕*Annual Register*, Vol. 83, p. 468.

厘”号弗莱彻中校、蒸汽船的指挥官们，以及船上全体官兵在行动中表现出来的热忱都值得嘉奖。

第26团普拉特少校卓越勇猛地指挥陆上作战，他高度赞扬战斗中每位官兵的表现。

伯麦谨上（签字）
一级准将，总司令
英国皇家战舰“威厘士厘”号，阿娘鞋岛
1841年1月7日

尊敬的总司令伯麦爵士阁下：[1]

我非常高兴地向阁下报告，整支队伍在战斗中的表现令人敬佩，尤其向您表扬第26团约翰逊少校，他指挥一支由26团和49团组成的分遣队。我要特别提到以下四位将领：海军陆战队的艾利斯上校，这位令人尊敬的老将在一整天的冲锋中果敢顽强，代表了陆战队员的精神；皇家炮兵团的诺尔斯上尉，他部署火炮得力，并在夺取要塞之后将它们完全摧毁；马德拉斯土著步兵第37团的指挥达夫上尉；以及孟加拉志愿兵队分遣队的指挥官博尔顿上尉。在白天的战斗中，我还得到皇家海军陆战队助理、时任旅长的斯特兰山姆上尉的得力帮助。您的军事秘书，第90团麦肯锡中尉也主动做我的副官，带领一支突击队投入到一整天的进攻。

皇家战舰“伯兰汉”号的威尔逊上尉指挥海员有方，火炮上膛迅速。“威厘士厘”号的西蒙斯上尉有效组织部队登陆和登船。

普拉特谨上（签字）
少校，苏格兰卡梅伦步兵第26团指挥官
英国皇家战舰“威厘士厘”号，穿鼻
1841年1月8日

---

〔1〕*Annual Register*, Vol. 83, p. 471.

尊敬的总司令伯麦爵士阁下：[1]

我要向士密上校、艾尔斯中校和克拉克中校在战斗中给予我的有力支持致以敬意。我所指挥的官兵英勇战斗，他们的行动值得我最热烈的赞许。我还要高度赞扬本舰的大副鲍尔上尉，他在突破敌军防线的进攻中，膝盖受到严重刀伤，我甚至担心他的伤势不得不让他短暂离开，我向您大力推荐鲍尔上尉。同时，我还要举荐卢亚德先生。这位年轻军官的英勇表现一直博得我的赞赏。

斯科特谨上（签字）

上校

英国皇家战舰"萨马兰"号，珠江

1841 年 1 月 8 日

占领虎门要塞：1841 年 2 月 26 日[2]

尊敬的总司令伯麦爵士阁下：

参战官兵信息详见附录，我在这里要向您报告整支部队令人赞许的表现，尤其是以下四位将领。他们是：指挥用云梯攻城的 26 团约翰斯通少校，指挥进攻要塞大门的海军陆战队艾利斯上尉，马德拉斯土著步兵第 37 团指挥官达夫上尉，以及孟加拉志愿兵队两个连的指挥官因斯上尉。我还要赞扬皇家炮兵团的诺尔斯上尉，以及他下属皇家炮兵团的斯宾塞中尉和马德拉斯炮兵团的卡德尔中尉，他们负责向南横档岛投掷榴弹炮。同样值得称赞的还有马德拉斯工兵团的伯德伍德中尉，他监督修建防御工事；以及马德拉斯工兵团的兰道尔中尉和杰克逊中尉，他们协同我进攻。我还一如既往地得到了时任旅长的皇家海军陆战队斯特兰山姆上

[1] *Annual Register*, Vol. 83, p. 472.
[2] *Annual Register*, Vol. 83, p. 476.

尉的帮助，还有您的军事秘书、轻步兵第90团麦肯锡中尉的得力帮助，他担任我的副官。我还要向您举荐“威厘士厘”号的弗莱彻中校，他率领着背备云梯的海员，安排他们登陆。

普拉特谨上(签字)

少校，苏格兰卡梅伦步兵第26团指挥官

虎门

1841年2月27日

占领横档大蚝：1841年2月27日[1]

尊敬的全权代表，我的战友，我致以诚挚谢意的伯麦爵士阁下：

我要感谢尼亚斯上校、库珀上校和爱尔斯中校给予的有力支持；感谢卑路乍中校，尽管身抱小恙，仍尽责地将舰船驶入，同样尽职的还有“加略普”号航海长布朗。卑路乍舰长还与我一起参与陆上作战。库珀舰长和爱尔斯舰长本该离开他们的舰船，却留下来帮助监督攻击防御工事。正在勘察的马德拉斯工兵团伯德伍德中尉也过来帮忙，提出有益的建议。感谢“马答加斯加”号上马德拉斯炮兵团的福尔斯中尉，他有效指挥发射战舰上的火炮。感谢“加略普”号皇家海军陆战队斯特兰山姆上尉，他安排和指挥部队登陆，还在敌军停止反抗之后，帮助阻止战俘自杀。他也高度赞扬“先驱者”号海军陆战队的休伊特上尉和“鳄鱼”号海军陆战队的马里奥特上尉的协助。各位舰长都汇报了他们率领的全体官员、海员和陆战队将士的英勇表现。我在此再次对“加略普”号的精彩表现作证。

霞毕谨上(签字)

上校

英国皇家战舰“加略普”号，横档大蚝与黄埔之间

1841年2月27日

---

[1] *Annual Register*, Vol. 83, p. 478.

内河的行动：1841年3月13—15日[1]

尊敬的总司令伯麦爵士阁下：

我要向尊敬的义律上校致以最衷心的感谢，在我们一起进行的远征行动中，他提供了无私的帮助。陪同义律上校的两位先生，马儒翰和罗伯聃，以他们中文语言的学识给予我莫大的帮助，使我在途中得以与中国人交流，这一点非常重要。两位先生全程参与了远征，经历了各种危险。前东印度公司职员拉金斯上校也同他们一起，并且有时也担任业余译员的工作。

我要高度赞扬"复仇神"号舰长霍尔先生，在横渡一段从来没有欧洲船只走过的路线过程中，霍尔先生在危险和困难重重的环境下，依然保持冷静，不知疲倦，以饱满的精神完成任务。我由衷敬佩他的勇敢和感谢"复仇女神"号给予我的帮助。我认为他配得上一切授予他的奖励。

"复仇神"号大副佩德上尉勇猛能干，指挥着这艘蒸汽船，为我们舰队的行动提供支持。

借调到"复仇女神"号的原"威厘士厘"号枪炮手克劳奇先生出色地完成任务。我们能够快速地取得胜利主要归功于他有效地打击敌方。我真诚地向您举荐这位先生。

我还要大力表扬英勇的"萨马兰"号鲍尔上尉。在过去三天的行动中，他表现出无比的热忱与勇气。我热烈向您推荐这位优秀的军官。

本舰马他仑上尉、莱萨特候补中尉、海军陆战队戈登上尉、拿布先生、帕克赫斯特先生、卢亚德先生、阿米蒂奇先生、副航海长塔克先生、助理医生麦凯博士也都在战斗中表现勇敢，我向他们致以

[1] *Annual Register*, Vol. 83, p. 484.

诚挚的敬意。

斯科特谨上(签字)

上校

英国皇家战舰“萨马兰”号所属小船,黄埔水道

1841年3月15日晚6时

占领澳门水道要塞:1841年3月13日[1]

尊敬的总司令伯麦爵士阁下:

我要感谢比休恩上校,他指挥舰船稳健地参与战斗。也要感谢库珀上校、巴罗中校、吉福德中校、安森中校和克拉克中校主动参加行动,并全程给予协助。感谢卑路乍中校努力指挥“硫磺”号驶进这一复杂水道。感谢艾尔斯中校,他所指挥的舰船由“马答加斯加”号牵引,由经验丰富的科林森上尉领航,占据了极有利的位置,距离要塞不到600码。“马答加斯加”号舰长戴西先生也值得我高度赞扬。我还要向马德拉斯炮兵团的福尔斯中尉致敬,他有效地指挥发射火炮。最后要感谢海军陆战队的将士们,这支队伍由斯特兰山姆上尉率领,由休伊特、马里奥特、波尔金霍恩上尉协助,这支勇敢的部队一如既往地在战斗中表现顽强。

霞毕谨上(签字)

上校

澳门水道入口要塞,距离广州城两英里

1841年3月13日

〔1〕*Annual Register*, Vol. 83, p. 482.

占领广州以南河道防御工事：1841 年 3 月 18 日[1]

尊敬的总司令伯麦爵士阁下：

对于胞祖上校的高尚品格，阁下早已熟悉，我由衷赞扬他的能力，不仅迅速指挥部队有条不紊地投入行动，还安排士兵随时应对人口密集的广州城可能爆发的骚乱。当发现广州城外河上漂浮着燃烧的小船，而且很快就会引发整个城内着火时，胞祖上校奋力拖拽，他得到了下属官兵的有力协助。我还要感谢出色的比休恩上校、卑路乍中校、沃伦中校、巴罗中校和克拉克中校，他们以饱满的热情投入战斗。由斯特兰山姆上尉率领的“加略普”号海军陆战队，在丹尼尔、休伊特、马里奥特和波尔金霍恩上尉的协助下，作战英勇、稳健、具有军人气魄。令人遗憾的是，斯特兰山姆上尉在拆除防御工事时，突遭剧烈爆炸，严重烧伤，但仍然坚守在岗位上。感谢开莱特上尉、科林森上尉和“加略普”号航海长布朗先生，他们测量水深，随后引导几艘战舰在广州城外安全下锚。我向本次行动的所有将领、海员和士兵致以诚挚的感谢，他们展现出来的热情和精神让我坚信，我们一定能取得最终的胜利。

霞毕谨上

上校

英国商馆，广州

1841 年 3 月 18 日

袭击广州河道防御工事：1841 年 5 月 24—26 日[2]

尊敬的上校辛好士爵士：

---

〔1〕*Annual Register*, Vol. 83, p. 489.

〔2〕*Annual Register*, Vol. 83, p. 510.

我要特别感谢出色的比休恩上校,以及沃伦中校和吉福德中校在袭击行动中提供的帮助。这也是我第六次在报告中称赞艾尔斯中校的英勇表现。我对"阿尔吉林"号舰长梅森上尉的表现也由衷敬佩。艾尔斯和梅森舰长都高度赞扬他们的副手舒特上尉和船长都灵先生以及其他官兵给予的帮助。

"巡洋"号的哈斯克尔上尉和"卑拉底斯"号的海伊上尉指挥小艇上的火炮进攻有方。比休恩上校高度赞扬沃森上尉、比顿上尉、科雷顿上尉、科林森上尉、莫谢德上尉、海耶斯上尉、汉密尔顿上尉、航海长布朗先生以及孟买海军陆战队海耶斯上尉,全体下属官兵也都有英勇的表现,信后附详细名录。海军陆战部队由厄克哈特上尉指挥,马里奥特上尉和萨默维尔上尉提供运输船协助。马德拉斯炮兵团的加比特上尉从一艘小艇上投掷炮弹,形成有力打击。普拉特少校也在袭击行动中配合默契。

霞毕谨上(签字)
英国皇家战舰"加略普"号舰长,现为高级军官
英国皇家战舰"摩底士底"号,广州城外
1841 年 5 月 26 日

广州城北部的战斗:1841 年 5 月 25—30 日[1]

尊敬的印度总督奥克兰伯爵阁下:

全军将士士气高昂,作战勇猛,我要特别感谢以下各旅和各军长官的大力协助,请阁下留意:右路纵队指挥伯勒尔少将,他得到皇家爱尔兰步兵第 18 团指挥亚当斯中校和海军陆战营指挥艾利斯上校的全力支持;海员纵队指挥、皇家战舰"布朗底"号胞祖上校则得到"威厘士厘"号马他仑舰长和"宁罗得"号舰长巴罗的有力支

[1] *Annual Register*, Vol. 83, p. 503.

持;左路纵队指挥是莫里斯中校,该纵队率先攻占高地,将第 49 团的旗帜插在攻克的首个要塞上。史蒂芬斯少校勇猛地带领第 49 团完成这一行动,后来的作战由该团的布莱斯少校指挥;马德拉斯土著步兵第 37 团的指挥官是达夫上尉;孟加拉志愿兵队的指挥官是米上尉;普拉特少校指挥的皇家步兵第 26 团由于据守在商馆位置,在这次作战的初期参与不多,但是在 30 日的行动中表现勇猛顽强,对整体作战成功起到重要作用。

我要感谢皇家炮兵团高级军官诺尔斯上尉的出色表现。斯宾塞中尉带领的皇家炮兵分遣队再次证明,这支有口皆碑的队伍具有英勇的品格。马德拉斯炮兵团的指挥官安突德上尉奋勇作战,他所率领的每位士兵也奋力安装火炮和炮弹。

感谢工兵团的科顿上尉和下属军官给予的支持,其中兰道尔中尉负伤严重,不得不离开一段时间。感谢工兵部队,他们及时架设云梯,为攻城做好准备。

我要向全体参谋官致敬,在陆上他们一直跟随我,还要徒步传达命令,有时甚至要走非常远的路程,不知疲倦。感谢副参谋长芒廷中校一直不遗余力地付出。感谢副军需长霍金斯少校的努力工作,他和下属的精心安排,保障了整个部队配给充足。还要感谢格兰特医生和所有随队医疗人员。我还要特别向您提及我的副官,轻骑兵第 3 团戈夫上尉,他一直都给予我最积极的协助。

在表达过对各旅和各军长官、各部门负责人的赞许之后,请允许我特别介绍我们的海员和士兵,他们的举动令人称赞,也为他们赢得荣誉。在这次陆上作战的八天里,很多部队所处的环境里都有大量酒水,但仅发生两起醉酒事件。我要向您报告这件事情来证明,第 49 团士兵在其攻占的村庄里发现了大量烈酒,在长官不知情,也没有得到命令的情况下,士兵把盛有这种有害饮料的大缸搬运到全体士兵面前,当场打破,因此没有发生一起醉酒事件。

这份专件将由格拉顿上尉呈送,我曾向阁下提及过这位先生的品行，因此特地安排他来完成这项任务。他非常睿智，一定能够为阁下提供更多的信息。

郭富谨上（签字）
少将，远征军陆军总司令
司令部，运输舰“马里昂”号
珠江，前往香港
1841 年 6 月 3 日

占领厦门：1841 年 8 月 26 日〔1〕

尊敬的海军少将巴加勋爵阁下：

我得到英国皇家战舰“都鲁壹”号士密上校的有力支持，他们通过精准的判断使这艘战舰占据了绝佳的位置，将士作战有条不紊。厦门岛现在已完全落入囊中，我留下“都鲁壹”号镇守，派“摩底士底”号和“布朗底”号驶进内港，并炮击沿途对岸的战船和阵地。随信一同呈交的还有捕获的战船和破坏的军械。“布朗底”号的全体官兵值得称颂，同样值得赞扬的还有舰上斯宾塞中尉指挥的皇家炮兵团。最后，我要向您推荐“布朗底”号大副尼科尔森爵士，他给我很重要的协助。另外还有本舰的几位助手，沃克先生、罗兰先生和安德森先生，他们都是前途无量的年轻长官。

胞祖谨上（签字）
上校
英国皇家战舰“布朗底”号，厦门内港
1841 年 8 月 27 日

〔1〕*Bulletins of State Intelligence* (1842), p. 13.

尊敬的奥克兰伯爵阁下：[1]

我要感谢以下各军和分遣队指挥官的大力协助：第 55 团克雷吉中校、第 49 团莫里斯中校、第 18 团亚当斯中校、第 26 团约翰斯通少校、皇家海军陆战队艾利斯少校、皇家炮兵团诺尔斯上尉、马德拉斯炮兵团安突德上尉以及工兵团科顿中尉。我还得到以下几位参谋官和随从的真诚而积极的帮助，他们是：副参谋长芒廷中校、代理副军需长戈夫上尉、副军需长霍金斯少校、弗伦奇医生，以及我的副官加比特上尉。

最后，我必须向海军少将巴加爵士致以敬意，感谢他一贯的支持和审慎正确的安排。还要致敬吉福德上校，感谢他在我离船、登船和停留厦门期间提供的帮助。

郭富谨上(签字)
少将，远征军陆军总司令
司令部，运输舰"马里昂"号
厦门港
1841 年 9 月 5 日

占领定海：1841 年 10 月 1 日，舟山[2]

尊敬的奥克兰伯爵阁下：

皇家海军中队、皇家海军陆战队和印度海军的全体官兵在这次行动中奋力作战，我向他们致以最高的敬意。随信附上参战舰船信息。

"伯兰汉"号上校霞毕爵士一向骁勇善战，此次行动中他主动率领由海员和陆战队组成的队伍登陆。我还要感谢"威厘士厘"号马他仑上校，他熟悉当地环境，加上技术娴熟，使得战舰能够在这

〔1〕 *Bulletins of State Intelligence* (1842), p. 131.
〔2〕 *Bulletins of State Intelligence* (1842), p. 167.

片岛屿错综复杂的水道中成功航行。

“巡洋”号吉福德中校在执行登陆的任务中忠于职守，尽职尽责，郭富上将和我本人都对他十分满意。

巴加谨上（签字）

海军少将

英国皇家战舰“威厘士厘”号，舟山

1841 年 10 月 4 日

尊敬的奥克兰伯爵阁下：[1]

全军将士都忠于职守，因此只表扬其中一些人是件艰难的事，但我还是应该向以下各纵队和各军长官表达敬意。他们是：左路纵队指挥官克雷吉中校、右路纵队指挥官莫里斯中校、皇家爱尔兰步兵第 18 团指挥官亚当斯中校、第 55 团指挥官福塞特少校、第 49 团指挥官史蒂芬斯少校、皇家海军陆战队指挥官艾利斯少校、马德拉斯土著步兵第 36 团来复枪队指挥官辛普森上尉、皇家炮兵团高级军官诺尔斯上尉、工兵团指挥官皮尔士上尉、马德拉斯炮兵团指挥安突德上尉，以及助理野战工程师科顿上尉。

我还全程得到副参谋长芒廷中校、代理副军需长戈夫上尉、以及我的副官加比特上尉的得力协助。

最后，我要再次感谢皇家海军吉福德上校。他指挥登陆成功之后，又回到我这里，在当天后来的行动中，一直与军事秘书麻恭少校一起跟随我身边。

郭富谨上（签字）

少将，远征军陆军总司令

司令部，舟山岛定海城

1841 年 10 月 3 日

〔1〕*Bulletins of State Intelligence* (1842), p. 140.

占领镇海：1841 年 10 月 10 日[1]

尊敬的奥克兰伯爵阁下：

我很荣幸向您汇报我指挥的皇家战舰和印度海军全体将领的英勇表现。

首先是我最为赞赏的霞毕少校，他一直以来都全心全意，尽职尽责。他极力赞扬“布朗底”号胞祖上校、皇家陆战队指挥艾利斯少校和他所率领的全体官兵。我也向这些官兵致以诚挚的赞许，并随信附上参战战船和官兵的名录。我要说明的是，虽然马他仑上校和艾尔斯上校没有直接指挥海员和陆战队员登陆，但他们也与部队同时抵达，并投入到上岸后的战斗。

感谢我的旗舰“威厘士厘”号舰长马他仑上校，他一直都给予我热情的帮助。同样感谢艾尔斯上校指挥的“摩底士底”号一众的出色表现。

吉福德中校、克拉克中校、弗莱彻中校、沃森中校和“班廷克”号科林森上尉，在包括本次战斗的每次行动中都表现英勇。同样积极投入战斗的还有奥姆斯比中校、麦克克莱弗特上尉、霍尔上尉、沃登先生以及所有参与行动的蒸汽舰船官兵。

最后，我要感谢我的副官腾南特，从我任命海军总司令以来他就一直辅佐我，工作积极，恪尽职守，值得褒奖。

巴加谨上（签字）
海军少将
英国皇家战舰“摩底士底”号，宁波
1841 年 10 月 11 日

〔1〕*Bulletins of State Intelligence* (1842), p. 175.

尊敬的奥克兰伯爵阁下：[1]

我已经向您汇报过，我们的军队占领当地之后，在极具诱惑的环境下，依然对当地居民保持宽容。现在，我要向您具体报告此次行动中官兵的出色表现。全军将士都值得称颂，我在这里只列出各纵队和各军长官的名字：右路纵队指挥官皇家海军霞毕上校、左路纵队指挥官第55团克雷吉中校、中路纵队指挥官第49团莫里斯中校、海员队伍指挥官胞祖上校、皇家爱尔兰步兵第18团亚当斯中校、第49团指挥布莱斯少校、第55团指挥官福塞特少校、皇家海军陆战队指挥官艾利斯少校、马德拉斯土著步兵第36团来复枪队指挥官辛普森上尉、皇家炮兵团高级军官诺尔斯上尉，以及马德拉斯炮兵团安突德上尉。工兵团指挥官皮尔士上尉也给予了很大帮助。

副参谋长芒廷中校和代理副军需长戈夫少校是一如既往的得力干将。

这份专件，连同厦门、舟山、镇海的作战计划，将由我的副官、马德拉斯炮兵团加比特上尉呈送。我也向阁下举荐这位军官。他能够为您提供更多您想了解的信息。

郭富谨上(签字)
中将，远征军陆军总司令
司令部
1841年10月18日

中国军队对镇海和宁波的反攻：1842年3月10日[2]

尊敬的海军大臣阁下：

---

〔1〕*Bulletins of State Intelligence* (1842), p. 156.
〔2〕*Bulletins of State Intelligence* (1842), p. 595.

这里的战斗进行顺利，将士表现英勇，我向您举荐以下军官，他们是胞祖上校、戈德史密斯中校、沃森中校、莫谢德中校、奥姆斯比中校、“皇后”号沃登先生，以及他们指挥下的官兵。

巴加谨上（签字）

海军少将

英国皇家战舰“皋华丽”号，舟山

1842年3月11日

尊敬的印度总督奥克兰伯爵阁下：[1]

我请您留意以下长官的出色表现：史库德上校、莫里斯中校、蒙哥马利中尉、和芒廷中校。他们在指挥和带领冲锋过程中表现英勇顽强，完全符合我对优秀军官的期待。

郭富谨上（签字）

中将，远征军陆军总司令

司令部，宁波

1842年3月11日

尊敬的副参谋长阁下：[2]

我写这封信时非常匆忙，因为船就要启航，我向您举荐达尔伯尼上校，他在这次行动中英勇率军，表现优异。

史库德谨上（签字）

上校，镇海指挥官

宁波

1842年3月10日

---

〔1〕*Bulletins of State Intelligence* (1842), p. 574.

〔2〕*Bulletins of State Intelligence* (1842), p. 575.

尊敬的郭富中将阁下：[1]

我要感谢马德拉斯炮兵团的指挥官蒙哥马利中尉。他迅速指挥将两门野战炮移到西门，并且在余下的战斗中提供了重要协助。还要感谢副参谋长芒廷中校，他积极、热情和乐观的态度为我提供了支持。

我要向您报告皇家第 49 团麦克安德鲁上尉的出色表现，他在黑暗且极为不利的环境下，勇敢地驱退城内的敌人，我强烈向您举荐这样一位英勇的军官。

我还要提及皇家爱尔兰步兵第 18 团的阿姆斯特朗中尉和第 49 团的格兰特中尉，他们勇猛地从西门攻城。最后我要提到第 49 团掷弹兵团的拉姆齐中尉和米歇尔中尉。

莫里斯谨上（签字）
中校
宁波
1842 年 3 月 11 日

尊敬的第 49 团（驻守宁波）莫里斯中校阁下：[2]

我赞赏行动中每一位官兵的表现，尤其要提到以下几位：马德拉斯炮兵团摩尔上尉、苏格兰卡梅伦步兵团摩尔海德上尉、皇家爱尔兰步兵团穆雷中尉、第 49 团格兰特中尉，他们各自指挥自己的队伍参加战斗。马德拉斯炮兵团贝尔福上尉，也是我的参谋，给予我很大帮助。在近距离作战和追击的过程中，他和第 49 团布朗中尉的英勇表现令人钦佩。

尽管我在这里提到参谋官的名字实属不当，但如果不感谢他们的帮助才是更大的错误。芒廷中校在整个作战过程中一直为我

〔1〕 *Bulletins of State Intelligence* (1842), p. 578.
〔2〕 *Bulletins of State Intelligence* (1842), p. 582.

分担工作,霍金斯中校、摩尔少校和弗伦奇主任医生与我们同进退,并参与到整个行动中。

蒙哥马利谨上
中尉,远征军炮兵团指挥官
宁波
1842 年 3 月 11 日

占领大宝山:慈溪,1842 年 3 月 15 日[1]

尊敬的海军大臣阁下:

我要向参与本次行动的将士的英勇表现致敬:胞祖上校、理查兹上校、沃森中校,以及每位有幸作为前锋袭击敌军阵营的官兵,他们的名录请阁下过目。我要诚挚感谢尤纳克上校、皇家海军陆战队全体官兵和皇家海军中队全体将士的勇猛表现;还有附属海军部队的印度海军,他们在营队和战场上的表现一样堪称典范。我还要请阁下注意郭富爵士的副官维丁汉姆上尉的英勇表现,他前来传达命令时正值我们发动袭击,他勇敢地爬到山上,与我们并肩战斗,直至攻下高地。马达拉斯炮兵团军需长巴罗中尉也一样主动加入战斗,他与一名中国士兵英勇搏斗,砍杀中把剑都折断。"皋华丽"号助理霍奇森先生在山上的丛林中勇敢冲锋时,遭到敌人用矛袭击,躲避不及而负伤。

巴加谨上(签字)
海军少将
英国皇家战舰"摩底士底"号,宁波
1842 年 3 月 19 日

[1] *Bulletins of State Intelligence* (1842), p. 604.

尊敬的奥克兰伯爵阁下：[1]

请允许我向您推荐以下几位指挥官的优异表现，他们积极执行任务，随机应变，他们是：海军旅指挥官胞祖上校、第49团指挥官莫里斯中校、第26团指挥官普拉特中校、第18团指挥官汤林森少校、海员指挥官沃森上校（皇家海军）、皇家海军陆战队指挥官尤纳克上校、以及马德拉斯土著步兵第36团来复枪队指挥官辛普森上尉。

我也得到来自炮兵团指挥官蒙哥马利中尉和工兵团指挥官皮尔士上尉的热情支持。

我要感谢副参谋长芒廷中校和代理副军需长戈夫少校两位得力干将的协助。感谢副军需长霍金斯少校和副军法长摩尔少校，一直跟随我并担任我的参谋。我派副官维丁汉姆上尉给巴加爵士传信，他陪巴加中将一同爬到山上，中将对他赞赏有加。

我还要赞扬弗伦奇主任医生的热情工作。

这份专件将由第49团指挥官蒙哥马利中尉呈送。他是一位非常勇敢的军官，但令人遗憾的是，他由于负伤不得不离职一段时间。

郭富谨上

中将，远征军陆军总司令

司令部，宁波

1842年3月19日

占领乍浦：1842年5月18日[2]

尊敬的海军大臣阁下：

---

〔1〕 *Bulletins of State Intelligence* (1842), p. 592.

〔2〕 *Bulletins of State Intelligence* (1842), p. 917.

我请您留意以下将士的出色表现：胞祖上校、理查兹上校、海军和皇家陆战中队以及印度海军的几位指挥官和军官，我向他们的英勇行为致以敬意和赞赏。

胞祖上校派出“摩底士底”号沃森中校指挥的分队，负责首批登陆。沃森中校与先头部队一起乘坐小船横渡运河，进入城里。郭富爵士也对沃森中校一直以来的表现赞赏有加。

“阿尔吉林”号舰长马他仑上尉和“班廷克”号运载部队的贝特中尉在协助部队登陆之后，又随军继续前进作战。在前进途中，马他仑上尉与两名中国官员（级别不高）遭遇并展开搏斗，他的英勇行为可以与他故去的叔叔马他仑爵士相媲美。而贝特中尉成功抓获一名中国官员，其军衔相当于上校。

巴加谨上（签字）

海军少将

英国皇家战舰“皋华丽”号，乍浦

1842 年 5 月 23 日

尊敬的斯坦利勋爵阁下：[1]

我为我们的军队和国家失去皇家爱尔兰兵团汤林森中校感到痛惜，他倒在部队冲锋的前阵。他荣耀的一生令这支部队骄傲，他的牺牲令所有人痛惜。芒廷中校的表现也令人敬佩，他身受三处重伤，所幸不致命。我还亲眼见过这位参谋很多英勇的行为，并且很乐意记录下来。第 55 团坎贝尔上尉在舟山奋勇战斗的过程中遭受重伤，恐怕不得不离开一段时间。我们的弗伦奇医生悉心救治每一位受伤的官兵，不知疲倦，我对他的工作表示感谢。

全军将士在此次行动中的表现都值得赞扬。我要特别感谢三路纵队的指挥官史库德上校、莫里斯中校和蒙哥马利中校。他们

[1] *Bulletins of State Intelligence* (1842), p. 696.

出色地执行每道命令，并得到几位分遣队指挥官的有力协助。我还要感谢第 26 团普拉特中校、第 49 团史蒂芬斯中校、皇家炮兵团诺尔斯中校、第 55 团福塞特少校、皇家爱尔兰第 18 团临时少校格拉顿(接任已故汤林森中校职务)、马德拉斯炮兵团安突德上尉，以及马德拉斯土著步兵第 36 团来复枪队的指挥官辛普森上尉。我还要感谢我的参谋和私人秘书，从他们那里我得到了最有效的支持与帮助。在整个行动中他们都跟随我，每道命令都由一位军官徒步去传达，在这样艰难的地形条件下，有时甚至要走非常远的路程。特别感谢戈夫少校，他不仅肩负代理副军需长的职责，还在芒廷中校受伤的情况下承担其参谋的职务(我相信这是暂时的)。我还要向工兵团的皮尔士上尉致敬，他提供了很多协助。最后，我要推荐我的副官维丁汉姆上尉。

郭富谨上
中将，远征军陆军总司令
司令部，乍浦
1842 年 5 月 20 日

占领吴淞：1842 年 6 月 16 日[1]

尊敬的海军大臣阁下：

我荣幸地履行我的职责，向您报告皇家海军、印度海军和皇家海军陆战队将士的英勇表现。

所有官兵都积极热忱地战斗，值得称颂。如果单独推荐一些人，会显得不公正，但是从我的旗舰“皋华丽”号的位置来看，我可以毫无偏见地说，我要向理查兹上校致敬。他不知疲倦，判断准确，在整个战斗过程中给我重要的协助。我还要感谢我的秘书奇

〔1〕*Bulletins of State Intelligence* (1842), p. 814.

默先生和副官滕南特上尉。他们在战斗的整个过程中，一直跟随我，积极热情，值得称赞。

巴加谨上(签字)
海军中将
英国皇家战舰“皋华丽”号，吴淞港
1842年6月17日

占领镇江：1842年7月21日[1]

尊敬的海军大臣阁下：

关于理查兹上校和他的军队在城外进攻的英勇表现，已经毋庸细述，他们当然会得到阁下的赞赏。我的副官滕南特上尉在与城内满族军队作战的过程中表现也格外突出。

菲茨詹姆斯上尉(身受重伤)是一位值得称赞的军官，已经在多次行动中赢得声誉。

司徒塔特上尉在指挥轻型舰队的任务中展现出精准的判断和稳健的作风。

我还要赞扬之前已经提到过的“布朗底”号克劳奇上尉，还有该舰的两位候补军官詹金斯先生和莱昂先生，二人乘坐冲锋船，沉着冷静。

皇家海军洛奇上校和内皮尔上校主动与进攻部队一同战斗，参与了一整天的行动。

巴加谨上(签字)
海军中将
英国皇家战舰“皋华丽”号，镇江府城外
1842年7月26日

---

〔1〕*Bulletins of State Intelligence* (1842), p. 832.

尊敬的斯坦利勋爵阁下：[1]

我要向全军的出色表现，包括印度土著兵和欧洲士兵，致以最热烈的赞许。所有人都同仇敌忾，奋勇杀敌。索尔顿勋爵和巴特利两位少将，以及蒙哥马利中校都称赞他们属下指挥官及下辖各旅军官所提供的协助。

我也要感谢各旅各军的指挥官和我的参谋与私人秘书。我还要很高兴地告诉阁下，副参谋长芒廷中校在乍浦之战中的伤势已经大为好转，将继续在战斗中发挥重要作用。

郭富谨上（签字）

中将，远征军陆军总司令

司令部，镇江府

1842年7月25日

达成停战协议：南京，1842年8月29日[2]

尊敬的斯坦利勋爵阁下：

我要向璞鼎查爵士表示敬意，他随时都将获得的信息告诉我，给予我很大帮助。对于军事行动和移动带来的不便，他也表现出一贯的宽容。然而由我来叙述璞鼎查爵士在整个行动中的重要作用并不合适。

对于巴加爵士，我必须表达我的敬意。我们为共同的事业而一起合作。巴加爵士和他所统率的军队在每次的联合行动中都积极配合，奋勇作战，令我敬佩。

下面我要向阁下举荐在此次中国远征战役中表现英勇的官员和部队。他们在这场英国军队所不熟悉的战争中，时常身处各种

---

〔1〕 *Bulletins of State Intelligence* (1842), p. 781.

〔2〕 *Bulletins of State Intelligence* (1842), p. 795.

诱惑，受到疾病的侵扰，有的疾病甚至让一些精锐部队战斗力大减，还要饱受烈日之下的疲惫之苦。然而我们英勇的官员和部队从未涣散轻敌，哪怕敌人力量薄弱、士气低迷，或者在肉搏战中不堪一击。相反，他们的知识、自律和决心使他们坚不可摧。

我要感谢各旅各军指挥官和我的参谋及私人秘书，他们始终给予我热情的协助。请允许我随信附上他们的名字，其中一些人我在之前的报告里曾经提到过。如果我们在中国的行动能够得到陛下认可，为扬名英国军事实力再添力量的话，这将是我余生无上的荣耀。

郭富谨上（签字）

少将，远征军陆军总司令

英军驻地，南京城外

1842年8月21日

附录E 官方文书

给舟山中国官员的劝降书：1840年7月4日[1]

伯麦，特派英国海军总司令
布耳利，特派英国陆军总司令

我们荣幸地告知将军阁下，我们受英国君主命令，率领强大的海军和陆军前来，目的在于登陆并占领定海岛及其属地。

如岛上居民不反对和抵抗我军，英国政府也无意伤害其生命和财产。

去年，广州的“林(则徐)”、“邓(廷桢)”两位高级官员曾以侮辱性和无法容忍的方式对待英国女王特派的全权代表义律及其他英国人。有鉴于此，上述这种占领方式实属必要。

出于英国舰船和部队的安全考虑，阁下应立即交出定海岛及其属地和要塞为宜。因此，我们照会阁下，为避免发生流血，应和平交出以上领地。如不投降，我们两位司令将以战争方式夺取。

递交这份信件的官员必须在一小时后得到答复。一小时后，如阁下拒不投降，也未答复，我们会立即向岛屿和要塞开火。

伯麦(签字)
布耳利
1840年7月4日[2]

---

〔1〕*Bulletins of State Intelligence* (1840), p. 669.
〔2〕译者注：原文记为1880年，应有误。

与此内容相似的文书已递交给舟山知县和定海总兵，皆由总司令署名并封印。

(附：英国水师将帅伯麦等为要侵占定海而致定海总兵的战书[1])

道光二十年六月初十日奏呈

大英国特命水师将帅爵子伯麦、陆路统领总兵官布耳利，敬启定海城协镇大老爷知悉。

现奉大英国主之命，率领大有权势水陆军师，前往到此，特意登岸如友，占据定海并所属各海岛。至该岛居民，若不抗拒本国军师，大英国家亦不意欲加害其身家产业也。

夫粤东上宪林、邓等，于旧年行为无道，凌辱大英国主特命正领事义律暨英国别民人，故不得不然，占据办法，现今须要保护本国船只弁兵，一均妥当，是以大老爷必须即便将定海并所属各海岛与其堡台一均投降，故此本将帅、统领招大老爷安然投降，致免杀戮。但不肯安降，本将帅、统领自应即用战法以夺据之。且递书委员，惟侯半个时辰，俟致咨复。此时完了，而大老爷不肯投降，并不咨覆，本将帅、统领即行开炮，轰击岛地与其堡台，及率兵丁登岸。特此启定海城协镇大老爷阅览。一千八百四十年七月初四日，即道光二十年六月初五日启。

---

〔1〕译者注：中文原文录自《英国水师将帅伯麦等为要侵占定海而致定海总兵的战书》(道光二十年六月初十日)，收中国第一历史档案馆(编)：《鸦片战争档案史料》(天津：天津古籍出版社，1992年)，第2册，页154—155。

占领香港公告

公告 义律 书

义律，皇家海军上校，英国驻华商务总监，大不列颠及爱尔兰联合王国女王陛下授权在中国的专使、总督和全权代表。

——

由钦差大臣大学士琦善签署，香港岛已经割让给英国，因此有必要为成立政府做准备。这取决于女王的进一步旨意。

根据我被赋予的权利，我宣布女王陛下对香港岛内外，包括土地、港口、财产和个人服务，所享有的权利、权威和权限，都归女王所有。

取决于女王的进一步旨意，我宣布香港政府委托并由时任英国驻华商务总监督执行。

取决于女王的进一步旨意，我宣布香港岛上的本岛居民及经常往来香港的全体华人，按中国法律习俗统治，拷讯酷刑除外。

取决于女王的进一步旨意，我宣布所有本岛居民及经常往来香港的全体华人以外的英国官员和其他人，接受目前在中国执行的刑事和海事司法管辖。

取决于女王的进一步旨意，我宣布此种规章制度，依香港政府需要，将由时任英国驻华商务总监督不定时公布。

取决于女王的进一步旨意，我宣布所有居住在香港或经常往来香港的英国人及其他国家人士，凡遵守此公告所宣布的英国政府在香港岛内外之权威者，都将按照英国法律规定，享有安全和保护。

此公告于一八四一年一月二十九日，在停靠于香港湾的皇家战舰“威厘士厘”号，由本人起草并签署。

天佑女王

义律(签名)

(原件副本)埃尔姆斯利，秘书兼司库

(附：英国占领香港告示[1])

大英国驻华全权钦使兼商务总监海军大佐查尔士义律为报告事：

照得本使奉令与大清国钦差大臣琦善成立协定，将香港全岛割给英国。现须先行设立统治机关，所有香港海陆地方一切人民财产，统归英国统理，暂由商务总监执掌政权，仍候英庭裁夺。岛上华侨居民，应照中国法律习惯统治之，但废除各种拷刑。至于英国人或其他人民，则适用英国现行刑事或海事法规，以为管辖。香港政府颁行法规，应由当任驻华商务总监随时制立颁布之。凡属英国及外国侨民，务须遵守英国法律，自可受英国法律官吏之切实保护也。此布

英国一八四一年二月二日

对琦善的八条指控

广东巡抚怡良上奏朝廷

一、与义律会面，并以平等身份接受照会。

二、抵达广州后，未委派文官或武官与义律谈判，却雇佣一名叫鲍鹏的汉奸来沟通。

三、关(天培)将军率领水师在洋面巡逻，捍卫国家利益，而琦善从未将事情与其沟通，当关将军请求指示时，却受到斥责，致使关将军无从判断事态严重。

四、传令各要塞，严禁开枪开炮，贪功偾事。最终所有要塞和驻守兵营在一天内全部失守。

---

〔1〕译者注：中文原文录自《英国占领香港的两个告示》，收《香港与中国——历史文献资料汇编》(香港：广角镜出版社有限公司，1981年)，页167。

五、命参将李贤[1]代撰咨文，在信中承认自己（琦善）的冒犯，并迫使参将使用他的（李贤）印章，递交义律。

六、使局势恶化，欺瞒朝廷，致使关（天培）将军战死虎门。

七、安排在狮子洋洋面（虎门上方）鸣炮，亲自迎接义律，并派人传令每个要塞都要以同样规格迎接义律。

八、签署照会，割让我国领土，赠予夷人居住。

臣广东巡抚怡良，谨奏。

《广州纪事报》

---

〔1〕译者注：李贤（1785—?），广东阳江县人，道光九年由行伍递拔千总，后升任澄海协中军都司，道光十一年题升海安营游击委署崖州协副将（遇丁忧退回都司原任），道光十六年升署广东大鹏营参将。参见《澄海协都司李贤越升参将折》，收关天培：《筹海初集》（台北：华文书局，1969年），卷四，页743—748；《怡良奏撤防师船中途被英轰掳折》（道光二十年十一月），《筹办夷务始末（道光朝）》，第2册，页572；《阵亡受伤及伤亡故水陆将弁兵丁简明清单》（道光二十一年二月），《筹办夷务始末（道光朝）》，第2册，页820。

附录F 武器装备

英 方

步兵武器：战争初期，所有步兵配备的武器为棕贝丝式燧发步枪，有效射程约150码，但雨天效能较差。海军陆战队1841年装备击发步枪，1842年年初英国步兵团也开始配发这种枪。击发枪火力不比燧发枪优胜，但好处是雨天照常使用，1841年5月30日的战斗就是一例。

配有刺刀的燧发步枪重11磅2盎司，枪身长3英尺6英寸，口径为0.753英寸，装药$5\frac{1}{2}$打兰[1]，弹丸重0.490磅。

配有刺刀的击发步枪重11磅3盎司，枪身长3英尺3英寸，口径为0.753英寸，弹药参数与燧发步枪相似。

马德拉斯土著步兵第36团来复枪队配备布伦士威克式步枪，带有双环槽膛线，射出球形子弹，比滑膛枪弹丸略重。这种步枪不装刺刀时重9磅2盎司，刺刀重2磅，枪身长2英尺7英寸，口径为0.704英寸，装药$2\frac{1}{2}$打兰。

炮兵武器：战争期间英军所用物资见下表。

---

〔1〕译者注：打兰(dram)，质量单位，1打兰约合$\frac{1}{16}$盎司或1.7718克。

炮名	炮长	炮重	膛径	装药	弹重	弹壳重量		备注
						空弹重量	火药重量	
	英尺 英寸	英担	英寸	磅 盎司	磅	磅 盎司	磅 盎司	
8 英寸铸铁火炮	9 英尺 0 英寸	65	8.05	10 磅 0 盎司	56	48 磅 0 盎司	2 磅 9 盎司	
8 英寸铸铁火炮	8 英尺 6 英寸	60	8.05	9 磅 0 盎司	56	48 磅 0 盎司	2 磅 9 盎司	
8 英寸铸铁火炮	8 英尺 0 英寸	52	8.05	8 磅 0 盎司	56	48 磅 0 盎司	2 磅 9 盎司	
8 英寸铸铁榴弹炮 *	4 英尺 0 英寸	21	8.0	4 磅 0 盎司	—	46 磅 0 盎司	1 磅 14 盎司	
68 磅铸铁卡龙炮	5 英尺 4 英寸	36	8.05	5 磅 0 盎司	68	48 磅 0 盎司	2 磅 9 盎司	
32 磅铸铁火炮	9 英尺 6 英寸	56	6.41	10 磅 0 盎司	32	22 磅 0 盎司	1 磅 0 盎司	
32 磅铸铁火炮	8 英尺 0 英寸	42	6.35	6 磅 0 盎司	32	22 磅 0 盎司	1 磅 0 盎司	
32 磅铸铁火炮	7 英尺 6 英寸	40	6.35	6 磅 0 盎司	32	22 磅 0 盎司	1 磅 0 盎司	
32 磅铸铁火炮	6 英尺 0 英寸	25	6.3	4 磅 0 盎司	32	22 磅 0 盎司	1 磅 0 盎司	
32 磅铸铁卡龙炮	4 英尺 0 英寸	17	6.25	2 磅 10 盎司	32	—	—	
18 磅铸铁火炮	6 英尺 0 英寸	20	5.17	3 磅 0 盎司	18	—	—	
18 磅铸铁火炮	5 英尺 6 英寸	15	5.17	2 磅 0 盎司	18	—	—	
18 磅铸铁卡龙炮	3 英尺 4 英寸	10	5.16	1 磅 8 盎司	18	—	—	
12 磅铸铁卡龙炮	2 英尺 8 英寸	6	4.52	1 磅 0 盎司	12	—	—	

* 榴弹炮炮身短，无炮耳，通过加强箍下方的铁环固定在炮架上。其名称取自卡龙铸造厂，1779 年首次铸造。

炮名	炮长	炮重	膛径	装药	弹重	弹壳重量		备注
						空弹重量	火药重量	
	英尺 英寸	英担	英寸	磅 盎司	磅	磅 盎司	磅 盎司	
24 磅铜榴弹炮	4 英尺 8.6 英寸	13	5.72	2 磅 8 盎司	—			
12 磅铜火炮	5 英尺 0 英寸	12	4.62	3 磅 0 盎司	12	—	—	
12 磅铜榴弹炮	3 英尺 9.2 英寸	$6\frac{1}{2}$	4.58	1 磅 4 盎司	—			
$5\frac{1}{2}$ 英寸铜榴弹炮	2 英尺 9 英寸	10	5.62	2 磅 0 盎司	—	14 磅 0 盎司	0 磅 10 盎司	
$14\frac{2}{5}$ 英寸铜榴弹炮	1 英尺 10 英寸	$2\frac{1}{2}$	4.52	0 磅 8 盎司	—	7 磅 0 盎司	0 磅 5 盎司	
$15\frac{1}{2}$ 英寸铜臼炮	1 英尺 3 英寸	$1\frac{1}{4}$	5.62	—	—	15 磅 6 盎司	0 磅 10 盎司	
$4\frac{2}{5}$ 英寸铜臼炮	1 英尺 0 英寸	$\frac{3}{4}$	4.52	—	—	7 磅 11 盎司	0 磅 5 盎司	

战争中还使用了 32 磅、12 磅、9 磅和 6 磅康格里夫火箭炮，康格里夫燃烧火箭炮也在备用之列。

中　方

步兵武器：中国军队使用的最为有效的武器是抬枪，[1]能够射出 1 磅重的弹丸，长 10 英尺，安装在三脚支架上发射，三脚架上装有转动装置，可调节瞄准方向，需要三人操作。

〔1〕 抬枪(Ginjal)这个词源自印度语“janâl”，是一种可转动重型火枪。

另一种中国军人常常使用的武器为火绳枪，这是火枪的雏形，由火绳点火，速度较慢，士兵随身携带火绳。很多时候，受伤的中国士兵倒在点着的火绳上，引爆身上携带的弹药，遭到严重炸伤。

中国士兵还使用弓箭、剑、单手刀、双手刀、矛、斧以及长杆刀。

炮兵武器：中方火炮既有铜炮，也有铁炮，大都中国制造，也发现有葡萄牙制火炮。中国火炮从炮口到后膛多蜂窝涩体。以下为主要炮型：

炮　名	材　质	备　注
68 磅火炮	铁	
32 磅火炮	铜	
30 磅火炮	铁	
30 磅火炮	铜	
24 磅火炮	铁	在吴淞曾发现过这种型号的火炮，长 11 英尺，重 65 英担
24 磅火炮	铜	
24 磅卡龙炮	铁	
20 磅火炮	铜	
18 磅火炮	铁	
18 磅火炮	铜	
18 磅卡龙炮	铁	
16 磅火炮	铜	
15 磅火炮	铁	
12 磅火炮	铁	
12 磅火炮	铜	
12 磅卡龙炮	铁	

续　表

炮　名	材　质	备　注
12 磅卡龙炮	铜	
9 磅火炮	铁	
9 磅火炮	铜	
9 磅卡龙炮	铜	
8 磅火炮	铁	
7 磅火炮	铁	
7 磅火炮	铜	
6 磅火炮	铁	
$4\frac{1}{2}$ 磅火炮	铜	
4 磅火炮	铁	
3 磅火炮	铁	
2 磅火炮	铁	

中国军队还使用火箭，制造低劣，有些携带倒刺箭。

附录 G

中国职官表

中国官员的级别由冠服上的不同珠子来区别，他们称之为“顶珠”，[1]但是高级官员有时候会被摘去顶珠，而低级官员也往往佩戴高于自身官衔的顶珠。很难精确描述中国的官职等级，也难以与我们英国的官职做比较，但是下面这张由吉尔上尉 1879 年制作的图表可以帮助读者对中国官位等级有较为正确的认识。

文　官	武　官
根据官方说法，只有四位内阁大学士和议政大臣属文官正一品。但通常六部“尚书”和各省“总督”也被看作正一品官员。密迪乐[2]在《关于中国政府和人民及中国语言杂录》一书里将他们记录为一品官员，然而并没有说明属于什么等级。曾经研究过这个问题的格雷会吏长[3]	将军 正一品官员，除领军衔外也大都兼文官官衔，常居省会。 朝服冠顶红宝石，常服冠顶珊瑚。相当于英国上将。

---

〔1〕法国人称为“珠子”(Globules)。

〔2〕译者注：密迪乐(Thomas Taylor Meadows，1815—1868)，英国外交官，精通中文，熟悉中国情况，著有《关于中国政府和人民及中国语言杂录》(*Desultory Notes on the Government and People of China, and on the Chinese Language*，1847)和《中国人及其叛乱》(*The Chinese and Their Rebellions*，1856)。

〔3〕译者注：格雷(John Henry Gray，1823—1890)，英国圣公会传教士，1868 年起任香港圣公会会吏长，著有《中国人法律、风貌及习惯之历史》(*China: A History of the Laws, Manners, and Customs of the People*，1878)。

续 表

文 官	武 官
和麦士尼先生[1]都记录为二品。总督为一省最高行政长官,代表皇帝,掌握生杀大权。 正一品官员朝服冠顶红宝石,常服冠顶珊瑚。	
六部尚书 各部长官官阶正一品或从一品,佩戴顶珠如上所述,又或朝服冠顶珊瑚,常服冠顶红色象牙或珍珠。	都统 与将军几近平级。统辖驻防各省的满族军队。除领军衔外也大都兼文官官衔,朝服冠顶红宝石,常服冠顶珊瑚。相当于英国中将。
总督或制台 各省最高行政长官,一般管辖两省,也有一省。 领兵部尚书衔,因此级别高于提督。官邸设在省会。欧洲人有时称他们为"总督"(Viceroys)。	
抚台或巡抚 各省长官,在制台管理之下。当制台管辖两省时,他会配备两名抚台,各居其省会。 官阶正二品,领兵部衔,与提督同级,戴红顶。	提督,正二品 * 统辖各省汉人军队的最高主管官。因为中国人不严格区分陆军和海军,所以在海上作战时,提督为海军上将。朝服冠顶珊瑚,常服冠顶红色象牙或珍珠。相当于英国少将。
	总兵、敬称为镇台,正二品** 统辖汉兵,为镇守地方的军事长官,一省可多至六位。朝服冠顶珊瑚,常服冠顶红色象牙或珍珠。相当于英国上校。其官阶与道台接近,相当于欧洲领事。

〔1〕 译者注:麦士尼(William Mesny, 1842—1919),英国人,十几岁时来到中国,做过海关关员、清军将领、清廷一品高官和专业作家,编有刊物《华英会通》(*Mesny's Chinese Miscellany*, 1895—1905)。

* 译按:原稿如此,提督应是从一品。总兵为正二品。

** 译按:原稿如此,清朝正式职官序列中无"镇台"之名,此系下级对总兵的敬称。

续 表

文 官	武 官
藩台或布政使,从二品 掌管一省财政,居省会,戴红顶。	副将、敬称为协台,从二品 * 镇台下辖若干名协台,戴红顶,相当于英国中校。
臬台或按察使,正三品 主管一省刑法,居省会,戴透明蓝顶。	参将,正三品 戴透明蓝顶,相当于英国少校。
盐运使,从三品 主管一省盐务,戴透明蓝顶,较臬台顶珠颜色深。	副将,从三品** 戴透明蓝顶,较参将顶珠颜色深。相当于英国上尉。
	游击,从三品 几近"副将",戴透明蓝顶,较参将顶珠颜色深。
粮道或粮台,正四品 掌督运一省漕粮,戴透明蓝顶,与盐运使一样,又或戴不透明蓝顶。	
道台,正四品 巡查地方的长官,通常分辖三府,居其中一府,戴不透明深蓝顶。英国领事与道台官阶相仿。	都司,正四品 戴不透明深蓝顶。相当于英国中尉。
知府,常做阿府,*** 从四品 一府的行政长官,戴不透明深蓝顶。	
直隶知州,正五品 一直隶州的行政长官,戴透明水晶顶。	守备,五品 戴透明水晶顶,相当于英国少尉。
直隶同知,亦称厅,五品 一直隶厅的行政副长官。直隶厅与府或直隶州大小相仿,遇该地区行政繁杂时,设独立长官管理。	千总,五品 戴透明水晶顶,相当于英国准尉。

* 译按:原稿如此,特此说明清朝正式职官序列中无"协台"之名,实为副将,从二品,表中副将一条亦误。

** 译按:原稿如此,因是英文原件错误,副将从二品。

*** 原文作 A Fu。

续 表

文 官	武 官
同知,五品 一府的行政副长官,戴透明水晶顶。	
知州,常做阿州,* 五品 一州的行政长官,戴水晶顶。	
通判,六品 州的行政副长官,戴砗磲顶。〔1〕	把总,六品 戴砗磲顶,相当于英国中士。
知县,常做阿县,** 七品 一县的行政长官,戴素金顶。	
县丞,八品 一县行政长官的辅佐官员,戴镂花素金顶。	外委,八品 戴素金顶,相当于英国下士。
主簿,九品 镇长官,戴素金顶。	额外,九品 戴素金顶,相当于英国一等兵。
巡检,九品 镇长官,戴素金顶。〔2〕	
	马兵:骑马士兵
	步兵:步行士兵

* 原文作 A Chou。

〔1〕据格雷会吏长记载,砗磲为珍珠之母。

** 原文作 A. Hsien。

〔2〕格雷会吏长记载为戴银顶。

译名对照表及索引

编译注：该表本依每项首次出现的章节顺序排列，为读者查找方便考虑，按英文字母表排序。

人名对照表(按英文字母表排序)

译　　文	原　　文	原文页码	本书章节
阿道弗斯	E. Adolphus		附录 C
阿尔伯尼	Js. H. Albany		附录 C
阿克顿	H. Acton		附录 C
阿曼	George Oman		附录 C
阿美士德	William Amherst，1773—1857	5	1
阿米蒂奇	Armitage	296	附录 D
阿姆斯特朗	A. W. F. S. Armstrong		附录 C
阿普索普	E. A. Apthorp		附录 C
阿斯特	John H. Astell	9	2
埃德加	H. Edgar		附录 C
埃尔姆斯利	Edward Elmslie	316	附录 E
埃格顿	Charles R. Egerton		附录 C
埃金	William Ekin		附录 C
埃利奥特	G. S. Elliott		附录 C
埃利奥特	George Elliot		附录 C

续 表

译　文	原　文	原文页码	本书章节
埃利奥特	J. Elliot		附录 C
埃利奥特	Jas. E. Elliott		附录 C
埃利奥特	John Elliott		附录 C
埃塞尔塞	R. Ethersey		附录 C
艾尔	H. Eyre		附录 C
艾尔斯	Harry Eyres		18
艾尔斯	J. G. A. Ayles		附录 C
艾利	Christ. R. Airey		附录 C
艾利森	Charles Allison		附录 C
艾利斯	Samuel B. Ellis，1787—1865	73	10
艾伦	James Allan		附录 C
艾伦	John Allen		附录 C
艾伦	John R. Aylen		附录 C
艾伦	Robert C. Allen		附录 C
艾萨克	W. Isacke		附录 C
爱德华兹	C. A. Edwards		附录 C
爱德华兹	D. Edwards		附录 C
爱德华兹	Edwards	217	附录 A
爱德华兹	H. Edwards		附录 C
爱德华兹	Rowland Edwards		附录 C
爱德华兹	S. H. H. Edwards		附录 C
爱德华兹	T. M. Edwards		附录 C
爱德华兹	William Edwards		附录 C
爱丁顿	Francis Edington		附录 C
爱默生	G. Emmerson		附录 C

续 表

译　　文	原　　文	原文页码	本书章节
安德森	S. E. D. Anderson		附录 C
安克特尔	O. C. Auketell		附录 C
安突德	Philip Anstruther，1807—1884	59	8
昂斯洛	A. W. Onslow		附录 C
奥本	W. G. Oaborn	211	附录 A
奥尔古德	R. J. Allgood		附录 C
奥费拉尔	R. More O'Ferrall	291	附录 D
奥格尔	Graham Ogle		附录 C
奥格兰德	H. Oglander，？—1841	31	3
奥克特洛尼	John Ouchterlony	221	附录 A
奥利弗	N. W. Oliver		附录 C
奥利里	O'Leary	220	附录 A
奥姆斯比	H. A. Ormsby		附录 C
奥姆斯比	Ormsby	202	附录 A
奥姆斯比	T. C. Ormsby		附录 C
奥斯本	Hon. W. G. Osborn		附录 C
奥斯汀	Algernon S. Austen		附录 C
奥特利	C. G. Ottley		附录 C
奥图尔	J. M'C. O'Toole		附录 C
巴鲍德	M. Barbauld		附录 C
巴德利	W. H. C. Baddeley		附录 C
巴丁	M. Bardin		附录 C
巴加	William Parker，1781—1866		16
巴克	T. Back		附录 C
巴克莱	Barclay	233	附录 A

续 表

译　　文	原　　文	原文页码	本书章节
巴拉德	James K. Ballard		附录 C
巴兰坦	J. G. G. Ballantine		附录 C
巴罗	Charles A. Barlow，1800—1855	101	13
巴罗	J. L. Barrow	215	附录 A
巴罗雷	J. S. Barolay		附录 C
巴罗斯	Barrows	221	附录 A
巴麦尊	Henry J. T. Palmerston，1784—1865	12	2
巴斯科姆	James Bascombe		附录 C
巴特	E. D. Batt		附录 C
巴特勒	H. T. Butler		附录 C
巴特勒	Robert Butler		附录 C
巴特利	G. F. Bartley		附录 C
巴特利	R. Bartley		22
巴特利	W. T. Bartley		附录 C
拜恩	L. Byrne		附录 C
班菲尔德	D. Bamfield		附录 C
班基尔	Robert A. Bankier		附录 C
胞祖	Thomas Bourchier，1781—1849	32	3
保罗	F. W. Paul		附录 C
鲍尔	C. J. Power		附录 C
鲍尔	James Bowler		附录 C
鲍尔	James P. Bower，1806—1889	75	10
鲍尔	John Bower		附录 C
鲍尔	John W. Bowler		附录 C

续 表

译 文	原 文	原文页码	本书章节
鲍尔斯	Bowers	226	附录 A
鲍曼	Bowman		附录 C
鲍威尔	F. T. Powell		附录 C
鲍伊斯	Charles Powys		附录 C
卑路乍	Edward Belcher，1799—1877	78	11
贝茨	W. T. Betts		附录 C
贝丁菲尔德	P. Bedinfield		附录 C
贝丁菲尔德	Philip Bedingfield，1803—?	74	10
贝尔	Charles Bell		附录 C
贝尔	W. Bell		附录 C
贝尔福	Belfour	221	附录 A
贝尔福	G. Balfour		附录 C
贝尔福	W. Balfour		附录 C
贝克	Chas. Hougham Baker		附录 C
贝克	J. Baker		附录 C
贝克	S. P. Baker		附录 C
贝克	Vashon Baker		附录 C
贝克	W. C. L. Baker		附录 C
贝拉米	George Bellamy		附录 C
贝利	W. Bayly		附录 C
贝利	William Bailey		附录 C
贝内特	Henry E. B. Bennett		附录 C
贝斯	W. G. Bace		附录 C
贝特	W. F. Bate	235	附录 A
贝图米厄	C. H. Berthou		附录 C

续 表

译　　文	原　　文	原文页码	本书章节
比彻	R. Beecher，？—1841		15
比顿	George Beadon		附录 C
比恩	Philip C. D. Bean		附录 C
比格斯	James Biggs		附录 C
比根	W. G. Beagin		附录 C
比农	John Currie Bynon		附录 C
比万	A. F. Beavan		附录 C
比万	Francis Beavan		附录 C
比休恩	Charles R. D. Bethune，1802—1884	31	3
毕肖普	F. C. Bishop		附录 C
宾汉	John E. Bingham		附录 C
波尔金霍恩	F. J. Polkinghome		附录 C
波克勒克	Amelius Beauclerk，1771—1846		16
波纳尔	J. W. H. Pownall		附录 C
波斯尔思韦特	H. J. W. Postlethwaite		附录 C
波特	John Porter		附录 C
波廷格	Robert Pottinger		附录 C
波伊斯	Henry Boyes	207	附录 A
波因本	M. Poinbon		附录 C
伯德特	Sir C. W. Burdett		附录 C
伯德伍德	W. Birdwood	214	附录 A
伯恩	G. Burn		附录 C
伯克利	W. M. Berkeley		附录 C
伯勒尔	G. Burrell		附录 C
伯勒尔	H. D. Burrell		附录 C

续 表

译　文	原　文	原文页码	本书章节
伯勒尔	W. Burrell		附录 C
伯麦(又译作庇林麦、卑林马、宝马等)	James J. G. Bremer，1786—1850	27	3
伯纳德	S. Bernard		附录 C
伯奇	Thomas F. Birch		附录 C
博尔顿	C. Boulton		附录 C
博尔顿	J. G. Bolton		附录 C
博拉西	John Borlase		附录 C
布尔曼	J. C. Bullman		附录 C
布耳利	George Burrell，1777—1853	27	3
布莱	Bligh	104	13
布莱德利	George L. Bradley		附录 C
布莱科尔	R. Blackall		附录 C
布莱斯	S. Blyth	240	附录 A
布朗	J. G. Brown		附录 C
布朗	Richard Browne		附录 C
布朗	Robt. H. Brown		附录 C
布朗	Seymour V. Brown		附录 C
布朗	Thomas Brown		附录 C
布朗	W. P. K. Browne	245	附录 A
布朗	Wlliam. L. Brown		附录 C
布劳斯	J. R. Brush		附录 C
布雷	Wm. Henry Breay		附录 C
布雷丁	G. N. Bredin		附录 C
布雷克	Charles P. Blake		附录 C

续 表

译　文	原　文	原文页码	本书章节
布雷克	E. H. Blake		附录 C
布雷克	Patrick J. Blake，1798—1884	31	3
布雷克	William T. Blake		附录 C
布里奇	Rt. Onslow Bridge		附录 C
布里奇曼	O. J. C. Bridgeman		附录 C
布鲁克	G. T. Brooke		附录 C
布鲁克曼	J. Brookman		附录 C
布鲁斯	H. Bruce		附录 C
布鲁斯	W. T. Bruce		附录 C
布鲁特	J. R. Bluett		附录 C
布伦	Charles Bullen		附录 C
布伦德尔	F. Blundell		附录 C
布罗迪	William Brodie	194	附录 A
布罗韦尔	Langton Browell		附录 C
布伊	W. Buie		附录 C
部楼顿	Chicheley Plowden，1787—1880	8	1
参逊(又译作庄士敦)	Alexander R. Johnston，1812—1888	21	2
查兹	H. D. Chads	207	附录 A
达尔伯尼	Dauboney	306	附录 D
达尔斯顿	G. Dalston		附录 C
达夫	C. M. Duff		附录 C
达夫	Daniel Duff		15
达夫	P. Duff		附录 C
达拉斯	H. Dallas		附录 C
达利	H. Darley		附录 C

续 表

译 文	原 文	原文页码	本书章节
达利	John Daly		附录 C
达瑞尔	H. Darrell	211	附录 A
戴	J. A. Day		附录 C
戴维森	John Davidson		附录 C
戴维森	W. Davidson	211	附录 A
戴维斯	G. W. Davis		附录 C
戴西	J. Dicey	31	3
戴伊	G. T. Day	246	附录 A
丹尼尔	C. A. Daniell		附录 C
丹尼尔	E. G. Daniell		附录 C
丹尼尔	J. H. Daniell		附录 C
丹尼尔	J. M. Daniell		附录 C
丹尼尔	P. F. E. Daniel		附录 C
丹尼斯	J. L. Dennis		附录 C
道贝尼	Daubeny	221	附录 A
道格拉斯	Charles H. Douglas		附录 C
道格拉斯	Richard Douglas		附录 C
道金斯	Charles C. Dawkins		附录 C
德庇时	John F. Davis，1795—1890	8	1
德弗里斯	John N. de Vries		附录 C
德弗罗	W. P. Devereux		附录 C
德雷弗	Drever	248	附录 A
德雷弗	Js. Drever		附录 C
德雷克	William Drake		附录 C
德雷珀	Jas. S. Draper		附录 C

续 表

译 文	原 文	原文页码	本书章节
德鲁里	Byron Drury		附录 C
德斯伯勒	H. Desborough		附录 C
的吉利士	Douglas	59	8
登库尔特	Edwin C. T. D'Eyncourt	228	附录 A
邓巴	C. Dunbar		附录 C
邓巴	Js. C. A. Dunbar		附录 C
邓巴	T. C. Dunbar		附录 C
邓达士	Richard S. Dundas，1802—1861	32	3
邓恩	John Dunn		附录 C
邓特(又译作颠地)	Lancelot Dent，1799—1853	20	2
迪克森	John B. Dickson		附录 C
迪克斯	George Dix		附录 C
迪肯斯	R. M. Dickens		附录 C
迪伦	Dillon	220	附录 A
迪尤尔	Js. R. Duell		附录 C
迪尤斯	Dewes	226	附录 A
蒂尔登	Henry M. Tylden		附录 C
丁达尔	L. S. Tindal	204	附录 A
丁达尔	Louis N. Tindal	206	附录 A
都铎	J. Tudor	206	附录 A
都灵	Nich. L. Dolling		附录 C
都灵	Samuel B. Dolling		附录 C
杜艾尔	R. Duell	239	附录 A
杜马雷斯	Henry Dumaresq		附录 C
杜佩里埃	C. Duperier	249	附录 A

续 表

译　文	原　文	原文页码	本书章节
多比	R. S. Dobbie		附录 C
多宾	Thomas Dobbin		附录 C
多布尼	F. S. Daubeney		附录 C
多布尼	H. C. B. Daubeney		附录 C
多华德	J. Dorward		附录 C
多克	William Doak		附录 C
多诺霍	Anthony Donoghoe		附录 C
额尔金勋爵	Lord Elgin, James Bruce, 1811—1863		23
厄克哈特	John Urquhart		附录 C
厄舍尔	E. P. H. Ussher		附录 C
法默	Richard Farmer		附录 C
方斯	R. N. Faunce		附录 C
方特	C. Faunt		附录 C
菲茨莫里斯	G. Fitzmaurice		附录 C
菲茨詹姆斯	James Fitzjames	249	附录 A
菲尔波特	George Phillpotts		附录 C
菲尔德	Field	104	13
菲尔丁	Allen Fielding	212	附录 A
菲尔普斯	E. S. Phelps		附录 C
菲尔普斯	Phelps	221	附录 A
菲莱特	C. Flyter		附录 C
菲普斯	H. B. Phipps		附录 C
菲托克	John R. Fittock		附录 C
菲兹杰拉德	Fitzgerald	233	附录 A

续 表

译　　文	原　　文	原文页码	本书章节
费伯	W. R. Faber		附录 C
费尔克劳	W. H. Fairolough		附录 C
费根	Js. Fagan		附录 C
费伦	Chas. Fielon		附录 C
费希尔	Peter Fisher		附录 C
弗格森	Adam D. Fergusson		附录 C
弗格森	O'Neill Fergusson		附录 C
弗怀特	Fredk. J. White		附录 C
弗莱	H. Frye		附录 C
弗莱彻	John V. Fletcher，1801—1877	89	12
弗劳尔	J. R. Flower		附录 C
弗雷德里克	C. Frederick	208	附录 A
弗里兹	A. T. Freese		附录 C
弗里兹	J. N. A. Freese	249	附录 A
弗里兹	W. H. Freese		附录 C
弗伦奇	J. French	215	附录 A
弗伦奇	T. French		附录 C
福尔斯	Foulis	102	13
福克斯	Benjamin Fox		附录 C
福勒	Robert D. Fowler	196	附录 A
福塞斯	Js. Forsyth		附录 C
福塞特	D. L. Fawcett		附录 C
福特	A. Ford		附录 C
富尔顿	Robert Fulton	198	附录 A
富兰克林	H. H. Franklin		附录 C

续 表

译 文	原 文	原文页码	本书章节
盖茨克尔	Henry Gaitskell		附录 C
盖瑞特	R. H. Garrett		附录 C
冈内尔	E. H. Gunnell		附录 C
冈珀茨	S. Gompertz		附录 C
冈索普	G. W. Gunthorpe		附录 C
冈特	J. Gaunt		附录 C
高斯	Thomas Goss		附录 C
戈德森	Richard A. Godson		附录 C
戈德史密斯	F. Goldsmith		附录 C
戈德史密斯	George Goldsmith，1806—1888		14
戈德斯米德	F. J. Goldsmid		附录 C
戈登	James Gordon		附录 C
戈登	R. Gordon		附录 C
戈登	Wm. Gordon		附录 C
戈丁	William Geo. Goldin		附录 C
戈尔	Graham Gore		附录 C
戈夫	J. B. Gough		15
格拉顿	J. Grattan		附录 C
格拉斯	F. H. H. Glasse	205	附录 A
格拉斯	T. H. Glasse		附录 C
格兰姆斯	H. Grimes		附录 C
格兰瑟姆	E. Grantham		附录 C
格兰瑟姆	F. Grantham		附录 C
格兰特	F. Grant		附录 C
格兰特	Hope Grant	221	附录 A

续　表

译　文	原　文	原文页码	本书章节
格兰特	J. P. Grant	214	附录 A
格兰特	J. T. Grant	249	附录 A
格雷	D. Mc. Q. Gray		附录 C
格雷	F. Grey	207	附录 A
格雷	Fred. W. Grey		附录 C
格雷	John Henry Gray，1823—1890		23
格雷厄姆	James Graham，1792—1861	28	3
格雷厄姆	W. Graham	211	附录 A
格雷夫斯	J. W. Graves		附录 C
格雷格	E. R. Gregg		附录 C
格雷格	J. W. Grigg		附录 C
格里尔	Charles Grier		附录 C
格里夫	A. M. Grieve		附录 C
格里高利	C. Gregory	214	附录 A
格里格	Grigg	219	附录 A
格列佛	T. D. Gulliver		附录 C
格林	E. Green		附录 C
格林伍德	Greenwood	248	附录 A
格温	W. A. Gwynne		附录 C
古道尔	H. Goodall		附录 C
古德菲勒	J. Goodfellow		附录 C
古德里奇	J. O. Goodridge		附录 C
古特雷斯	Guiterres		14
郭富	Hugh Gough，1779—1869	94	12
郭雷枢	Thomas R. Colledge，1796—1879	11	2

续 表

译　文	原　文	原文页码	本书章节
郭实猎(又译作郭实腊)	Karl F. A. Gutzlaff, 1803—1851	42	5
哈德菲尔德	A. J. Hadfield		附录 C
哈丁	G. Harding		附录 C
哈尔福德	W. H. Halford		附录 C
哈尔曼	F. Haleman		附录 C
哈尔斯蒂德	E. P. Halstead	207	附录 A
哈夫哈德	C. A. Halfhide		附录 C
哈里奥特	H. Harriott		附录 C
哈里森	J. Gust. Harrison		附录 C
哈里森	J. R. Harrison		附录 C
哈里斯	F. Harris		附录 C
哈里斯	Robert Harris		附录 C
哈里斯	W. A. Harries		附录 C
哈利	G. T. Haly		附录 C
哈利	S. Haly		附录 C
哈米尔	R. Hammill		附录 C
哈密特	Miles Hammett		附录 C
哈默	Samuel F. Harmer		附录 C
哈斯克尔	William Haskell		附录 C
哈斯廷斯	George F. Hastings	207	附录 A
哈特	H. D. Hart		附录 C
哈特	H. G. Hart		附录 C
哈特	Thomas Hart		附录 C
哈维	G. A. F. Harvey		附录 C

续 表

译　　文	原　　文	原文页码	本书章节
哈维	Harvey	60	8
哈维兰	T. de Havilland		附录 C
哈肖	John Harshaw		附录 C
海恩	William E. Hyne		附录 C
海尔	John H. Haire		附录 C
海曼	M. J. Hayman		附录 C
海索恩	E. Haythorne		附录 C
海耶斯	John M. Hayes		附录 C
海伊	John Hay，1804—?	47	5
海因兹	R. B. Hinds		附录 C
汉布利	A. J. Hambly		附录 C
汉布利	A. S. B. Hambly	243	附录 A
汉弗莱斯	L. M. T. Humphreys		附录 C
汉米尔顿	G. Hamilton		附录 C
汉密尔顿	Js. Hamilton		附录 C
汉密尔顿	Peter W. Hamilton		附录 C
汉莫	G. Hamer		附录 C
豪撒迈勒	François J. Amédée du Campe de Rosamel，1807—1853	79	11
赫尔普曼	Philip A. Helpman		附录 C
赫里奥特	T. A. Heriot		附录 C
赫西	P. F. Hussey		附录 C
黑尔	W. J. Hare		附录 C
黑克	W. Hake		附录 C
亨特	E. Hunter		附录 C

续 表

译　文	原　文	原文页码	本书章节
亨特	George M. Hunter		附录 C
亨特	James Hunt		附录 C
洪姆	J. E. Horne	209	附录 A
洪姆	James E. Home		附录 C
胡克	Abbe Huc，1813—1860	55	7
胡奇	Thos. Hookey		附录 C
华莱士	A. F. Wallace		附录 C
华莱士	James Wallace		附录 C
怀斯	Charles Wise		附录 C
怀特	Robt. C. Whyte		附录 C
怀特赫斯特	F. W. Whitehurst		附录 C
怀汀	George W. Whiting		附录 C
惠蒂	E. G. Whitty		附录 C
惠灵顿	Peter Wellington		附录 C
惠姆珀	F. A. Whimper		附录 C
惠普尔	Fredk. J. Whipple		附录 C
惠切尔斯	Richard M. Whichels		附录 C
惠特科姆	James Whitcomb		附录 C
霍布林	E. L. Hoblyn		附录 C
霍顿	Fred. W. Horton		附录 C
霍顿	S. L. Horton		附录 C
霍顿	William Houghton		附录 C
霍尔	G. Hall		附录 C
霍尔	H. Hall		附录 C
霍尔	W. H. Hall		14

续 表

译　　文	原　　文	原文页码	本书章节
霍尔斯特德	E. Pellew Halsted		附录 C
霍夫迈斯特	C. J. Hoffmeister		附录 C
霍夫梅斯特	G. B. Hoffmeister	206	附录 A
霍格恩	Andrew D. R. Hoggan		附录 C
霍华德	T. A. Howard		附录 C
霍加斯	G. Hogarth		附录 C
霍金斯	F. S. Hawkins	211	附录 A
霍金斯	Henry C. Hawkins		附录 C
霍兰地	L. H. H. Holland		附录 C
霍雷克	J. A. Horak		附录 C
霍雷肖	Horatio		14
霍姆斯	C. E. Holmes		附录 C
霍纳	J. Horner		附录 C
霍普	Charles Hope	207	附录 A
霍奇金森	C. E. Hodgkinson	223	附录 A
霍奇森	George Henry Hodgson		22
吉本斯	Gibbons	217	附录 A
吉本斯	T. P. Gibbons		附录 C
吉布	W. E. Gibb		附录 C
吉尔	Gill	323	附录 G
吉尔伯特	E. P. Gilbert		附录 C
吉福德	Henry W. Giffard，1810—1854	31	3
吉莱斯皮	Henry J. Gillespie		附录 C
吉瑟林	Robert Jocelyn，1816—1854	290	附录 D
记里布	Henry Gribble	49	6

续 表

译　　文	原　　文	原文页码	本书章节
加比特	W. M. Gabbett	102	13
加德纳	E. C. Gardner		附录 C
加尔布雷斯	J. L. Galbraith		附录 C
贾斯蒂斯	Philip Justice	206	附录 A
贾维斯	John Jarvis		附录 C
兼伯勒	J. A. Burrough		附录 C
杰弗里	J. M. Jeffery		附录 C
杰弗里斯	George B. Jeffreys		附录 C
杰克逊	C. K. Jackson	243	附录 A
杰克逊	John Jackson		附录 C
杰克逊	Js. Jackson		附录 C
杰拉德	E. B. Garrard		附录 C
杰宁汉	Arthur W. Jorningham		附录 C
金	Daniel King		附录 C
金	G. King	211	附录 A
金	Joseph N. King		附录 C
金	P. S. Chinn		附录 C
金杰尔	W. R. Gingell		附录 C
金康	J. Kingcome	208	附录 A
金斯曼	James B. Kinsman		附录 C
卡德尔	A. T. Cadell		附录 C
卡登黑德	Js. Cadenhead		附录 C
卡迪	Cuddy	249	附录 A
卡迪	W. H. L. D. Cuddy		附录 C
卡尔	Carr	249	附录 A

续 表

译　文	原　文	原文页码	本书章节
卡尔	G. Carr		附录 C
卡里根	Wm. P. Carrigan		附录 C
卡罗尔	J. Carroll		附录 C
卡梅伦	C. Cameron		附录 C
卡米克	Carmichael	198	附录 A
卡明	J. Cumming		附录 C
卡朋特	Thomas Carpenter		附录 C
卡特	Charles J. Carter		附录 C
卡特	W. H. Carter		附录 C
卡维尔	Edward F. Cavell		附录 C
开莱特	Henry Kellett，1806—1875	87	12
开斯庇	Thomas Kisbee		附录 C
凯恩(或译坚、坚恩)	William Hull Caine，1799—1871		14
凯珀尔	Henry Keppel，1809—1904		23
坎贝尔	Colin Campbell	245	附录 A
坎贝尔	John Campbell		附录 C
坎贝尔	Js. Campbell		附录 C
坎贝尔	R. Campbell		附录 C
坎贝尔	Robt. W. Campbell		附录 C
坎贝尔	W. E. L. Campbell		附录 C
坎宁	Wm. Price Cunning		附录 C
坎宁安	T. J. M. Cunningham		附录 C
康普顿	Wm. Compton		附录 C
康威	Daniel Conway		附录 C
康威	John W. Conway		附录 C

续 表

译 文	原 文	原文页码	本书章节
考柏	J. Cowper		附录 C
考德维尔	John Caldwell		附录 C
考恩	C. Cowen		附录 C
考尔	G. F. Call		附录 C
考尔	G. I. Call	221	附录 A
考克	James Coaker		附录 C
考克斯	C. L. Cox		附录 C
考克斯	T. B. Cox		附录 C
柯克	S. W. Kirk		附录 C
柯立芝	Coolidge		14
柯林森	C. J. R. Collinson		附录 C
科比	C. F. Kirby		附录 C
科比特	John A. Corbett		附录 C
科茨	J. Coats		附录 C
科茨	W. Coates		附录 C
科顿	Cotton		15
科顿	F. C. Cotton		附录 C
科顿	R. Cotton		附录 C
科顿	W. E. P. Cotton		附录 C
科尔比	S. E. Colby		附录 C
科尔曼	W. T. Colman		附录 C
科尔切斯特勋爵	Lord Colchester, Charles Abbot, 1798—1867		21
科尔斯	W. C. Coles		附录 C
科尔特	John Coulter		附录 C

续 表

译 文	原 文	原文页码	本书章节
科尔特比	C. Coltby		附录 C
科菲尔德	S. J. Corfield		附录 C
科克伯恩	W. P. Cockburn		附录 C
科克伦	J. Cochrane		附录 C
科克伦	Lord Coohrane		附录 C
科雷顿	Henry Coryton		附录 C
科林森	Richard Collinson，1811—1883		20
科洛夫顿	S. S. L. Crofton	237	附录 A
科斯特洛	Thomas M. Costello		附录 C
克尔	A. W. M. Kerr		附录 C
克尔	Hom. Mark Kerr		附录 C
克拉克	Edward J. B. Clarke		附录 C
克拉克	Henry Clarke	42	5
克拉克	Thomas J. Clarke	101	13
克拉特沃西	Walter Clatworthy		附录 C
克莱德男爵	Lord Clyde		附录 C
克朗	John H. Crang		附录 C
克劳福德	John Crawford		附录 C
克劳奇	E. Crouch	249	附录 A
克雷格	William Craig		附录 C
克雷吉	P. E. Craigie		附录 C
克里	Edward H. Cree		附录 C
克里斯平	Robert T. Crispin		附录 C
克里斯普	G. O'B. Crisp		附录 C
克林顿	Edward P. Clinton		附录 C

续 表

译　文	原　文	原文页码	本书章节
克罗夫顿	William Crofton		附录C
克罗斯	Alexander Cross		附录C
克瑞尚克	P. Cruickshank		附录C
肯道尔	W. Kendall	235	附录A
肯普斯特	F. G. Kempster		附录C
肯特	Robert Kent		附录C
肯辛顿	C. Kensington		附录C
库尔森	Coulson	101	13
库格顿	J. H. B. Cougdon		附录C
库宁汉姆	A. T. Cunynghame	221	附录A
库珀	Augustus L. Kuper，1809—1885	31	3
库珀	G. Cooper	214	附录A
奎因	R. R. Quin	196	附录A
昆西	H. de Quincey		附录C
拉康	Henry J. Lacon		附录C
拉马索尼	Ramasawny	249	附录A
拉姆齐	Js. Ramsay		附录C
来福斯	W. H. Ryves	237	附录A
莱德	J. Ladd		附录C
莱恩	Alexander Lane		附录C
莱恩	Alfred W. Lane		附录C
莱恩	F. W. Lane	243	附录A
莱格	Js. A. St. Leger		附录C
莱萨特	T. H. Lysaght		附录C
莱斯	C. H. Rhys		附录C

续　表

译　　文	原　　文	原文页码	本书章节
莱文奇	R. T. J. Levinge		附录C
兰伯特	James Lambert		附录C
兰道尔	Rundall	235	附录A
兰德	G. Rand		附录C
兰福德	W. B. Langford		附录C
兰金	G. C. Rankin		附录C
兰肯	G. Ranken		附录C
兰尼埃	D. Rainier		附录C
朗	S. Long		附录C
朗特里	William H. Langtry		附录C
劳合	G. W. A. Lloyd		附录C
雷	Henry T. Laye		附录C
雷尼	H. G. Rainey		附录C
雷尼	James Rennie		附录C
雷诺兹	George Reignolds		附录C
雷诺兹	T. S. Reignolds	243	附录A
里昂	H. T. Lyon	249	附录A
里德	F. A. Reid		附录C
里德	Robert M. Read		附录C
里士满	H. T. Richmond		附录C
理查森	T. C. Richardson		附录C
理查兹	Charles Richards		附录C
理查兹	Peter Richards，1787—1869		22
立德	Archibald Little		附录C
利	Fred. G. Leigh		附录C

续 表

译 文	原 文	原文页码	本书章节
利特尔	R. R. Little		附录 C
利亚尔代	C. F. Liardet		附录 C
利耶	Andrew Lillie		附录 C
利兹	R. W. Leeds		附录 C
林赛	William Lindsay		附录 C
隆尼	William Loney		附录 C
卢金	C. O. Lukin		附录 C
卢金	W. A. Lukin		附录 C
卢亚德	G. F. Luard		附录 C
卢亚德	J. K. Luard		附录 C
鲁宾逊	Robert Robinson		附录 C
律劳卑	William John Napier，1786—1834	8	1
伦德尔	Joseph S. Rundle		附录 C
伦威克	J. M. Renwich		附录 C
罗宾斯	John G. Robins		附录 C
罗伯茨	George S. Roberts		附录 C
罗伯茨	J. Roberts	206	附录 A
罗伯茨	W. Roberts		附录 C
罗伯聃	Robert Thom，1807—1846	41	5
罗伯森	A. Robertson		附录 C
罗伯森	David Robertson		附录 C
罗伯特·赖特森	Robert W. Wrightson		附录 C
罗伯逊	William Robertson		附录 C
罗德尼	Thos. M. Rodney		附录 C
罗尔斯顿	W. T. K. Rolston		附录 C

续 表

译 文	原 文	原文页码	本书章节
罗杰斯	G. Rogers		附录 C
罗杰斯	J. Rodgers		附录 C
罗杰斯	J. Rogers	194	附录 A
罗杰斯	T. O. G. Rogers		附录 C
罗杰斯	William Rogers		附录 C
罗兰	Roland	301	附录 D
罗奇福特	G. C. Rochfort		附录 C
罗斯	Fred. E. Rose		附录 C
罗斯	J. B. Rose		附录 C
罗斯	Ross	203	附录 A
罗素	S. W. Russell		附录 C
罗治臣(又译作罗便臣、罗拔臣等)	G. B. Robinson, 1797—1855	9	2
洛根	G. Logan		附录 C
洛奇	Granville Gower Loch, 1813—1853		22
洛维特	T. H. Lovett		附录 C
麻恭	George Alexander Malcolm, 1810—1888		23
马丁	A. C. Martin		附录 C
马丁	Martin		附录 C
马丁	T. Martin		附录 C
马嘉理	A. R. Margary		附录 C
马戛尔尼	George Macartney, 1737—1806	3	1
马奎尔	J. Maguire		附录 C
马里奥特	Hayes Marriott		附录 C
马儒翰	John Robert Morrison, 1814—1843	42	5

续　表

译　　文	原　　文	原文页码	本书章节
马什	John B. Marsh		附录 C
马他仑	Frederick Maitland，1777—1839	16	2
马他仑	Lewis Maitland		附录 C
马他仑	Thomas Maitland		附录 C
马他仑	W. H. Maitland		附录 C
马修斯	E. M. Mathews		附录 C
玛格拉斯	J. R. Magrath		附录 C
玛索	W. H. Marcer		附录 C
迈利乌司	G. Mylius	217	附录 A
麦基嘉	Sir W. Macgregor		附录 C
麦金利	D. M'Kinaly		附录 C
麦金农	D. W. M'Kinnon		附录 C
麦卡斯基尔	H. M'Caskill		附录 C
麦卡沃伊	Benjamin M'Avoy		附录 C
麦凯	George Mackay		附录 C
麦考利	W. B. M'Cally		附录 C
麦考伊	T. R. McCoy		附录 C
麦克阿瑟	John McArthur		附录 C
麦克安德鲁	D. McAndrew		19
麦克菲尔森	Duncan McPherson，1812—1867	49	6
麦克恭	T. M'Gown		附录 C
麦克科伊	D. M'Coy		附录 C
麦克克莱弗特	J. McCleverty		附录 C
麦克拉维迪	M'Cleverty	202	附录 A
麦克莱恩	L. H. G. Maclean		附录 C

续　表

译　　文	原　　文	原文页码	本书章节
麦克莱恩	N. Maclean		附录 C
麦克唐纳	A. M'Donald		附录 C
麦克唐纳	John McDonald		附录 C
麦克唐纳	T. W. McDonald		附录 C
麦克唐纳	W. P. Macdonald		附录 C
麦克维克	J. McViccar		附录 C
麦克亚当	D. McAdam		附录 C
麦肯锡	K. Stewart Mackenzie	73	10
麦肯锡	Mackenzie	7	1
麦士尼	William Mesny，1842—1919	323	附录 G
麦斯威尔	W. G. Maxwell		附录 C
麦斯威尔	William R. Maxwell	223	附录 A
曼	G. S. Mann		附录 C
曼塞尔	Fitzeilliam Mansell		附录 C
曼特尔	J. T. Mantle		附录 C
芒廷	A. S. H. Mountain		19
毛尔	J. Maule		附录 C
梅奥	J. P. Mayo		附录 C
梅恩	H. Mayne	217	附录 A
梅恩	R. Mayne		附录 C
梅克	J. P. Meik		附录 C
梅森	Mason	60	8
梅森	T. H. Mason		附录 C
梅森	Thomas H. Mason，1811—1900	31	3
梅特卡夫	Wm. C. Metcalfe		附录 C

续 表

译　　文	原　　文	原文页码	本书章节
梅西特	E. Messiter		附录 C
梅因沃林	S. Mainwarning		附录 C
门蒂思	W. S. Menteith		附录 C
蒙哥马利	J. M. Montgomery	243	附录 A
蒙哥马利	P. Montgomerie		附录 C
蒙哥马利	R. E. de Montgomerie		附录 C
蒙哥马利	Thomas George Montgomerie, 1830—1878		19
蒙科尔	James Moncur		附录 C
蒙克	Hugh H. Monk		附录 C
蒙罗	D. Munro		附录 C
蒙特雷索	J. Montresor		附录 C
孟达	Mundah	249	附录 A
米	G. A. Mee		附录 C
米	Mee	50	6
米德尔马斯	J. Middlemass		附录 C
米恩	John Mein		附录 C
米尔班克	Ralph Milbanke		附录 C
米勒	A. Miller		附录 C
米勒	Millar		14
米切尔	H. S. Mitchell		附录 C
米特福德	J. Mitford	212	附录 A
米歇尔	Michell	306	附录 D
密迪乐	Thomas Taylor Meadows, 1815—1868	323	附录 G
密斯佩拉尔	Mispelaar		附录 C

续 表

译 文	原 文	原文页码	本书章节
摩尔	C. W. Moore		附录 C
摩尔	Moore	102	13
摩尔	R. C. Moore		附录 C
摩尔	S. H. Moore	211	附录 A
摩尔	T. Moore		附录 C
摩尔海德	A. G. Moorhead	213	附录 A
摩根	Morgan		16
莫尔斯沃思	H. Molesworth		附录 C
莫菲特	Andrew Moffitt		附录 C
莫里斯	E. Morris		附录 C
莫里斯	Henry G. Morris		附录 C
莫尼	L. W. T. Money		附录 C
莫尼彭尼	Wm. B. Monypenny		附录 C
莫斯	Morss		14
莫谢德	W. H. A. Morshead	204	附录 A
穆迪	James L. Moody		附录 C
穆尔森	William Moorsom		附录 C
穆雷	A. Murray	245	附录 A
穆雷	James Murray		附录 C
拿布	Edward M. Noble	59	8
纳特	Charles K. Nutt		附录 C
纳托尔	F. G. Nuthall		附录 C
内芙	J. B. Neeve		附录 C
内皮尔	Napier	312	附录 D
内维尔	William Nevill	207	附录 A

续 表

译　文	原　文	原文页码	本书章节
尼达姆	F. H. Needham		附录 C
尼克尔森	Frederick W. E. Nicholson，1815—1899	41	5
尼克尔森	J. B. Nicholson		附录 C
尼克松	C. N. Nixon		附录 C
尼亚士	Joseph Nias	198	附录 A
诺蒂	John Naulty		附录 C
诺尔斯	J. Knowles	82	11
诺洛斯	Mathew Nolloth		附录 C
诺曼	Charles S. Norman		附录 C
诺斯沃西	George Nosworthy		附录 C
诺特	F. W. Nott		附录 C
诺特	John Nott		附录 C
欧拉姆	Richard Oram		附录 C
欧斯金	J. F. Erskine		附录 C
欧文	Owen		16
帕尔默	C. MacE. Palmer		附录 C
帕克	W. B. Park		附录 C
帕克斯	M. G. Sparks		附录 C
帕斯利	G. Pasley		附录 C
帕特森	Js. Patterson		附录 C
派珀	J. Piper		附录 C
派因	C. Pine		附录 C
潘恩	W. A. T. Payne		附录 C
佩德	W. Pedder		附录 C

续 表

译　文	原　文	原文页码	本书章节
佩顿	F. Peyton		附录 C
佩恩	John Penn		附录 C
佩尔森	H. Pearson		附录 C
彭杰利	W. M. Pengelley		附录 C
彭罗斯	Penrose C. Penrose		附录 C
彭浦瑞兹	Alexander Penprasse		附录 C
皮尔士	Joseph Pears		附录 C
皮尔士	Pears	244	附录 A
皮尔士	T. T. Pears		附录 C
皮尔斯	J. Pearse	200	附录 A
皮尔斯	James Piers		附录 C
皮戈特	Js. Piggott		附录 C
皮卡德	James Pickard		附录 C
皮莱资	Thome Pires，一般写作 Tomé Pires，1465？—1523 或 1540	1	1
皮特曼	Pitman	221	附录 A
皮沃	E. Peevor		附录 C
品霍恩	William Pinhorn		附录 C
珀维斯	G. J. Purvis		附录 C
珀维斯	George T. M. Purvis		附录 C
珀维斯	R. Purvis	246	附录 A
璞鼎查	Henry Pottinger，1789—1856		16
普吉	Wm. David Puget		附录 C
普拉特	J. Platt		附录 C
普拉特	Thomas S. Pratt，1797—1879	73	10

续 表

译　　文	原　　文	原文页码	本书章节
普莱特约翰	G. D. Prettejohn		附录 C
普雷菲尔	J. R. Playfair		附录 C
普雷斯科特	W. Prescott		附录 C
普雷斯特	Phineas Priest		附录 C
普里奥克斯	Charles Priaulx		附录 C
普理查德	Samuel P. Pritchard	203	附录 A
普利姆索	Joseph Plimsoll		附录 C
奇默	Benjamin Chimmo	311	附录 D
奇默	James Chimmo		附录 C
钱伯斯	Robert J. B. Chambers		附录 C
钱伯斯	William W. Chambers		附录 C
乔德雷尔	E. Jodrell		附录 C
乔德瑞尔	A. E. Jodrell	245	附录 A
乔恩	Peter Chown		附录 C
乔瑟林	Robert Jocelyn，1816—1854	35	4
切特伍德	Chetwood	205	附录 A
切温	Joseph Chegwyn		附录 C
琼斯	Henry Jones		附录 C
琼斯	R. E. Jones		附录 C
丘吉尔	Henry John Spencer-Churchill，1766—1840	30	3
瑞德	John R. Reid		附录 C
瑞姆拜奇	M. T. S. Raimbach		附录 C
萨金特	E. W. Sargent		附录 C
萨金特	J. J. Sargent		附录 C

续　表

译　　文	原　　文	原文页码	本书章节
萨金特	Sargent	235	附录 A
萨默维尔	J. T. Somerville		附录 C
萨默维尔	Philip Somerville		附录 C
萨瑟兰	A. G. C. Sutherland		附录 C
萨瑟兰	Kenneth L. Sutherland		附录 C
塞德利	Has. Sedley		附录 C
塞尔	C. A. Searle		附录 C
塞尔	William Searle		附录 C
塞科姆	T. Seccombe		附录 C
桑德森	Alex. Sanderson		附录 C
桑德斯	James Saunders		附录 C
桑德斯	Wm. M. N. Saunders		附录 C
瑟蒂斯	A. S. Surtees		附录 C
沙德韦尔	L. Shadwell		附录 C
沙利文	T. R. Sullivan		附录 C
沙姆	J. Shum		附录 C
沙普罗尼尔	A. H. Chaproniere		附录 C
莎士比亚	A. R. Shakespeare		附录 C
舍代尔	R. J. Visct. Suirdale		附录 C
圣奥本	Robert St. Aubyn		附录 C
史丹顿	Vincent J. Stanton，1817—1891	48	6
史蒂德	Stead，？—1841	104	13
史库德	James Holmes Schoedde，1786—1861		20
史密斯	A. B. Smith		附录 C
史密斯	A. J. Smith	246	附录 A

续 表

译　　文	原　　文	原文页码	本书章节
史密斯	A. J. Smith		附录 C
史密斯	Charles Smith		附录 C
史密斯	J. S. Smith		附录 C
史密斯	John Smith		附录 C
史密斯	R. Smith	213	附录 A
史密斯	Ralph Smith		附录 C
史密斯	T. T. Smith		附录 C
史诺	W. Snowe		附录 C
史威尔	A. H. C. Sewell		附录 C
士密	Henry Smith，1803—1887	24	2
舒尔德姆	J. H. Shuldham		附录 C
舒特	Henry G. Shute		附录 C
朔姆贝格	Herbert Schomberg		附录 C
司徒塔特	James Stoddart		附录 C
思凯德	George H. Skead		附录 C
斯宾塞	R. C. H. Spencer		附录 C
斯宾塞	Spencer		15
斯蒂恩	J. Stean，？—1840	61	8
斯蒂尔	A. F. Steele		附录 C
斯蒂芬斯	T. Stephens		15
斯基普威思	Grey Skipwith		附录 C
斯科特	James Scott，1790—1872	72	10
斯隆	John Sloan		附录 C
斯普伦特	J. Sprent	202	附录 A
斯塔夫	W. B. Staff		附录 C

续 表

译　文	原　文	原文页码	本书章节
斯塔默	Charles Starmer		附录 C
斯坦利	Stephen S. Stanley		附录 C
斯坦利勋爵	Edward G. G. Smith-Stanley，1799—1869	310	附录 D
斯坦纳斯	T. A. Stannus		附录 C
斯特拉特福	Hon. C. H. Stratford		附录 C
斯特兰奇	H. F. Strange		附录 C
斯特兰山姆	Stransham	232	附录 A
斯特兰韦斯	E. L. Strangways		附录 C
斯特朗	R. H. Strong		附录 C
斯特里特	J. A. Street		附录 C
斯图尔特	Edward S. Stewart		附录 C
斯图尔特	H. Stewart		附录 C
斯图尔特	Js. Stewart		附录 C
斯图尔特	Peter B. Stewart，1808—?	31	3
斯图尔特	Richard O. Stuart		附录 C
斯图尔特	Robert A. Stewart		附录 C
斯托克姆	Js. Stockham		附录 C
斯托克斯	Richard Stokes		附录 C
斯托利	Henry A. Story		附录 C
斯威尼	G. Sweeny		附录 C
斯威特	H. B. Sweet		附录 C
斯温伯恩	F. Swinburne		附录 C
斯温顿	A. R. J. Swinton		附录 C
斯温顿	W. Swinton		附录 C

续 表

译　　文	原　　文	原文页码	本书章节
索伯恩	J. P. Thurburn		附录 C
索尔顿	Saltoun	247	附录 A
索尔顿勋爵	Lord Saltoun, Alexander George Frazer, 1785—1853		22
索马里兹	Philip de Saumerez		附录 C
索思	Henry South		附录 C
塔尔博特	Charles Talbot, 1801—1876	17	2
塔汉姆	Edward Tatham		附录 C
塔克	Tucker	296	附录 D
塔普	H. T. Tapp		附录 C
塔普森	John Tapson		附录 C
塔奇	W. Touch		附录 C
泰勒	Taylor		14
泰勒	W. Taylor		附录 C
泰南	Twynan		附录 C
汤林森	Nicholas Ralph Tomlinson, 1803—1842		20
汤姆森	Thomson	221	附录 A
汤普森	R. Thompson		附录 C
汤若望	Johann Adam Schall von Bell, 1591—1666	2	1
唐斯	Thomas H. Downes		附录 C
特顿	J. Turton		附录 C
特拉弗斯	E. A. B. Travers		附录 C
特拉弗斯	Travers	249	附录 A
特拉奎尔	T. G. Traquair		附录 C

续　表

译　　文	原　　文	原文页码	本书章节
特拉西	J. J. C. H. Tracy		附录 C
特雷西	Henry Tracey		附录 C
特里普	P. Tripp		附录 C
特里斯特	J. F. Trist		附录 C
特鲁布里奇	E. N. Troubridge	206	附录 A
特伦奇	Wm. Trench		附录 C
特纳	J. Turner		附录 C
特纳	W. W. Turner		附录 C
特威代尔	John D. Tweeddale		附录 C
腾南特	Charles E. Tennant	304	附录 D
汀敏斯	C. Timmins	249	附录 A
图尔	Toole	104	13
图泽奥	James C. M. Touzeau		附录 C
托德	F. W. Todd		附录 C
托德	James Todd		附录 C
托马斯	David Thomas		附录 C
托马斯	Henry N. Thomas		附录 C
托马斯	Montague Thomas		附录 C
托姆斯	E. Tomes		附录 C
托特纳姆	William Tottenham		附录 C
瓦瓦苏	Ebenezer Vavasour，？—1840	62	8
瓦瓦苏	H. F. Vavasour		附录 C
瓦伊纳	Aurthur Vyner	225	附录 A
威迪	A. L. Tweedie		附录 C
威尔顿	J. R. Wilton		附录 C

续 表

译　文	原　文	原文页码	本书章节
威尔金森	G. S. Wilkinson		附录 C
威尔金森	W. Wilkinson		附录 C
威尔莫特	A. P. E. Wilmot		附录 C
威尔斯	Richard G. Wills		附录 C
威尔逊	A. Wilson		附录 C
威尔逊	R. W. Wilson	211	附录 A
威尔逊	Thomas Wilson		附录 C
威尔逊	Wm. W. Wilson		附录 C
威格斯顿	F. Wigston		附录 C
威廉	E. H. Williams		附录 C
威廉姆斯	John V. Williams		附录 C
威廉四世	William IV，1765—1837	8	1
威灵	Bartholomew Verling		附录 C
韦伯	Henry Webb		附录 C
韦伯	Samuel W. Webb		附录 C
韦伯	William Webbor		附录 C
韦德	T. F. Wade		附录 C
韦德伯恩	J. K. Wedderburn		附录 C
韦尔	G. Weir		附录 C
韦尔	R. Ware		附录 C
韦尔斯利	George G. Wellesley		附录 C
韦克菲尔德	J. H. Wakefield		附录 C
韦纳	W. Venour		附录 C
韦斯特	A. R. West		附录 C
韦斯特	C. H. West	49	6

续 表

译　文	原　文	原文页码	本书章节
韦斯特	John West		附录 C
韦伊	David Wyee		附录 C
维丁汉姆	F. Whittingham		附录 C
维丁汉姆	Whittingham		24
维格尼	F. Vigne		附录 C
维尼	J. J. Winne		附录 C
卫	G. E. G. Way		附录 C
温德姆	A. Wyndham		附录 C
温莎	George Winsor		附录 C
沃德	H. A. Ward		附录 C
沃德尔	C. D. Waddell	249	附录 A
沃德洛普尔	Edward Wardroper	74	10
沃登	W. Warden	194	附录 A
沃尔	A. P. Wall	206	附录 A
沃尔康	Woolcomb	226	附录 A
沃甘	James Vaughan	233	附录 A
沃克	A. de N. Walker		附录 C
沃克	H. Walker		附录 C
沃伦	C. Warren		附录 C
沃伦	E. Warren		附录 C
沃伦	H. H. Warren		附录 C
沃伦	William Warren, 1798—1871	31	3
沃森	Horace Watson		附录 C
沃森	Rundle B. Watson, 1809—1860	92	12
乌卢姆贝	B. Wooloombe		附录 C

续 表

译 文	原 文	原文页码	本书章节
伍德	Granville H. Wood		附录 C
伍德	J. J. Wood		附录 C
伍德	Wm. C. Wood		附录 C
伍德莱特	C. Woodwright		附录 C
西伯利	E. W. Sibley		附录 C
西布利	E. R. Sibly		附录 C
西德尔	Fredk. Siddall		附录 C
西蒙斯	P. Simmons		附录 C
西蒙斯	Richard Symonds	73	10
西蒙斯	Richard Symons		附录 C
西蒙兹	George Simmonds		附录 C
西摩	George H. Seymour		附录 C
西斯摩尔	James Sissmore		附录 C
希尔	William S. Hele		附录 C
希尔雅德	H. T. Hillyard		附录 C
希格斯	J. W. Higgs		附录 C
希里夫	R. Shirreff		附录 C
希利拉德	Hilliard	235	附录 A
希利亚德	G. Hilliard		附录 C
希利亚德	W. J. B. Hilliard		附录 C
希尼曼	G. W. Sheniman		附录 C
希钦	Hitchin		附录 C
希思曼	John C. Heathman		附录 C
希斯	Edward Heath		附录 C
希特利	Heatley		22

续 表

译　　文	原　　文	原文页码	本书章节
希特利	J. Heatley		附录 C
霞毕	Thomas Herbert，1793—1861	73	10
夏普	Francis Sharpe		附录 C
夏普	R. P. Sharp		附录 C
香克斯	A. Shanks		附录 C
小懿律	George Augustus Elliot，1813—1901	47	5
肖	A. A. Shaw		附录 C
肖	H. R. Shawe		附录 C
肖	J. C. Shaw		附录 C
肖	J. G. Schaw		附录 C
肖	R. Shawe		附录 C
肖	Schaw	221	附录 A
肖	Shaw	221	附录 A
谢尔顿	F. Shelton		附录 C
谢泼德	George Sheppard		附录 C
辛格	C. E. Synge		附录 C
辛格	R. F. Synge		附录 C
辛好士	Humphrey F. Senhouse，1781—1841	88	12
辛克莱尔	A. Sinclair		附录 C
辛克莱尔	J. H. Sinclair		附录 C
辛普森	E. J. Simpson		附录 C
辛普森	J. Simpson		附录 C
辛普森	W. H. Simpson		附录 C
休	J. J. Hough	208	附录 A
休谟	W. Hume		附录 C

续 表

译　　文	原　　文	原文页码	本书章节
休斯	Js. V. Hughes		附录 C
休伊特	Charles C. Hewitt	246	附录 A
休伊特	H. H. Hewitt	207	附录 A
休伊特	I. Hewitt		附录 C
雅顿	W. Arden		附录 C
亚当斯	Adams		15
亚当斯	G. W. Adams		附录 C
亚当斯	H. W. Adams	223	附录 A
亚历山大	H. H. Alexander		附录 C
晏臣	Talavera V. Anson，1809—1895	32	3
杨	A. H. S. Young		附录 C
杨	C. C. Young		附录 C
杨	C. W. Young		附录 C
杨	D. Young		附录 C
杨	P. Young		附录 C
杨森	W. Youngson		附录 C
伊登	Henry Eden		附录 C
伊迪	W. Edie		附录 C
伊尔德顿	C. R. Ilderton		附录 C
伊根	H. J. W. Egan		附录 C
伊色萨	R. Ethersay	207	附录 A
伊兹	F. Eades		附录 C
义律	Charles Elliot，1801—1875	9	2
益花臣	John F. Elphinston，1778—1854	6	1
懿律	George Elliot，1784—1863	27	3
因斯	Ince	293	附录 D

续 表

译 文	原 文	原文页码	本书章节
因义士	James Innes	17	2
英格拉姆	Augs. H. Ingram		附录 C
英尼斯	W. Innes		附录 C
尤纳克	James Uniacke	249	附录 A
裕尔	G. W. R. Yule		附录 C
约翰斯顿	W. Johnston		附录 C
约翰斯通	J. G. Johnstone		附录 C
约翰斯通	J. G. Johnston		附录 C
约翰斯通	J. W. Johnstone		附录 C
约翰斯通	W. Johnstone		附录 C
约翰斯通	W. Johnstone		附录 C
约翰逊	George Johnson		附录 C
约翰逊	J. S. W. Johnson		附录 C
詹金斯	Jenkins	312	附录 D
詹姆斯	W. James	223	附录 A
詹南特	Charles E. Jennant		附录 C
朱利安	Jonath Julian		附录 C

官 职

译 文	原 文	原文页码	本书章节
苏丹	Sultan	1	1
董事会主席	Chairman of the Court of Directors	3	1
葡萄牙摄政王	Prince Regent of Portugal	5	1
印度总督	Governor-General of India	5	1
敏托爵士	Earl of Minto, or Lord Minto	5	1

续 表

译 文	原 文	原文页码	本书章节
监督	Superintendent	8	1
商务总监	Chief Superitendent	9	1
第二监督	Second Superintendent		2
第三监督	Third Superintendent		2
船务总管	Master Attendant	9	2
商会主席	Chairman of the Chamber of Commerce	18	2
海军高级军官	Senior Naval Officer	20	2
副监督	Deputy Superintendent	21	2
奥克兰爵士	Sir Auckland	28	3
巴斯三等勋章	C. B. (Companion, the Order of Bath)	31	3
全权代表	Plenipotentiary	33	3
航海长	Master	59	8
副航海长	Second Master	59	8
非委任军官	Non-Commissioned Officers	63	8
治安长官	Chief Magistrate	/	14
副军法署长	Deputy Judge Advocate General		15

英国海军和陆军军衔	
英国海军	英国陆军
上将 Admiral	上将 General
中将 Vice Admiral	中将 Lieutenant-General
少将 Rear Admiral/major-general	少将 Major General
准将 Brigadier-General/ Commodore	准将 Brigadier Colonel
上校 Captain	上校 Colonel

续 表

中校 Commander	中校 Lieutenant-Colonel
少校 Lieutenant-Commander	少校 Major
上尉 Lieutenant	上尉 Captain
中尉 Sub-Lieutenant	中尉（First）Lieutenant
少尉 Ensign/Acting Sub-Lieutenant	少尉 Second Lieutenant

译　　文	原　　文	原文页码	本书章节
巴斯爵级大十字勋章	GCB（Knight Grand Cross，the Order of Bath）		附录 A
巴斯爵级司令勋章	KCB（Knight Commander，the Order of Bath）		附录 A
财务总管	Paymaster-General	211	附录 A
医务管理员	Medical Storekeeper	211	附录 A
助理秘书	A. A. G. （Assistant Adjutant-General）	211	附录 A
军事法官	Military Magistrate	212	附录 A
随军牧师	Chaplain to Force	213	附录 A
外务长官	Public Commander	213	附录 A
副军委长	D. A. G. Major（Deputy Adjutant General Major）	213	附录 A
军需长官	Qr. Mr.（Quarter Major）		附录 A
副军需长官	D. Q. M. G.（Deputy Quartermaster General）	213	附录 A
田土官	Land Officer	217	附录 A
野战工程师	Field Engineer		附录 A
助理野战工程师	Asst. Field Engineer	213	附录 A

续 表

译　　文	原　　文	原文页码	本书章节
上尉秘书	A. D. C. Lieutenant	214	附录 A
副参谋长	D. A. Genl (Deputy Adjutant General)	219	附录 A
副参谋长助理	D. A. A. Genl (Deputy Assistant Adjutant General)	219	附录 A
军需长官	Commander Of Ordnance	221	附录 A
主计长	Purser	250	附录 C
主管书记员	Clerk in charge	250	附录 C
助理医生	Asst. Surgeon	250	附录 C
海军陆战队教官	Mar. Instructor and Schoolmr.	252	附录 C
海军教官	Nav. Instructor and Schoolmr.	253	附录 C
秘书	A. D. C. (Aide-de-Camp)	272	附录 C
候补上尉	Addl. Lt.	270	附录 C
助理	Adjt.	273	附录 C
军需检查长	Qr. Mr. & Intr.	287	附录 C
财会检查长	Actg. Mr. & Intr.	287	附录 C
总司令	Commander-in-Chief	291	附录 D
助理	Mate	298	附录 D
副军需长	Deputy Commissary General	301	附录 D
副官	Flag-lieutenant	304/307	附录 D
准尉	Sergeant Major	326	附录 G
中士	Sergeant	326	附录 G
下士	Corporal	327	附录 G
一等兵	Lance-Corporal	327	附录 G

机　构

译　　文	原　　文	原文页码	本书章节
白厅场	Whitehall Yard	60	8
皇家联合服务研究所博物馆	Museum of the Royal United Service Institution	60	8
货物特选委员会	The select committee of supercargoes	9	2
莱尔德造船厂	Laird	69	9
上议院	House of Lords	6	1
下议院	House of Commons	28	3
医疗传教会	Medical Missionary Society	85	11

部　队

译　　文	原　　文	原文页码	本书章节
澳大利亚舰队	Australian Station	27	3
东印度舰队	East Indian Station	27	3
港埠部队	Port Division	75	10
海军陆战队	Marines	53	7
海军陆战营	Marine Batallion	73	10
皇家爱尔兰团	Royal Irish	64	8
皇家炮兵团	Royal Artillerymen	73	10
马德拉斯工兵团	Madras Engineers		16
马德拉斯炮兵团	Madras Artillery	37	4
马德拉斯骑炮兵队	Madras Horse Artillery		21
马德拉斯土著步兵团	Madras Native Infantry	66	9
孟加拉兵团	Bengalee Camp	44	5

续 表

译　　文	原　　文	原文页码	本书章节
孟加拉土著步兵团	Bengal Native Infantry		15
孟加拉志愿兵队	Bengal Volunteers	31	3
欧洲步兵团	European Regiments	46	5
轻骑兵第 3 团	3rd Light Dragoons		附录 A
苏格兰卡梅伦步兵团	Cameronians	44	5
印度枪炮兵队	Gun Lascars		16

舰　船

译　　文	原　　文	原文页码	本书章节
“阿波罗”号	Apollo	208	附录 A
“阿尔吉林”号	Algerine	16	2
“阿尔赛斯特”号	Alceste	5	1
“阿拉勒里”号	Allalerie	211	附录 A
“阿拉勒维”号	Allalevie	195	附录 A
“阿厘厄登”号	Ariadne		21
“阿米莉亚·汤普森”号	Amelia Thompson	210	附录 A
“阿特兰特”号	Atalanta	30	3
“阿提亚·拉赫曼”号	Atiet Rahoman	210	附录 A
“艾德蒙斯通”号	Edmonstone	195	附录 A
“艾德蒙斯通”号	Edmonstone	211	附录 A
“安德洛玛刻”号	Andromache	10	2
“安度明”号	Endymion		22
“奥克兰”号	Auckland		22

续 表

译　　文	原　　文	原文页码	本书章节
“巴拿马”号	Panama	66	9
“班廷克”号	Bentinck		17
“保皇党人”号	Royalist	203	附录 A
“卑拉底斯”号	Pylades	30	3
“北极星”号	North Star		21
“北京”号	Pekin	210	附录 A
“贝布达”号	Berbudda	215	附录 A
“贝福德公爵”号	Duke of Bedford	210	附录 A
“贝拉联军”号	Belle Alliance	210	附录 A
“贝雷色”号	Belleisle		22
“伯厄姆旅行者”	Burham Poster	210	附录 A
“伯兰汉”号	Blenheim	46	5
“伯劳弗”号	Plover		17
“伯劳西伯”号	Proserpine		22
“博鲁多”号	Pluto		21
“不腊克久”号	Black Joke	23	2
“布朗底”号	Blonde	30	3
“布里玛”号	Braemar	59	8
“布伦德尔”号	Blundell	195	附录 A
“豺狼”号	Jackal	3	1
“达内德”号	Danaide	79	11
“戴窦”号	Dido		21
“戴维·马尔科姆”号	David Malcolm	47	5
“担麻士葛”号（又译作嗜唧号）	Thomas Coutts	24	2

续 表

译　　文	原　　文	原文页码	本书章节
“东方”号	Orient	210	附录 A
“都鲁壹”号	Druid	30	3
“多丽丝”号	Doris	5	1
“厄纳德”号	Ernaad	47	5
“鳄鱼”号	Alligator	30	3
“飞礼则唐”号	Phlegethon		16
“费泽·罗巴尼”号	Faize Robanny	210	附录 A
“风鸢”号	Kite	59	8
“福塔·萨拉姆”号	Futtay Salam	195	附录 A
“复仇神”号	Nemesis	69	9
“甘米力治”号	Cambridge	29	3
“皋华丽”号	Cornwallis		19
“戈尔康达”号	Golconda	66	9
“哥伦拜恩”号	Columbine	30	3
“哥伦拜恩”号	Columbine	66	9
“葛楚德”号	Gertrude	210	附录 A
“宫城”号	City of Palaces	210	附录 A
“哈利昆”号	Harlequin	207	附录 A
“海阿新”号	Hyacinth	23	2
“黑獾”号	Wolverine	271	附录 C
“洪哥厘”号	Hooghly	62	8
“护卫舰”号	Guard Ship	213	附录 A
“花夫人”号	Lady Flora	210	附录 A
“皇后”号	Queen	30	3
“皇家萨克逊”号	Royal Saxon	25	2

续 表

译　文	原　文	原文页码	本书章节
“基尔德斯”号	Childers		22
“吉普赛人”号	Gipsy	210	附录 A
“加略普”号	Calliope	66	9
“驾驶者”号	Driver	258	附录 C
“进取”号	Enterprise	33	3
“巨蛇”号	Serpent	207	附录 A
“咖哇治”号	Rustomjee Cowasjee	195	附录 A
“坎布雷”号	Cambrian	207	附录 A
“康威”号	Conway	30	3
“科休斯科”号	Kosciusko	66	9
“克里夫顿”号	Clifton	195	附录 A
“克里欧”号	Clio		21
“拉恩”号	Larne	16	2
“拉哈玛尼”号	Rahamany	195	附录 A
“莱山德”号	Lysander	210	附录 A
“兰尼米德”号	Runnymede	210	附录 A
“老鹰”号	Eagle	93	12
“利文斯顿”号	Livingstone	210	附录 A
“流浪者”号	Wanderer	269	附录 C
“硫磺”号	Sulphur	78	11
“路易莎”号	Louisa	49	6
“伦敦城”号	City of London	210	附录 A
“罗巴斯”号	Robarts	210	附录 A
“罗霍玛尼”号	Rohomany	210	附录 A
“马达加斯加”号	Madagascar	30	3

续 表

译　　文	原　　文	原文页码	本书章节
“马拉巴尔”号	Malabar	273	附录 C
“马拉基德·贝哈尔”号	Mallaked Behar	210	附录 A
“马里昂”号	Marion		17
“玛利安”号	Marian	195	附录 A
“玛利亚”号	Maria	210	附录 A
“玛莎”号	Martha	210	附录 A
“麦都萨”号	Medusa	62	8
“麦尔威厘”号	Melville	30	3
“冒险者”号	Hazard	260	附录 C
“梅姆隆”号	Memnon	263	附录 C
“美人鱼”号	Mermaid	58	8
“孟买”号	Bombay	16	2
“米巴音奴”号(又译作默尔咩那)	Bilbaino	48	6
“密涅瓦”号	Minerva	66	9
“摩底士底”号	Modeste	30	3
“莫里森”号	Morrison		14
“穆罕默德王”号	Mahomed Shah	195	附录 A
“拿撒勒王”号	Nazareth Shah	49	6
“纳尔不达”号	Nerbudda		19
“宁罗得”号	Nimrod	62	8
“帕尔梅拉”号	Palmyra	210	附录 A
“培里康”号	Pelican	206	附录 A
“佩斯汤基·伯曼基”号	Pestonjee Bomanjee	104	13

续　表

译　　文	原　　文	原文页码	本书章节
“皮纳斯”号	Pinnace		14
“珀西”号	Percy	210	附录 A
“钱米任”号	Camelion	255	附录 C
“切萨皮克”号	Chesapeake	29	3
“青春女神”号	Young Hebe	103	13
“萨马兰”号	Samarang	66	9
“塞利亚”号	Thalia	207	附录 A
“三重奏”号	Trio	210	附录 A
“狮子”号	Lion	3	1
“曙光”号	Aurora		14
“司塔林”号	Starling	100	13
“斯塔尔卡特”号	Stalkart	195	附录 A
“苏拉特商人”号	Surat Merchant	210	附录 A
“苏利玛尼”号	Sulimany	195	附录 A
“索菲亚”号	Sophia	66	9
“谭那萨林”号	Tenasserin		21
“忒提斯”号	Thetis	66	9
“天琴座”号	Lyra	5	1
“挑衅者”号	Teaser	210	附录 A
“挑战”号	Defiance	63	8
“帖木儿”号	Tamerlane	210	附录 A
“土巴资”号	Topaze	7	1
“威克森”号	Vixen		22
“威里士厘”号	Wellesley	16	2

续　表

译　　文	原　　文	原文页码	本书章节
“威廉·摩尼”号	William Money	210	附录 A
“威廉姆·班廷克夫人”号	Lady William Bentinck		17
“威廉·特纳”号	William Turner	210	附录 A
“威廉·威尔逊”号	William Wilson	63	8
“维多利亚”号	Victoria	195	附录 A
“窝拉疑”号	Volage	23	2
“沃尔梅城堡”号	Walmer Castle	210	附录 A
“伍斯特”号	Worcester	210	附录 A
“西索斯梯斯”号	Sesostris		16
“先驱者”号	Herald	69	9
“响尾蛇”号	Rattlesnake	30	3
“休伊特将军”号	General Hewitt	5	1
“巡洋”号	Cruiser	30	3
“迅驰”号	Urgent	210	附录 A
“亚细亚”号	Asia	210	附录 A
“伊里沙白·安思丽”号	Elizabeth Ainslie	195	附录 A
“伊莫金”号	Imogene	10	2
“伊莎贝拉·罗伯森”号	Isabella Robertson	195	附录 A
“隐遁”号	Alibi	210	附录 A
“印度桉树”号	Indian Oak	195	附录 A
“印度柿树”号	Coromandel	210	附录 A
“印度斯坦”号	Hindostan	3	1

续 表

译　　文	原　　文	原文页码	本书章节
“勇士”号	Warrior	210	附录 A
“尤吉花”号	Flowers of Ugie	210	附录 A
“约翰·弗莱明”号	John Fleming	210	附录 A
“约翰·库珀”号	John Cooper	210	附录 A
“约翰·亚当斯”号	John Adams	195	附录 A
“珍珠”号	Pearl	23	2
“朱庇特”号	Jupiter	71	10

武　器

译　　文	原　　文	原文页码	本书章节
布伦士威克式步枪	Brunswick Rifle	318	附录 F
火箭	rockets	322	附录 F
火绳枪	match lock	321	附录 F
击发步枪	Percssion muskets	318	附录 F
臼炮	Mortar	320	附录 F
卡龙	Carron	319	附录 F
卡龙炮	Carronade	319	附录 F
康格里夫火箭炮	Congreve Shell rockets	320	附录 F
康格里夫燃烧火箭炮	Congreve Carcass rockets	320	附录 F
燧发步枪	flint musket	318	附录 F
抬枪	Ginjal	321	附录 F
棕贝丝式	Brown Bess	318	附录 F

地 理

* 为本书采用的新译名。

译 文	原 文	原文页码	本书章节
阿美士德礁(中方称鸡骨礁)	Amherst rocks		21
阿娘鞋岛(又称亚娘鞋岛,现称威远岛)	Anunghoy	10	2
安逊湾	Anson's Bay	74	10
澳门水道要塞	Macao Passage Fort	95	12
澳门水路	Macao Roads	31	3
保极台	Paon-Keih-Tai		15
北侧航道	North Channel		15
北蝉	Pih-Tseuen		18
北横档岛	North Wantong Island	72	10
贝尔岛	Bell Island		20
槟榔屿	Penang		16
伯肯黑德	Birkenhead	69	9
伯麦航道	Bremer Channel	89	12
岑港	Tsin-kong	62	8
长溪岭	Chang-Ki Pass		19
赤坭镇	Tse-Nai	100	13
穿鼻山岛	Buffalo's Nose	35	4
圌山	Shishan		22
大宝山	Segoan Hills		19
大蚝	The First Bar	92	12
大虎岛	Tiger Island	2	2
大角	Tai-kok	77	11

续 表

译　　文	原　　文	原文页码	本书章节
大角头	Tai-Kok-Tao	71	10
* 大碌(音译)	Ty Lu	66	9
* 大亚角(音译)	Tai-Yak-Kok	98	13
大屿山岛	Lantau Island	33	3
岱山	Ta-Shan		19
弹药库炮台	The Arsenal battery	103	13
得胜门	The Te-shing Gate		23
德拉瓜湾	Delagoa Bay	69	9
登州	Tong Chou		21
东岳山	Joss House Hill	36	4
* 对莲山岛(音译)	Twi-lien-shan	97	13
法国佬炮台(中方称东炮台)	The French Folly		15
法国人岛(中方称小谷围岛)和	French Island		14
飞沙角要塞	Fie-Sha-Kok Fort	98	13
干览	Kanlan		18
戈登炮台	The Gordon battery	101	13
工兵角	Sapper's Point		18
拱极台	Kung-Keih-Tai		15
哈丁顿岛(中方称海珠岛)	Haddington Island		14
哈维点	Harvey Point	60	8
海驴湾	Alceste Bay	53	7
蚝墩浅溪	Second Bar Creek	2	2
蠔涌要塞	Hochung Fort	98	13

续 表

译　　文	原　　文	原文页码	本书章节
浩官要塞(中方称西炮台)	Howqua's Fort	94	12
河南岛	Honan Island	95	12
荷兰佬炮台(中方称海珠炮台)	The Dutch Folly	103	13
横档岛	Wantong Island	10	2
红炮台(中方称敖洲炮台)	The Red Fort	103	13
* 后河头(音译)	How-Hoak-Tou	98	13
虎门	the Bogue or Bocca Tigris	10	2
花地溪	Fa-Ti creek	103	13
花园炮台	Garden battery	103	13
基隆	Kelung		19
汲星门	Kap-Sing-Mun	30	3
济州岛	Quelpart	62	8
焦山	Tsiau-Shan		22
金岛	Golden Island		22
金山	Kinshan		22
卡弗拉利亚海岸	coast of Kaffraria	69	9
坑口村	Hong-How	99	13
* 李泽(音译)	Li-tso		19
莲花塔	Second Bar Pagoda	79	11
龙穴岛	Lan Keet Island	24	2
鹿岛(中方称小渠山岛)	Dear Island	42	5
律劳卑要塞	Fort Napier	32	3

续 表

译 文	原 文	原文页码	本书章节
马岙	Ma Aou		18
马德拉斯辖区(今译金奈)	Madras Presidency	31	3
迈皋桥	Makur Keou		23
满剌加国	Malacca	1	1
孟加拉辖区	Bengal Presidency	31	3
磨刀门航道(或称香山航道)	Broadway Channel	97	13
磨刀要塞	Motao Fort	97	13
南韭山岛	Kewsan islands	47	5
泥城	Nei-ching		14
耆定堡	She-Ting-Pao		15
崎岖列岛	Rugged Islands		20
三板洲	Sam-Pan-Chou	69	9
三板洲	San-Pan-Chou	69	9
三门溪	Junk Creek	84	11
* 三宁(音译)	San-Ning		19
沙角	Shakok	77	11
沙面炮台	Shameen Battery		14
沙面要塞	Shameen Fort	103	13
沙皮	Sapi		19
上方炮台	Upper battery	103	13
上方要塞	Upper Fort	72	10
上沙要塞	Sheang-chap Fort	99	13
沈家门	Sinkea-Mun		18

续 表

译　文	原　文	原文页码	本书章节
石浦	Shei-pu		18
＊ 塔胡(音译)	Tahoo	213	附录 A
太平门	The Tai-ping gate		23
潭州村	Tam Chow	99	13
特兰伯尔岛(中方称大五奎山岛)	Trumball Island		18
铜鼓湾	Tung Ku Bay	16	2
＊ 托基岛(音译)	To-ke Island	53	7
西岙	Seaou		18
西蒙湾	Simon's Bay	30	3
下方要塞	Lower Fort	72	10
＊ 新洲(音译)	San Chao	67	9
仪征	I-chang		23
银岛	Silver Island		22
永康台	Yang-Kang-Tai		15
缯步	Tsing-pu		14
中途岛(中方称黄牛礁)	Just-in-the-Way	62	8
钟山	Chun Shan		23

译后记

我们都曾受业于王宏志教授，很荣幸能够参与《英国国家档案馆藏鸦片战争史稿》中文版的翻译工作。本书的翻译大约从 2019 年 3 月开始，到 2020 年 4 月完稿，历时一年有余，现将翻译过程说明如下。

《英国国家档案馆藏鸦片战争史稿》是英国政府整理编辑的档案资料，全方位记录英军在第一次鸦片战争中的作战情况。虽然还不能确定这份资料确切的编撰时间，但从目前的资料来看，我们推测成书年代应该是介于 1908 年“英国政府官方历史计划”开始实施到第一次世界大战爆发之间（详见前言里的介绍），距离鸦片战争结束已经有相当长的时间。因此，本书的一大特点在于持论相对公允，既没有刻意贬损清政府的表现，也没有夸大英军的战绩，而是比较客观地呈现中英双方的战况以及在外交上的认识分歧。例如，书中清楚地交代清朝官员无法理解休战旗的含义和用途，同时也充分肯定关天培等清军将领的英勇不屈，而对于英军的描述，则并不避讳在外交文书中故意不用“禀”字的做法。我们在翻译时尽可能地保留原作的立场，相信这也正是本书的学术价值所在。

从资料上说，本书贵在全面而详细。我们统计发现，全书使用的参考文献多达 27 种。我们知道，在鸦片战争研究中，目前比较常见的英文资料主要是英军参战人员的个人回忆录。不过，这份资料引用较多的是更具权威的文献，如 18 世纪中期就已创刊的

《年鉴》(*Annual Register*)(引用32次),全面记载历年发生的世界大事,其立场与英国议会的官方记录比较接近;又如由伦敦官方媒体《伦敦宪报》(*The London Gazette*)从1816年开始发行的《国家情报通讯》(*Bulletins of State Intelligence, &c*)(引用30次),后者在鸦片战争期间就及时报道最新战况。诚然,翔实的信息大大增加该书的史料价值,但也给翻译工作提出很大的挑战。我们主要采取以下几种方法来翻译。

首先是译名的确定。鸦片战争中的英方人员、部队和舰船等信息,在当时就有一套通行的名称,后来成为鸦片战争研究中约定俗成的用法。对于主要参战人员的姓名、头衔和别称,我们在翻译时参阅《林则徐全集》《筹办夷务始末》和《鸦片战争档案史料》等原始资料,力争沿用当时的一般称呼。对于较有难度的专业术语,如军事用语、航海词汇或是武器名称,我们综合茅海建的《天朝的崩溃:鸦片战争再研究》、马幼垣的《靖海澄疆:中国近代海军史事新诠》、张建雄和刘鸿亮的《鸦片战争中的中英船炮比较研究》等学术著作,详加比较,做出谨慎的选择。我们要由衷地感谢王宏志教授的悉心指导。作为鸦片战争研究的权威学者,他细致审定译稿,及时纠正初译中一些明显的错误,并在确定译名时为我们提供可行的查找方向。

翻译术语的另一个挑战是术语的统一。受惠于现代网络科技的进步,我们在翻译时创建在线文档,可以远程同步整理文中涉及的专名,并随时更新用法,而不会影响翻译的进度。至于有分歧的部分,我们充分利用互联网的便利条件,详细检索,及时讨论,互相核对。最后,我们在文末附录一份《译名对照片表》,包括人物、官职、机构、部队、舰船、武器和地名七类专名,以中英文对照的形式呈现给大家,供有兴趣的读者进一步查证和研究。

为了让阅读更加流畅,我们在保留原文脚注的同时,尽量不添加不必要的资料。不过,原书所使用的大量引用文献,我们一一考证，列出它们的完整信息；特别是引用的中方资料，如林则徐的谕令（第三章）、奕山的奏折（第十五章）和伯麦写给定海总兵的战书（附录 E）等，我们尽力找出它们的原始来源，以“译者注”的形式简要说明。此外，我们还在“译者注”中更正原文讹误，补充必要的背景信息，交代一些地名的古今变化等情况。

本书基本上是用现代英语写成，语法简洁明了，用词朴素凝练，与我们今天的用语差别不大。因此，我们在译文中采用通俗易懂的现代白话文，避用繁复的辞藻，慎用文言字句，力求达到明白晓畅的效果。

全书各章节分工如下：

黄若泽：第 1—13 章，附录 A、B。

庄驰原：第 14—24 章。

吴慧敏：附录 C、D、E、F、G。

当然，以上考虑和安排并不能保证翻译上没有毛病或错误，希望各方专家不吝指正。

黄若泽、庄驰原、吴慧敏

2020 年 4 月 6 日

后记

在香港出生长大的我，从小就对鸦片战争的历史很感兴趣，其中的道理很简单，没有鸦片战争，就没有《南京条约》；没有《南京条约》，就没有后来的香港。不过，真正比较认真学术性地探讨鸦片战争是在十余年前才开始的，研究重点为译者和翻译在这桩重大历史事件中所扮演的角色，这是翻译史研究的课题，也是中国近代史的课题。在过去几年里，为了寻找原始史料，几乎每年都会到英国国家档案馆查看英国外交部档案。在其中一次访寻资料的过程中，偶尔发现这部《英国国家档案馆藏鸦片战争史稿》(*Draft Official History of the China War, 1840—1842*)。很坦白说，当时的感觉是颇为震撼的：怎么原来英国政府早已写好了官方的鸦片战争史！而让我更感到激动是：在大量核对现有与鸦片战争相关的资料及研究后，至今没有发现任何人提及或引用这本明确标示为英国政府“官方”的鸦片战争史。原来，英国官方的鸦片战争史一直埋藏资料堆中，等待出土。有见于它英国官方的身份，加上其丰富和独特的内容，实有很必要把它翻译出来，介绍到中文世界去。我们深信，本书对于鸦片战争研究，尤其对于理解各场战役实际状况以及英军的战略，会有很大的帮助。

本书的三位译者黄若泽、庄驰原和吴慧敏，都是我在香港中文大学和复旦大学指导过的学生。他们取得博士学位后，分别在不同院校任教，在沉重的工作和科研压力下，愿意承担翻译工作，这是十分难能可贵的。

本书翻译工作自去年初开始筹划，这次顺利出版实得力于孙晶博士的大力帮忙。上海书店出版社愿意接受这本《英国国家档案馆藏鸦片战争史稿》的出版并在出版过程的每一个阶段劳心劳力，促成本书面世。在这里，我和三位译者向孙晶博士和出版社相关人员致最大的谢意。

衷心希望《英国国家档案馆藏鸦片战争史稿》的出版能进一步提升鸦片战争研究。

王宏志

香港中文大学翻译系/翻译研究中心

2020 年 3 月 24 日

广 视 角 · 全 方 位 · 多 品 种